北京物资学院青年科研基金资助（项目号：2022XJQN37）

新时代行政法治建设的实践与反思

李凌云 著

首都经济贸易大学出版社
Capital University of Economics and Business Press
·北京·

图书在版编目(CIP)数据

新时代行政法治建设的实践与反思 / 李凌云著. --北京：首都经济贸易大学出版社，2023.7
ISBN 978-7-5638-3509-6

Ⅰ.①新… Ⅱ.①李… Ⅲ.①行政法—研究—中国
Ⅳ.①D922.104

中国国家版本馆 CIP 数据核字(2023)第 070893 号

新时代行政法治建设的实践与反思
李凌云　著
XINSHIDAI XINGZHENG FAZHI JIANSHE DE SHIJIAN YU FANSI

责任编辑	陈雪莲
封面设计	风得信·阿东 FondesyDesign
出版发行	首都经济贸易大学出版社
地　　址	北京市朝阳区红庙（邮编 100026）
电　　话	（010）65976483　65065761　65071505（传真）
网　　址	http://www.sjmcb.com
E-mail	publish@cueb.edu.cn
经　　销	全国新华书店
照　　排	北京砚祥志远激光照排技术有限公司
印　　刷	北京九州迅驰传媒文化有限公司
成品尺寸	170 毫米×240 毫米　1/16
字　　数	227 千字
印　　张	13
版　　次	2023 年 7 月第 1 版　2024 年 2 月第 2 次印刷
书　　号	ISBN 978-7-5638-3509-6
定　　价	52.00 元

图书印装若有质量问题，本社负责调换
版权所有　侵权必究

序　言

师弟凌云博士发来书稿《新时代行政法治建设的实践与反思》，告知我专著即将付梓，希望由我来作序。我的第一反应是感觉自己可能不是合适人选，理由是，给青年学者作序应该找德高望重的学者或学界前辈，优先考虑栽培自己的硕导或博导。凌云告诉我，他要同时推出两本专著，已经找过两位老师作序了，本书将在首都经济贸易大学出版社出版，因我在首都经济贸易大学任教，也非常了解他个人的求学经历和学术旨趣，所以我是他心中的合适人选。师弟如此信任，我似乎没有继续推脱的理由了。

认识凌云要追溯到2015年，他来首都经济贸易大学法学院攻读硕士研究生，我正在法学院做博士后，我们俩都在时任法学院院长喻中教授的指导下学习，从而建立了同门之谊。攻读硕士学位期间，凌云就勤于思考、善于写作。但硕士毕业后，他并未直接攻读博士学位，而是考取了北京某基层法院的公务员。工作期间，我们时有联系，他也跟我交流过想辞职攻读博士学位、继续从事学术研究的想法。一年后，他如愿考取了宪法学与行政法学的博士研究生，得知消息后，我也很为他高兴，为此还一起小聚庆祝。攻读博士学位期间，凌云越发勤奋，成果丰硕，成长很快，后以优异成绩毕业，顺利入职北京物资学院法学院。交往至今，他给我留下了非常深刻的三点印象。

一是勤奋。勤奋可以说是一个青年学者的必由之路，特别是选择在北京做研究，勤奋就成了必修课。凌云不仅在攻读博士学位期间取得了丰硕的成果，而且工作仅两年时间就推出了两本专著，如果没有超出同龄人的勤奋，这些目标是不可能达成的。本书聚焦转型期中国行政法的实践问题，九个专题有着较大的跨度，这对作者的学术能力、研究功底也提出了更大的挑战，需要作者付出更多的心血与努力，这背后当然离不开作者挑灯夜战的辛勤付出。

二是踏实。踏实是在与凌云交往中的一种真切感受，这是一种纯朴的踏实、一种值得信赖的踏实。踏实既是做人的重要准则，也是做学问、做研究的重要准则。本书所围绕的九个主题，涉及法治政府建设、行政执法体制改革、国家监察体制改革、知识产权行政法保护等问题，都是当前我国行政法治建设中最受关注的真实问题。这种直面当下中国行政法实践的学术研究意识，不仅体现了作者强烈的问题意识、问题导向，也体现了作者对待研究的态度及其学术风范、学术追求。通过脚踏实地的科研，来探索解决所涉主题中的问题，是一种由内而外把研究扎根于中国行政法丰富实践样态的踏实。

三是执着。执着是学术研究的基础，青年学者尤其需要这份执着，才可能走得更远。凌云放弃公务员身份，毅然决然地选择学术研究之路，是一份对学术的执着，对理想的坚守。博士毕业后，放弃待遇更好甚至平台更高的地方高校，选择来到北京，体现了他对更高学术追求的执着。遥想当年我从中国政法大学博士毕业时，曾在留京还是离京之中纠结不已。比较而言，我无疑没有他的这份勇气与执着。

这部准备时间长达五年的专著，见证着凌云的勤奋、踏实与执着。这里既有法治政府建设、国家监察体制改革、行政执法体制改革、司法行政机关改革等宏大叙事，也有行政措施、强制撤销学位点、行政协议意思表示等微观命题，但无论是宏大叙事还是微观命题的研究，研究主题都呈现出强烈的问题意识，体现出了一位青年学者对当下行政法治的现实关怀和强烈的使命感与责任感，这种精神让人由衷钦佩。囿于研究主题之间存在较大的跨度，部分研究可能还不够深入，还有待深化，这也将是凌云下一个学术旅程的起点。但从本书的写作而言，九个主题的研究无不透露着一个青年学者严谨的学术态度和扎实的学术功底。从这个角度而言，本书是值得认真阅读和推荐的，因为它见证着一个青涩博士生到青年学者的蜕变，见证着一个年青学者在追逐学术理想道路上的付出与热爱。期待凌云在所热爱的行政法学术道路上赓续前行，未来能够产出更多更好的学术成果。

尹少成

首都经济贸易大学法学院副院长、博士生导师

2022 年 11 月 22 日

前　言

本书探讨新时代行政法治建设中的实践问题。随着我国社会转型的深度展开，行政法与社会转型的辩证关系成为一项值得研究的新兴课题。其中，社会转型为自变量，行政法变革为因变量，自变量就是原因，因变量就是结果。就转型时期的中国行政法而言，有必要把握持续性的发展趋势，深入反思面临的实践难题，从而顺应新时代发展和社会需求。换言之，从中央到地方推行的实践探索乃行政法治创新发展的不竭动力。

在如火如荼推进行政法法典化之际，新时代行政法治建设的难点在以下几个方面尤其典型：一是全面深化改革的行政法治建设实践。2018年3月中央印发《关于深化党和国家机构改革的决定》，开启了"以坚持党的全面领导为中心"的新时代法治政府建设时期。党和国家机构改革、执法体制改革、行政机关组织法建设等，对于行政法回应真实世界的能力提出新期待。二是公共治理的行政法治建设实践。根据新行政法的理论，当今行政法面临的最紧迫问题不仅仅是限制权力，还应该顺势而为加入规制与治理的活动。在现代公共治理语境下，行政法的分析进路需要得到重塑，以适应治理体系现代化的现实要求。2021年8月中央印发《法治政府建设实施纲要（2021—2025年）》，这一纲领性文件对于职责明确、依法行政的政府治理体系提出新构想。正在兴起的新兴公共治理模式，要求对行政法的治理逻辑作出反思。三是科技发展的行政法治建设实践。以互联网、大数据、人工智能为代表的数字信息技术革命带来了巨大的社会变革，政府治理模式的科技化转型方兴未艾。2022年8月国务院印发的《关于加强数字政府建设的指导意见》，对于全面开创数字政府建设局面作出新部署，可视为行政法实践问题在科技发展领域的表征之一。例如，数字政府为行政法治的发展带来了动力，在利用数据精准决策和执法等层面效果明显。新一轮科技浪潮袭来之际，新兴法律问题开始考验行政法的解释能力。

有鉴于此，本书集中围绕上述相关议题展开阐释，选取了法治政府建设、国家监察体制改革、行政执法体制改革、司法行政机关改革、行政措施、强制撤销学位点、行政协议意思表示、重大行政决策、知识产权行政法保护等九项研究命题，对其中的具体运作展开学理观察与实践反思，针对性提出具有一定参考价值的论断。综合来说，本书的内容不是系统性而是专题性的探讨，笔者希冀这一研究路径能提升行政法回应社会实践的能力，并助益行政法治的蓬勃发展。

第一章，全面推进法治政府建设的新时代论述。在新时代，习近平总书记围绕全面推进法治政府建设提出了一系列的论述，形成了习近平法治思想中的依法行政理论。习近平法治思想内涵丰富，依法行政理论是其中的关键构成。习近平总书记围绕如何推进依法行政建设法治政府提出了富有创见的重要论述，核心要义是"用法治给行政权力定规矩、划界限，为政府治理现代化提供法治保障"。从系统论角度看，依法行政在"三个共同推进"中应当率先推进，全面履行政府职能、行政决策、行政执法、"放管服"改革、化解社会纠纷等皆有体现。在社会转型期，应在习近平依法行政理论引领下，从整体政府理论、兼顾行政立法与行政解释、行政组织建设以及法治保障机制上推动法治政府建设的纵深发展。

第二章，国家监察体制改革的行政法反思。监察制度在新中国走过了七十多年，经历了确立、调整、重建、深化及改革等阶段。以监察体制改革为分界线，根据宪法上的地位标准，可将1949年至2017年的监察制度界定为政府系统内的行政监察范畴，而2017年以后的监察制度属于自成系统的国家监察范畴。在行政监察向国家监察的嬗变中呈现出从分散到统一、从同体监督向异体监督、从单一到全面、从行政管理科学化向国家治理现代化转变等态势。转型期深化国家监察体制改革，需进一步明确发展方向：一是适应民主政治之下的权力监督模式；二是注重"后监察法时代"的法治建设；三是留意整合式监察在实践中的融洽性。

第三章，行政执法体制改革的法治方式。行政执法体制改革既是全面深化机构改革的重要组成部分，也是法治政府建设全面突破的迫切要求。凡属重大改革须于法有据，法治对行政执法体制的推动作用已成共识，但法治方式这一高度凝练的方法论构想仍有待实践论证。探索行政执法体制改革的法治方式，在认识论意义上能够明晰改革的法治逻辑，在理论层面上能够夯实改革的认知基础，在实践维度上能够助推改革的规范运行。通过引领方向、规范行为、弥合冲突、巩固成果，法治方式将全方位保障改革手段与内容合乎法治精神。有必要妥善运用立法、修法、授权、解释等多元的法治方式，去推动改革的深入开展，加快推进我国政府治理体系和治理能力现代化。

第四章，机构改革背景下司法行政机关的法治建设。考察行政机构的发展历史可知，组织形式多样的政府法制机构已伴随新中国走过了七十多年。本轮党和国家机构改革中，原政府法制机构会与原司法行政机关整合为新的行政机构，是基于行政机构与法治发展进程的契合、大部门制改革下行政职能的优化配置等动因。然而，新机构在承接政府法制机构的职能后，却在职责定位、组织机构法治化、行政复议、合法性审查等领域衍生出新问题。为调适好政府法制机构这一板块的职能，夯实新机构统筹法治建设的基础，应对原"司法行政"概念作出修正或扩展，并将新机构界定为与原司法行政机关相区别的新司法行政机关。与此同时，应当从组织与编制的法治建设、行政复议局的重构以及部际关系中合法性审查的适度转让等方面去增强机构改革后的容许性。

第五章，行政措施的性质界定及法律规制。行政措施往往以限制型、应急型及发展型等面向出现，具有创新社会治理方式、落实政策与法律的功能。通过分析其现状，发现行政措施存在逻辑不畅与性质存疑的立法缺陷，且面临程序缺失、裁量权失范及监督机制欠缺等实践困惑。除《中华人民共和国宪法》第八十九条对国务院的授权性规定外，行政措施主要存在于法律、行政法规、规章及行政规范性文件这四种承载媒介之中。行政措施的语义内涵不能理解为宽泛的行政行为，应从"规定"和"采取"两个阶段概括其性质。"规定行政措施"的性质，宜界定为行政规范性文件之外的非立法性抽象行政行为，是在抽象行政行为谱系内具有独特品性的范畴；而"采取行政措施"的性质，应视作行政机关所采取的某项具有普遍约束力的管理手段。行政措施的法律规制，可遵循规定—实施—监督的逻辑与方法。

第六章，行政处罚语境下的强制撤销学位点。当前高等教育领域的学位点撤销机制，主要有学位授予单位申请撤销、学位主管部门强制撤销等类型。其中，强制撤销学位点作为剥夺学位授予单位重要权能的行政法律行为，蕴含了学科布局结构优化、高等教育质量控制等功能性指向，亟须法理层面的审视。鉴于学位主管部门经审查准许学位授予单位实施授益活动的许可行为，以及为了实现畅通当事单位权利救济渠道的目标，宜将强制撤销学位点界定为一种近似于吊销许可证的行政处罚措施。该措施历经制度嬗变且发挥了积极功效，但在实体标准、程序公正等方面亦有缺失。考虑运用行政过程论的阐释框架，在导入行政处罚主体性规则基础上，遵循规定—实施—救济的适用逻辑，全过程对此类行为予以动态规范。

第七章，行政协议意思表示的理论与实践。尽管意思表示源自私法，但行政优益权的嵌入以及公益与私益两个变量要素的衡量，使得此概念工具在行政协议中的适用范围、表现形态、运作规则等方面均有特殊性。遵循从协议成立到协议管理的演进过程，可将意思表示作为解构行政协议的理论线索。行政协议成立的基础是行政主体与相对人之间达成意思表示一致，该环节在行政优益权引导下形成，体现出独特的方式。行政协议成立后，尽管意思表示会拘束双方的履约行为，但行政优益权能够单方面截断此种效果。并且，意思表示不真实对行政协议效力的塑造亦有特殊之处。

第八章，重大行政决策运用大数据的法治路径。重大行政决策事项对于大数据的运用，属于技术理性与决策规则的有机融合。凭借信息来源与技术革新，大数据可赋予传统决策向数字化转型的新动能。大数据的应用贯穿于重大行政决策始终，在市场监管、环境保护等多类事项中发挥的实践优势较为明显，能够推动决策的高效化、提升决策的精准度、增强决策机关之间的联动。然而，大数据应用可能会引发决策安全的隐忧、个人数据存在的空间被挤压以及决策失误的责任承担等难题。对前述问题提出对策的过程，实乃数据治理向治理数据的转变，此阶段不能欠缺法律规范，行政机关应尝试从决策数据安全体系的法治保障、个人数据的法律保护、决策责任追究机制的科学建构等层面去推动运用大数据的法治化实现。

第九章，知识产权强国建设的行政法保障。知识产权强国建设背景，需要行政法治予以保障。行政保护在知识产权保护体系中占据重要的地位，有必要反思其发挥价值的具体方案。随着信息科技水平的提升，我国知识产权制度得到巨大发展。近年来知识产权行政案件数量增长迅猛，其中，公权与私权的关系离不开行政诉讼法调整。有必要科学建构司法权对行政权的监督制约机制，确保知识产权保护制度健康发展。在知识产权行政诉讼领域，此种建构代表了新兴科技对行政诉讼的塑造。在信息科技迅猛发展的当下，传统的行政法律制度必须顺应科技发展的前沿动态，此为构建符合科技发展规律的行政法治之必然要求。

目 录

第一章 全面推进法治政府建设的新时代论述 ………………………… 1
 第一节 新时代依法行政理论战略定位的论述 ………………………… 1
 第二节 新时代依法行政理论要义的论述 ……………………………… 5
 第三节 新时代行政执法观的论述 ……………………………………… 8
 第四节 新时代行政决策法治观的论述 ………………………………… 20
 第五节 以新时代依法行政理论引领法治政府建设 …………………… 29
 本章小结 …………………………………………………………………… 34

第二章 国家监察体制改革的行政法反思 …………………………… 35
 第一节 新中国监察制度七十多年的历时性考察 ……………………… 35
 第二节 新中国监察制度七十多年的变迁态势 ………………………… 42
 第三节 国家监察体制在新时代的发展方向 …………………………… 49
 本章小结 …………………………………………………………………… 53

第三章 行政执法体制改革的法治方式 ……………………………… 54
 第一节 行政执法体制改革的法治方式之提倡 ………………………… 55
 第二节 行政执法体制改革的法治方式之保障 ………………………… 58
 第三节 运用法治方式推进行政执法体制改革的构想 ………………… 61
 本章小结 …………………………………………………………………… 65

第四章 机构改革背景下司法行政机关的法治建设 ………………… 66
 第一节 政府法制机构七十多年的演变 ………………………………… 67
 第二节 政府法制机构与原司法行政机关整合的动因 ………………… 72

1

第三节　政府法制机构与原司法行政机关整合的实践问题 …………… 75
　　第四节　新机构履行政府法制机构职能的有效措施 ……………… 81
　　本章小结 …………………………………………………………… 87

第五章　行政措施的性质界定及法律规制 ……………………………… 88
　　第一节　行政措施的类型与功能 ………………………………… 89
　　第二节　行政措施的现状分析 …………………………………… 92
　　第三节　行政措施的法律属性 …………………………………… 96
　　第四节　行政措施的规制方法 …………………………………… 102
　　本章小结 …………………………………………………………… 105

第六章　行政处罚语境下的强制撤销学位点 …………………………… 107
　　第一节　强制撤销在学位点制度中的功能定位 ………………… 107
　　第二节　强制撤销学位点的法律性质 …………………………… 111
　　第三节　行政处罚视角下强制撤销学位点的实践状况 ………… 116
　　第四节　行政过程论下强制撤销学位点的规范适用 …………… 118
　　本章小结 …………………………………………………………… 123

第七章　行政协议意思表示的理论与实践 ……………………………… 124
　　第一节　意思表示作为解构行政协议的理论线索 ……………… 124
　　第二节　意思表示在行政协议成立阶段的表征 ………………… 127
　　第三节　意思表示在行政协议履行过程中的塑造力 …………… 133
　　本章小结 …………………………………………………………… 138

第八章　重大行政决策运用大数据的法治路径 ………………………… 140
　　第一节　大数据赋能重大行政决策 ……………………………… 141
　　第二节　重大行政决策运用大数据的优势 ……………………… 143

第三节　重大行政决策运用大数据的法律难题 …………… 147
　　第四节　重大行政决策运用大数据的法治化进路 ………… 150
　　本章小结 ……………………………………………………… 155

第九章　知识产权强国建设的行政法保障 ………………………… 156
　　第一节　知识产权强国背景下行政法的功能定位 ………… 156
　　第二节　知识产权行政诉讼难点问题类型 ………………… 161
　　第三节　知识产权行政诉讼的技术调查官制度 …………… 167
　　第四节　知识产权行政法保障的实践重点 ………………… 176
　　本章小结 ……………………………………………………… 180

参考文献 ……………………………………………………………… 181
后　　记 ……………………………………………………………… 194

第一章　全面推进法治政府建设的新时代论述

2020年11月中央全面依法治国工作会议胜利召开，会议全面回顾了我国社会主义法治建设历程特别是党的十八大以来取得的巨大成就，明确了习近平法治思想的指导地位。习近平法治思想内涵深刻，在这个庞大的理论体系中依法行政是一个不可或缺的组成部分与核心篇章。习近平总书记围绕如何推进依法行政提出了诸多富有创见的重要论断，为建设法治政府提供了科学指南。这些论述在2021年中央出台的《法治政府建设实施纲要（2021—2025年）》中得到集中体现。2022年10月党的二十大报告进一步明确，"坚持依法治国、依法执政、依法行政共同推进，坚持法治国家、法治政府、法治社会一体建设"。应看到，当前依法行政建设还存在一些不足，例如依法行政观念不牢固、行政决策合法性审查虚化等问题尚未根本解决[①]。此背景下，系统提炼习近平法治思想中依法行政理论的战略定位、核心内容及现实路径等一系列论述，无疑有助于发挥《法治政府建设实施纲要（2021—2025年）》的理论与现实功能，持续深化新时代法治政府建设。

第一节　新时代依法行政理论战略定位的论述

所谓依法行政，是指国家各级行政机关及其工作人员在法律规定范围内有效履行对经济、社会、文化、科技等各项公共事务的职责。习近平对依法行政的重要地位作出新论断，从战略高度进行总体上的布局，使依法行政理论在习近平法治思想中占据重要地位。

一、习近平法治思想中依法行政理论的形成与发展

习近平法治思想萌芽与发展于改革开放和社会主义现代化建设新阶段，

---

① 《习近平法治思想概论》编写组．习近平法治思想概论［M］．北京：高等教育出版社，2021：181．

成熟于全面依法治国新时代。习近平依法行政理论的形成与发展，同样伴随现代化法治建设的宏观进程。实践性属于依法行政的鲜明特质，习近平作为习近平法治思想的首要创立者，对其中的依法行政理论之构建作出了决定性贡献。习近平依法行政理论与时代发展及治国理政实践同频共振，从基层到中央的治理实践中他阐发了诸多深刻的论述，具体分为三个阶段。

（一）习近平依法行政理论的地方探索

习近平在地方工作期间非常注重推进依法行政。河北正定县是习近平从政之路的起点，他在当地推行的依法治县活动成为习近平法治思想的开端。改革开放初期正定县的行政机关存在执法不严、治理不力的现象，习近平严格要求多部门联合行政、综合执法，并主持出台了《中共正定县委关于改进领导作风的几项规定》，要求干部依法严格规范自身行为，推进政府依法办事。在福建工作期间，习近平领导成立省人民政府法律顾问团，增强了行政机关的法治效能，依法推进服务型政府建设。在浙江主政期间，习近平从省级层面对法治建设作出探索，于2006年主持推动《关于建设"法治浙江"的决定》的出台。该决定提出，建设严格依法行政的公务员队伍。在主政上海期间，习近平倡导"全面推进依法治市，提高城市法治化水平"，全面提出依法行政、公正司法等方面的法治构想，其依法行政理论对治理国际化大都市发挥有效指引作用。习近平在地方工作期间的有益探索，为依法行政理论的孕育发展提供了经验支撑。

（二）习近平依法行政理论的逐渐发展

党的十八大以来，习近平从全国范围内对依法行政建设作出通盘考虑，以前所未有的力度践行法治建设，明确了依法行政理论的核心要点。首先，他将严格规范公正文明执法作为依法行政的抓手。依法行政建设涉及的面很广，离不开一项重点突围的抓手。依法行政的贯彻落实，核心要求是将行政执法作为法律实施的重点抓手。对此，习近平在多个场合提出，"国务院和地方各级人民政府作为国家权力机关的执行机关，作为国家行政机关，负有严格贯彻实施宪法和法律的重要职责，要规范政府行为，切实做到严格规范公正文明执法"[①]。其次，他高度重视经由政策导向引领依法行政建设。围绕习近平关于依法行政的系列重要讲话精神，中央于2015年12月印发《法治政府建设实施纲要（2015—2020年）》，该纲要分总体要求、主要任务及具体措

[①] 习近平. 在首都各界纪念现行宪法公布施行30周年大会上的讲话[M]. 北京：人民出版社，2012：9.

施三个部分全面规划了依法行政建设的前进方向。此为政策文件回应习近平依法行政理论要求的生动写照。再次，习近平注重依法行政建设的实质法治意蕴。行政实践中，部分法律法规对行政机关设置的职权过大，不同程度上存在泛化行政立法、破坏市场运行规律等现象，与法治建设目标相悖[①]。为此，习近平多次要求抓住立法质量这个关键，切实推进科学立法与民主立法，保障行政立法的合理有效。确保依法行政之法属于良法，才有助于推进实质意义上的法治政府建设。

（三）习近平依法行政理论的系统成熟

党的十八届四中全会谋划了全面推进依法治国的顶层设计与路线图。习近平对依法行政建设的思考进入系统发展阶段，并在党的十九大以后得以全面成熟。针对如何建设依法行政、推进什么样的依法行政等问题，习近平统筹谋划了一系列组合性措施。例如，他提出，"强化对行政权力的制约和监督，建立权责统一、权威高效的依法行政体制"[②]。尤其在党和国家机构改革背景下，习近平强调了机构改革与依法行政的重要关联。他明确指出，深化党和国家机构改革，目的是"下决心解决党和国家机构设置和职能配置中存在的突出矛盾和问题"[③]。习近平将机构改革与依法行政有机结合的思路，拓展了依法行政的实践图景，覆盖了以往关注不足的论题。概括来说，习近平基于新时期的治国理政要求，积极将依法行政纳入国家制度建设层面，在动态发展过程中提炼了立体、开放、周延的依法行政理论体系，在更大程度上发挥着支撑政府治理体系现代化的时代功能。

二、习近平依法行政理论的现实意义

习近平法治思想中的依法行政理论现实针对性强，其积极意义集中体现在两方面。

（一）丰富了一般性依法行政理论的内涵，夯实政府治理体系建设的法治基础

依法行政是常谈常新的论题，以往对其讨论的主要是理论界与实务界人士，即从法学家或法律家的视角进行讨论。习近平依法行政理论属于政治家的独特视野，是马克思主义法治观与中国行政管理实践相结合的最新成果，

[①] 中国法学会. 法治中国建设问答［M］. 北京：法律出版社，2015：118.
[②] 习近平. 加快建设社会主义法治国家［J］. 求是，2015（1）：3-8.
[③] 《〈中共中央关于深化党和国家机构改革的决定〉〈深化党和国家机构改革方案〉辅导读本》编写组. 《中共中央关于深化党和国家机构改革的决定》《深化党和国家机构改革方案》辅导读本［M］. 北京：人民出版社，2018：76.

是法治政府建设领域的思想旗帜，是对依法行政理论的新发展新飞跃。政治家的依法行政观不仅非常务实，而且是从国家治理出发作出的有力探索，具有鲜明的时代印记。依法推进该项理论构想，能够推进法治政府建设的治理转型。习近平强调，"人类社会发展的事实证明，依法治理是最可靠、最稳定的治理"①。经由依法行政推进政府治理的思维与路径全面转向法治，乃增强政府治理效果、实现长效稳定治理的必经之路。习近平依法行政理论带动了法治政府建设的动力源，直面以前相对分散推进的任务，更大程度释放法治思想支撑政府治理体系现代化的价值。依法行政理论整合了以前相对分散推进的任务，有效发挥法治支撑政府治理体系现代化的理论意义，为法治政府建设矗立了新时期的理论坐标。

（二）推动行政法律规范有效实施，加快建成法治政府

行政机关是核心的法律实施机关，研究显示，80%以上的法律法规主要由行政机关负责实施。行政机关贯彻落实法律法规，则需要科学的理论指引。习近平依法行政理论是立足于中国本土的经验总结，是针对行政机关有效履行职责的科学指南。习近平在不同场合多次就法律实施提出要求，全面推进依法行政的重点和难点在于行政机关能够严格执法，使纸面上的法律转变为现实中的法律。行政法律规范的有效实施需要一个能够全面履行职能的行政机关，需要提升执法水平，且需要强化对政府的制约和监督。在习近平依法行政理论指导下，各级行政机关在各类活动中依法办事，真正树立法律权威，不断营造良善的法治政府建设氛围。

三、习近平依法行政理论的定位

习近平依法行政理论体现了法治系统论的思路，在法治中国建设中处于突出位置。他曾强调，"能不能做到依法治国，关键在于党能不能坚持依法执政，各级政府能不能依法行政"②。可见，推进依法行政建设法治政府被定位为依法治国的关键之一。在全面依法治国过程中，法治政府建设是重点任务与主体工程。习近平多次强调，法治政府建设对法治国家、法治社会建设具有示范带动作用，要率先突破③。依法行政理应服务于该主体工程的实现。事

---

① 习近平. 在庆祝澳门回归祖国十五周年大会暨澳门特别行政区第四届政府就职典礼上的讲话[N]. 人民日报，2014-12-21（01）.
② 习近平. 加快建设社会主义法治国家[J]. 求是，2015（1）：3-8.
③ 习近平. 坚定不移走中国特色社会主义法治道路 为全面建设社会主义现代化国家提供有力法治保障[J]. 求是，2021（5）：8-11.

实上，依法行政的功能定位需要科学把握，以法治政府建设目标为支柱，充分认识到其在习近平法治思想及全面依法治国中的战略定位。

在"依法治国—依法执政—依法行政"整体推进的格局中，依法行政是法治建设的骨干工程与前沿阵地，属于需要率先取得突破的部分。具体而言，关于依法行政的关键定位集中体现于习近平法治思想中的第七个坚持，即"坚持依法治国、依法执政、依法行政共同推进"，三者是一个难以割裂的有机整体。从系统论角度看，依法行政在"三个共同推进"中应当率先推进。全面依法治国是一个系统工程，应整体谋划，故而依法行政离不开协同性要求。将依法行政确立为需要率先取得突破的部分，源于行政机关是法治建设的引领者与示范者。行政机关及其工作人员与公民的日常接触最为密切，行使了最为广泛的公权力，直接影响到法治建设的进展情况。"三个共同推进"的提出，是基于法治建设需要面对更加深层次的体制机制问题，根据顶层设计、协调推进所作出的更高要求。这意味着，依法行政建设既不能回避法治国家、法治政府与法治社会的辩证关系，也需要在与依法治国、依法执政等互为条件的情形下加以理解。如果贸然在依法行政上单方突进，很容易受到其他方面的制约；反之，则能够实现三者的协同进行、相互支撑。试举一例，如果不在依法治国层面做到科学立法，不解决法律法规不健全、立法部门化倾向等问题，那么，依法行政就很难实现良法善治的实质目标。同样，倘若依法执政无法得到中国共产党的坚强领导，那么和谐有效的社会生活秩序便难以维系，依法行政活动难免走样。概而言之，依法行政与依法治国、依法执政是有机联系的整体，三者的核心内涵高度关联、目标趋同、成效相关，推进依法行政这个骨干工程需要在辩证关系上形成合力。

第二节 新时代依法行政理论要义的论述

针对依法行政中的短板弱项，习近平在中央全面依法治国工作会议上强调，要用法治给行政权力定规矩、划界限，加快转变政府职能。习近平依法行政理论的核心要义可以概括为"用法治给行政权力定规矩、划界限，为政府治理现代化提供法治保障"，克服依法行政中的痛点与难点。其核心内容至少体现在以下几方面。

一、依法全面履行政府职能

行政机关是党和国家在公共管理职能方面至关重要的执行者与落实者，

其职能定位及履职效果关系到行政体系的运转状况。依法行政第一要务是要科学设置政府职能，强调依法、全面、积极履职[①]。依法行政的本质是职权法定，在新的经济社会形势下行政机关更需要科学履行政府职能，解决行政管理遇到的诸多问题。习近平要求："各级政府一定要严格依法行政，切实履行职责，该管的事一定要管好、管到位，该放的权一定要放足、放到位，坚决克服政府职能错位、越位、缺位现象。"[②] 依法全面履行政府职能，在疫情防控中得到充分体现。在这一过程中各级行政机关应该全面依法履行职责，运用法治思维和科技思维开展工作，在应对突发公共卫生事件时切实提高依法行政水准，此亦为应急状态对依法行政进行的考验。全面依法履行政府职能是处理政府与社会关系的核心环节，行政机关应秉持以人民为中心、调动群众创造性的理念，忠实履行法律规定的各项职责，依法推动政府职能，创造更为良好的发展环境。

二、依法推动行政法律体系健全

以习近平同志为核心的党中央从坚持和发展中国特色社会主义、确保党和国家长治久安的战略高度，定位法治、布局法治、厉行法治，要求围绕建设中国特色社会主义法治体系这个总抓手，加快完善科学完备、统一权威的中国特色社会主义法律体系。因此，在中国特色社会主义法律体系形成之后，需要重点关注法治质量高不高的问题。对此，习近平总书记提出了建设"完备的法律规范体系"[③] 这一更高的目标，创造性地提出了"良法善治论"[④]。其中，健全行政法律规范体系是其中的关键一环。习近平总书记强调，"加强和改进政府立法制度建设，完善行政法规、规章制定程序，完善公众参与政府立法机制；重要行政管理法律法规由政府法制机构组织起草；对部门间争议较大的重要立法事项，由决策机关引入第三方评估，不能久拖不决。"[⑤] 在此引领下，《中华人民共和国行政诉讼法》《中华人民共和国行政处罚法》等已经得到大幅度修改，《中华人民共和国行政复议法》等行政法律规范的修改

[①] 江必新，黄明慧. 习近平法治思想中的法治政府建设理论研究 [J]. 行政法学研究，2021（4）：3-16.
[②] 中共中央文献研究室. 习近平关于全面依法治国论述摘编 [M]. 北京：中央文献出版社，2015：60.
[③] 李林. 习近平全面依法治国思想的理论逻辑与创新发展 [J]. 法学研究，2016（2）：3.
[④] 李林. 习近平全面依法治国思想的理论逻辑与创新发展 [J]. 法学研究，2016（2）：3.
[⑤] 《〈中共中央关于全面推进依法治国若干重大问题的决定〉辅导读本》编写组. 《中共中央关于全面推进依法治国若干重大问题的决定》辅导读本 [M]. 北京：人民出版社，2014：53.

也提上议程。

三、依法严格执法

严格执法主要是行政机关实施法律法规，作出影响行政相对人权益的行为，在法治政府理论和实践中占据核心地位之一[1]。行政执法映衬出政府治理水平的高低，当前执法活动中的弊端仍然存在。行政机关应落实好严格执法要求，习近平一直将此要求确定为推进依法行政的重点事项。习近平强调："行政机关是实施法律法规的重要主体，要带头严格执法，维持公共利益、人民权益和社会秩序。执法者必须忠实于法律，既不能以权压法、以身试法，也不能法外开恩、徇情枉法。"[2] 习近平还指出："推行人性化执法、柔性执法、阳光执法，不要搞粗暴执法、'委托暴力'那一套。"[3] 正是由于行政执法点多面大，执法质量之高下直接关系到法治政府建设目标的达成。正所谓"徒法不足以自行"，落实严格执法是依法行政的核心环节，法律制定得再好，如果不能严格执行将容易演变为一纸具文。一言以蔽之，依法行政是一项系统工程，行政执法便属于一项重点突出、以点带面的抓手。

四、依法推进"放管服"改革

依法行政的核心要求是处理好政府与市场经济的关系，这离不开法治方式的划定作用。在习近平依法行政理论中，优化政府的经济监管职责始终是推进该项工作的一大要务。其中，依法行政过程中应当深入推进"放管服"改革，科学制定权力清单。依法行政在市场经济领域的体现及创新举措，可集中归纳为"放管服"改革，只有依法执法，落实经济领域的法律法规，才有益于创造良好的营商环境。对于此项举措，《法治政府建设实施纲要（2021—2025年）》明确通过分级分类推进行政审批制度改革。而依法推进"放管服"改革，应持续优化法治保障作用。法治是最好的营商环境，对于增强投资自信、激发市场活力颇具效果。习近平在主持企业家座谈会上做了很深刻的描述，"要推进简政放权，全面实施市场准入负面清单制度，支持企业更好参与市场

---

[1] 章志远. 习近平法治思想中的严格执法理论[J]. 比较法研究，2022（3）：13.
[2] 中共中央文献研究室. 习近平关于全面依法治国论述摘编[M]. 北京：中央文献出版社，2015：57.
[3] 中共中央文献研究室. 习近平关于全面依法治国论述摘编[M]. 北京：中央文献出版社，2015：58.

合作和竞争"①。为推进营商环境优化,行政机关依法对产权进行保护尤为重要。完善产权保护需要加大行政执法力度,依法对市场反映强烈的领域进行整治。

五、依法解决社会纠纷

社会矛盾纠纷化解是一项挑战性很大的政府职能,也是依法行政理念是否贯彻的重要标尺。构建和谐社会是依法行政不可忽略的时代主题,从依法行政角度探究实质性化解社会纠纷是有益视角。习近平明确提出:"要研究建立健全行政纠纷解决体系,推动构建行政调解、行政裁决、行政复议、行政诉讼有机衔接的纠纷解决机制。"② 习近平秉持源头治理的思路,要求各级行政机关从源头上预防化解矛盾纠纷。依法行政要求行政机关法有效化解社会矛盾,正是要求其在构建多元纠纷解决机制中发挥有力的作用。习近平对多元纠纷解决体系的核心要义之一是重视不同纠纷解决机制的衔接配合,激发不同纠纷解决机制的内在优势③。在各项纠纷解决机制中,应特别重视行政裁决解决民事纠纷的制度优势。在习近平依法行政理论指引下,2019 年中央印发《关于健全行政裁决制度加强行政裁决工作的意见》,探索通过行政裁决预防和解决社会矛盾的新路子,是依法行政在纠纷解决领域的生动写照。

第三节 新时代行政执法观的论述

行政执法观是习近平法治思想的重要组成部分,习近平总书记围绕行政执法形成了一系列原创性的论述,认为其属于法治政府建设的先手棋与关键抓手,已对现实中的理论、制度及实践发挥重大意义。习近平行政执法观的核心要义是推进"严格规范公正文明执法",这要求从法治系统论的角度进行理解与贯彻。习近平行政执法观中的队伍建设、体制改革、法律监督等论题,对全面提升新时代行政执法能力具有积极作用。

法治建设的要点是保障法律有效实施,执法是行政机关履行职责的主要方式。当前,执法不规范、乱作为、"一刀切"等问题尚未得到根本解决④。2018 年 3 月中共中央颁布的《深化党和国家机构改革方案》规定,将深化行

---

① 习近平. 在企业家座谈会上的讲话 [M]. 北京:人民出版社,2020:4.
② 习近平. 论坚持全面依法治国 [M]. 北京:中央文献出版社,2020:231.
③ 马怀德. 论习近平法治思想中的法治政府理论 [J]. 政法论坛,2020 (6):11-22.
④ 《习近平法治思想概论》编写组. 习近平法治思想概论 [M]. 北京:高等教育出版社,2021:199.

政执法体制改革确定为深化机构改革的重点任务。2021年中央印发的《法治政府建设实施纲要（2021—2025年）》提出，"健全行政执法工作体系"。这一整套文件系统贯彻了习近平法治思想的精髓，揭示行政执法在新时代的重要性，全面阐释了习近平法治思想中的行政执法观，在明确其基本含义与核心要义基础上，从队伍建设、体制改革、法律监督等维度上管窥法治意涵。认真研究、科学把握习近平行政执法观的独创性贡献，无疑有助于深化习近平法治思想中的法治政府建设之理解，助推新时代行政执法的理论研究与实践展开。

一、习近平法治思想中行政执法观的定位与价值

习近平总书记围绕行政执法问题作出许多深刻的论述，逐渐形成了习近平行政执法观。实践性是行政执法观的鲜明属性，从基层到中央的治国理政实践，习近平始终将行政执法作为法治使命主题。该行政执法观视野宏阔、指向明确，要求将执法作为推进依法行政的一项重点任务。

（一）行政执法观在习近平法治思想的定位

习近平行政执法观集中体现于习近平法治思想"十一个坚持"中的第八个坚持，即"坚持全面推进科学立法、严格执法、公正司法、全民守法"之"严格执法"。行政执法作为习近平法治思想中法治政府建设的重要抓手，是推动全面依法治国的先手棋。法治政府建设是一项系统工程，需要有一个重点鲜明、以点带面的抓手，而行政执法便是这个最为关键的抓手。习近平反复强调行政执法的重要性，据此推动依法行政向前发展。

之所以对行政执法作出如此界定，一方面是因为，行政执法点多面广，与公民生活关系密切。行政执法与公民生活最接近，与群众联系最为密切，法律有效实施离不开行政执法。由于行政执法点多面大，执法质量之高下直接关系到法治政府建设目标的达成。正所谓"徒法不足以自行"，行政执法是将纸面上的法律转变成现实中的法治的关键环节。执法是行政机关管理经济社会事务的主要方式，属于全面履行政府职能不可忽略的要点。实施行政执法是依法行政的核心环节，现实生活中公民对执法不严、乱执法等突出问题有直观的感受。对于存在的执法弊端，习近平严肃地指出，"对执法领域存在的有法不依、执法不严、违法不究甚至以权压法、权钱交易、徇私枉法等突出问题，老百姓深恶痛绝，必须下大气力解决"[①]。行政执法事关公民最关心

[①] 《〈中共中央关于全面推进依法治国若干重大问题的决定〉辅导读本》编写组.《中共中央关于全面推进依法治国若干重大问题的决定》辅导读本[M].北京：人民出版社，2014：56.

的日常事务，习近平行政执法观直面群众反映最强烈的领域。通过强化执法工作体系，呼应公民最迫切的法治诉求。

另一方面是因为，行政执法作为行政机关履行职能的重要方式，产生的法治效果明显。普遍的观点认为，做到依法治国的关键之一是各级行政机关能够依法行政。行政执法是行政机关履行政府职能、管理经济社会事务的主要方法，能够有效打击各种违法活动。行政执法关注度高，公民对法治的看法与评价，往往依赖于执法、司法等典型渠道。行政执法的法治效果很容易外溢至社会层面，对当事人之外的不特定群体产生直接或间接影响。倘若欠缺良善的行政执法，立法中蕴含的法律价值将难以实现，公民对法治建设的负面评价会增加。实际生活中部分行政执法案例的处理结果引发争议，无法做到"案结事了"，很容易损及行政机关的权威。与此同时，良善的法治实践效果往往通过行政执法体现。在行政法领域，《中华人民共和国行政许可法》《中华人民共和国行政强制法》《中华人民共和国行政复议法》《中华人民共和国食品安全法》等诸多法律法规，都需要行政机关负责实施。客观来看，法律规范基本已经覆盖政府治理的各个部分，当前重点工作是根据执法手段将法律规范的内容付诸实践。可见，行政执法是要将法律权利从应然转化为实然，产生的法治建设效果比较突出。

（二）习近平行政执法观的时代价值

由于行政执法直接面向的是不特定公众，故而执法水平之高下直接影响着法治建设目标的达成。考察习近平行政执法观发现，其具有独创性、原创性的重大意义，集中体现为理论、制度、实践三个层面。

1. 行政执法观属于中国自主的执法体系，为新时代行政执法奠定理论基石。习近平行政执法观是以中国为观照、以时代为观照，基于解决本土执法难题而创设的独特理论。该理论的提出是根据中国特色社会主义法治思路所进行的创造性活动与创新性发展。由此，推动了一般性行政执法理论的知识创新、理论创新及方法创新。该行政执法观既是马克思主义法治理论与中国特色社会主义法治理论在法治政府领域的生动体现，也彰显了习近平对于行政执法理论的原创性与独创性贡献。换言之，习近平行政执法观是独一无二的，在中外行政执法理论中处于最先进的水准。该行政执法观立足于社会主义法治建设的国情，属于自主形成的行政执法理论体系，对理论研究发挥了积极的学理支撑作用，奠定了社会主义法治理论的重要基础。

2. 行政执法观能够优化行政法律制度，增强公民对法治建设的制度自信。习近平行政执法观对法律制度建设的意义特别显著。以20世纪80年代初习近平担任河北正定县委书记为例，他大力加强农村法制建设，积极创新社会治安机制，增强当地群众对行政执法及法治建设的信心①。该行政执法观的现实意义是希冀运用法治方式解决面临的深层次问题，以理论构筑制度之基，为法治政府建设提供长期性的制度保障。行政机关能不能制定严格规范文明制度，事关党和政府的法治形象，以及对行政法律制度的肯定和认可。习近平对此进行了科学阐述："如果有了法律而不实施，或者实施不力，搞得有法不依、执法不严、违法不究，那制定再多法律也无济于事。"② 行政执法一头连着行政机关，一头连着公民，二者关系的处理涉及法律制度的具体落实。并且，从深层次看行政执法还体现了党的执政水平。推进行政执法工作体系，将塑造党和政府良好的法治形象，有利于增强公民对社会主义法律制度的认可度。

3. 行政执法观倡导以"以人民为中心"的理念，为行政执法活动提供行动指南。全面依法治国最深厚的基础是人民，社会主义法治应反映人民意志。习近平行政执法观蕴含着深厚的实践逻辑，诠释着"以人民为中心"对行政执法的现实要求，其内在体系顺应了实践需求与人民呼唤。习近平行政执法观的价值立场是"以人民为中心"。行政机关在执法活动中须践行"以人民为中心"的核心价值，坚持人民主体地位，在各项执法环节重视人民，将维护公民合法权益贯彻到行政执法各个环节。公民反映最为强烈的违反社会治安等各类违法行为，都亟待行政执法介入。行政执法涉及经济、社会等问题，如涉及市场经济秩序、法治化营商环境等方面事项，事关公民的民生保障。针对实际存在的执法问题，通过严格执法有助于发展民主，保障人民的民主权利③。习近平围绕行政执法形成的新理论，对执法人员提供了现实指引。习近平行政执法观的价值理念之倡导无疑有助于强化人民立场，持续增进人民福祉。

概括来说，针对何为行政执法、推进什么样的行政执法、怎样推进行政执法等系列问题，习近平在长期治国理政实践中加以践行并系统集成，最终形成了习近平行政执法观，对理论研究、制度建设、实践发展都产生了积极影响。

---

① 张文显. 习近平法治思想的实践逻辑、理论逻辑和历史逻辑 [J]. 中国社会科学, 2021 (3): 4-25.
② 习近平. 论坚持全面依法治国 [M]. 北京: 中央文献出版社, 2020: 20.
③ 喻中. 习近平法治思想中的民主与专政关系 [J]. 东方法学, 2021 (4): 18-28.

二、推进严格规范公正文明执法

（一）"严格规范公正文明执法"是习近平行政执法观的核心要义

2012年12月，习近平在首都各界纪念现行宪法公布施行30周年大会上指出，"作为行政机关，负有严格贯彻实施宪法和法律的重要职责，要规范政府行为，切实做到严格规范公正文明执法"[①]。随后，党的十八届三中全会基于行政执法实践，将深化执法体制改革作为法治建设的一项重要举措。2020年11月，习近平在中央全面依法治国工作会议上进一步强调，"着力解决多头多层重复执法问题，努力做到严格规范公正文明执法"[②]。可以说，"严格规范公正文明执法"能够概括为习近平行政执法观的核心要义。

该核心要义是在继承基础上的创新发展。党的十一届三中全会提出了"有法可依、有法必依、执法必严、违法必究"的政法方针，其中的"执法必严"是对行政执法的直接概括。党的十八大报告提出，"要推进科学立法、严格执法、公正司法、全民守法"。这是从"严格执法"角度对行政执法作出的明确界定。其实，"严格执法"本身是与立法、司法、守法等要求相并列的。具体来说，"严格执法"是一个开放、动态的表述。随着全面依法治国进程不断推进，习近平对行政执法作出了更为细致的判断，即将"严格执法"的内涵扩展为"严格规范公正文明执法"。该行政执法观成为一个立体、全面、严密、发展的体系，覆盖了以前视野中相对关注不够的盲点。该执法观既表明法治工作布局的深入推进，也凸显了行政执法模式的深刻变革，从而开创了行政执法活动新局面。概言之，行政执法会根据具体事例传递法治精神，努力达成使公民在每个执法案件中感受到公平正义的目标。

（二）系统把握严格规范公正文明执法

习近平一贯重视以马克思主义哲学的系统观念去引领工作开展。对此，他做了很深刻的描述，"严格文明公正执法是一个整体，要全面贯彻。文明执法、公正执法要强调，严格执法也要强调，不能畸轻畸重"[③]。不难发现，对此不能片面、零碎地理解与适用，该思路契合了系统论与法治中国建设的结合要求。作为颇具基础性的方法论，系统论的精华是从系统思维上剖析事物

---

① 习近平. 在首都各界纪念现行宪法公布施行30周年大会上的讲话[M]. 北京：人民出版社，2012：9.
② 习近平. 习近平谈治国理政：第三卷[M]. 北京：外文出版社，2020：188.
③ 中共中央文献研究室. 习近平关于全面依法治国论述摘编[M]. 北京：中央文献出版社，2015：58.

的本质属性，从全局的高度掌握事物的现实难点，增强化解难题的科学性。就行政执法而言，严格、规范、公正、文明执法这四项要求，讲求的是全局性设计、整体性推进。习近平行政执法观的核心要点是一个环环相扣的有机整体，这意味着严格执法、规范执法、公正执法、文明执法之间交相呈现，存在一致的价值追求。

1. 严格执法维系行政执法强度。从实践内容看，严格执法维系法律权威，此为行政执法的首位要求。实现法律功能的方式是严格依法办事，此依赖于强有力的执法权威。欠缺严格执法，将难以树立执法公信力。具体来说，严格执法是秉持"严格"的理念，不徇私情，不纵容违法，不拔高处罚标准。严格执法指向于法律权威，以及行政法律制度的刚性。针对在食品药品、市场监管、城市管理、社会治安等多个领域的违法行为频发问题，应遏制违法行为蔓延问题，依法惩治违法犯罪活动，使潜在违法行为人不敢触碰法律。严格执法能够增强法律的震慑力。对违法行为应当依法处理，而不能迁就放纵，否则容易引发"破窗效应"。经由严格执法能够增强行政法律制度的刚性。严格执法还要求行政机关对适用对象无差别对待，只要执法对象存在违法行为就运用法律手段予以纠偏，呼应法治政府建设中的"执法严明"之要求。

2. 规范执法维护行政执法力度。从价值功能上而言，规范执法以确保执法合法有效，此为法治的本质要求。只有合法有效的执法才堪称有力度。在遵守严格执法的同时，应把握好法律规定及执法准则，做到规范执法。规范执法要求执法行为有明确的法律依据，职权法定是行政法治的基本原则，行政执法行为均需要具备法定依据。规范执法要求执法活动有明确的标准。实践中政法干警行政执法随意性大、粗放执法、变通执法等现象比较突出，甚至有的办关系案、人情案，严重违背依法行政的规范要求。并且，自由裁量权在行政执法中运用得比较普遍，如何规范裁量权也离不开法治建设。规范执法意味着应当强化法定程序。习近平科学阐述了执法程序对行政执法各个环节产生的重大影响，他指出："各级政府必须依法全面履行职能……完善执法程序。"[①] 规范行政执法程序是指遵循法定流程、方式、时限、手段及措施。该种执法观语境下，行政执法程序建设应做到科学有序。只有规范执法才能够彰显行政执法的力度，准确理解法律法规的内涵与要求，促使执法行为达到规范性且经受法治检验。

[①] 习近平. 加快建设社会主义法治国家 [J]. 求是, 2015 (1): 3-8.

3. 公正执法保障行政执法尺度。公正执法是基于行政自主性而提出的要求，坚持法律面前执法对象的平等性。公正是习近平法治思想的核心要素，习近平多次指出，公平正义是执法司法的灵魂与生命。但实践中有行政机关存在执法不公的问题，如对相似情形作出不同的执法决定。对习近平行政执法观的贯彻能够推进公正执法的实现，确保行政执法活动不偏离法治轨道。公正执法的提出，要求执法人员站在公正立场，做到"一碗水端平"，把握好执法尺度。在实施执法活动时坚持"同等情况同等对待"的原则，不考虑与案件不相干的因素。执法人员只有坚持公正的价值，才能在众多利益冲突时选择最正确的立场。

4. 文明执法确保行政执法温度。从价值内涵来说，文明执法确保了行政执法的理性、可接受度，是执法为民理念的集中体现。普遍可接受的行政执法行为才具有温度。行政机关的法律属性及与公民的关系，决定了行政执法的文明。习近平明确要求："推行人性化执法、柔性执法、阳光执法，不要搞粗暴执法、'委托暴力'那一套。"[①] 行政执法不是暴力执法，而是要让执法有温度，彰显执法人员的情怀与理性。行政执法应把握社会心理与群众关切，要求执法人员恪守言行标准，注意外在形象，推行执法的人性化色彩，兼顾好公共利益与执法对象的合法权益。

三、习近平行政执法观之队伍建设

队伍建设是提振行政执法的力量来源。提升行政执法能力，打造高素质的行政执法队伍迫在眉睫。"建设一支德才兼备的高素质法治队伍至关重要……在行政机关从事执法工作的人员……全面推进依法治国，首先要把这几支队伍建设好。"[②] 高素质的行政执法队伍是提升执法水平的关键。

（一）行政执法队伍的理念培育

执法人员是实施法律法规的重要主体，建设执法队伍应当从培养法治理念做起。习近平行政执法观对执法队伍的理念提出要求。首先，树立尊崇法治的理念。在新时代，行政机关理应严格守法。习近平强调："执法者必须忠于法律，既不能以权压法、以权试法，也不能法外开恩、徇情枉法。"[③] 法律既规范公民的行为，也约束公务人员。行政执法人员代表党和政府的法治形

[①] 中共中央文献研究室. 习近平关于全面依法治国论述摘编 [M]. 北京：中央文献出版社，2015：58.

[②] 中共中央文献研究室. 十八大以来重要文献选编 [M]. 北京：中央文献出版社，2016：190.

[③] 习近平. 论坚持全面依法治国 [M]. 北京：中央文献出版社，2020：21.

象，只有严格依法实施执法活动，才能有效制裁违法行为。反之，如果有法不依，甚至以权压法，则会失信于民。其次，遵守社会主义核心价值的理念。行政执法环节应该融入社会主义核心价值观，使之贯穿于执法各环节。从当下执法状况来看，行政执法权的运作仍然欠缺价值观的有效引导，执法问题与社会主义核心价值观的精神难免相悖，因而迫切需要将该理念融入执法人员的行动中，以增强执法活动在社会治理中的价值取向。再次，践行公开透明的理念。落实行政执法要做到公开透明，假设行政执法权运行不见阳光，或有选择地见阳光，执法公信力就难以树立。应不断完善执法信息公开机制，不损害公民对执法活动的合理期待。

（二）行政执法队伍的能力建设

习近平总书记就政法队伍的能力建设作出指示："要把能力建设作为一项重要任务，全面提高政法干警职业素养和专业水平。"[①] 第一，行政执法队伍的合理配置是提升能力的关键。根据习近平法治思想的要求，党的十九届三中全会提出要"根据不同层级政府的事权和职能，按照减少层次、整合队伍、提高效率的原则，大幅减少执法队伍种类，合理配置执法力量"。行政机关内部的执法队伍状况比较重要，为应对繁杂的执法事项，应实现执法配置的综合设置，集中发挥执法队伍的作用。第二，行政执法队伍建设要求领导干部在执法过程中增强领导力。依法办事是领导能力的重要体现，习近平曾在多个场合要求各级领导干部对宪法和法律保持敬畏之心。领导干部应带头尊崇法治，在法律框架下领导执法活动的开展，提升运用法治方式改进执法活动的领导水平。第三，行政执法队伍建设离不开专业化的业务能力。为提升队伍建设的业务能力，应统筹推进行政执法人员的法律业务培训，从执法规范、文书要点、法律适用等各个方面提升法治素养。适时推进行政执法典型案例指导机制，用优秀法律范例提供有效的经验借鉴。行政执法的队伍建设要求强化证据规则意识、执法活动中的标准意识、责任分配规则意识等，此直接影响到规范化要求。

（三）行政执法队伍的制度保障

建立制度化的综合执法能力培训制度，科学制订培训方案，除了专业知识外，执法能力培训应当包括针对性的心理学、行政管理学、党内法规学等知识素养。经由各方面的综合素质锻炼，增强应对复杂执法环境的水平。适时建立行政执法资质的管理制度。习近平表示，行政机关"要严格执法资质、

---

① 本刊编辑部．习近平就政法队伍建设作出重要指示［J］．中国公证，2016（4）：4.

完善执法程序"①。加强队伍建设须严格执法资质，没有取得资格的不得从事执法活动。确保执法人员持证上岗，制定常态化管理制度，积极整合执法队伍。增强行政执法队伍建设，还需要经费、资源、装备等方面的制度倾斜。此外，执法人员的激励机制不可或缺，应注重从物质激励、精神激励、公私合作激励等方面予以强化。

四、习近平行政执法观之体制改革

行政执法体制改革要求与习近平行政执法观的要求保持一致。习近平高度重视体制机制的科学合理。早在浙江工作期间，习近平就要求"加快建立权责明确、行为规范、监督有效、保障有力的行政执法体制"②。习近平多次就行政执法体制改革发表重要讲话，针对怎样构建完备的体制提出了深刻见解。为使行政执法人员忠于法律，应遵循党的十八大以来的历次重大决策部署，加快建立权威高效的行政执法体制，为创新执法模式奠定基础。

（一）优化行政执法的履职体系

行政执法体制改革应理顺执法职能与事项，实现执法机关、权限、程序等各个方面的法治化改革。习近平多次要求深化行政执法体制改革，他指出："积极推行政府法律顾问制度，推进机构、职能、权限、程序、责任法定化，推进各级政府事权规范化、法律化"③。从执法实践出发，确定行政执法体制的人员限额与机构层级，适时减少运转环节，推进行政机关职能设置的法治化。习近平行政执法观的核心要义显示，实践中出现执法难题的一大原因是深层次的机构设置不合理、职能划分模糊。为避免执法的多头管理、推诿职责，应特别注意合理分配执法权限，增强职能运行的层次性，有效激发行政执法机构的效能。习近平特别注意到了解决多头多层重复执法问题，提出"要加强对行政处罚、行政强制事项的源头治理，最大限度减少不必要的执法事项"④。大力推进行政执法体制改革，合理界定执法权限。有效推动行政执法重心向市县两级下沉，减少执法层级体系。党的十九届三中全会研究把深化综合执法改革作为专项任务，在市场监管、生态环保、文化市场、交通运

---

① 习近平. 加快建设社会主义法治国家[J]. 求是，2015（1）：3-8.
② 习近平. 干在实处走在前列：推进浙江新发展的思考与实践[M]. 北京：中共中央党校出版社，2006：367.
③ 《习近平法治思想概论》编写组. 习近平法治思想概论[M]. 北京：高等教育出版社，2021：181.
④ 习近平. 论坚持全面依法治国[M]. 北京：中央文献出版社，2020：221.

输等领域合理配置执法力量，着力解决多头多层重复执法问题，充分做到全面履职机制的科学合理。注重促进行政执法标准的科学化，实现与司法等其他机制的有机衔接，有效激发行政执法体制的效能。

（二）健全行政执法的程序体系

行政机关须严格按照法定程序实施执法活动。行政机关作出对执法对象、利害关系人不利的执法决定之前，应当履行告知义务，从实体与程序各个方面加强救济制度建设。行政机关运用自由裁量权的，应在行政决定中说明理由，着力解决行政执法权可能侵犯公民合法利益的问题。值得注意的是，有必要健全重大执法的决策程序。行政执法体制改革领域的部分问题，不适宜通过立法予以化解，但改革又可能会违反现行法律规定，则有必要先行先试①。实施行政执法公示程序，将确保重大执法决定通过法制审核。总体来看，应结合不同的行政执法领域相应完善程序体系。

（三）加强重点领域的行政执法体制改革

严格规范公正文明执法，加大与群众切实利益相关的重点领域之执法制度建设，推进执法方式创新。在习近平行政执法观指引下，围绕服务共同富裕、保障民生、生态文明、疫情防控、涉外法治等重点领域，加快相关法律法规体系建设。按照法律的立、改、废情况，动态调整行政执法依据，提升职权、事项的法治化。行政执法体制改革应重视方式改进，加强行政指导、举报奖励、说服教育、行政和解等非强制性手段的运用，促使执法兼具力度与温度。

（四）重视行政执法体制改革中的信息化建设

体制改革不应忽略信息化建设。根据习近平的论断，"建立执法队伍主管部门和相关行业管理部门相互支持、密切配合、信息共享的联动机制"②。加强行政执法领域的数字政府建设，以"数字法治"引领行政执法转型改革，实现行政执法的科学、精准、高效。在具体路径上，不断强化行政执法与信息技术的统合，推进基于数据驱动的执法方式转变。持续推进执法信息平台建设与应用，健全网络与信息安全的执法应对，加强行政执法与网络安全防范的联动机制，实现执法信息互联、互通、互享。

---

① 李凌云. 运用法治方式推进行政执法体制改革 [J]. 中共银川市委党校学报，2022（2）：45-53.

② 习近平. 论坚持全面依法治国 [M]. 北京：中央文献出版社，2020：221.

五、习近平行政执法观之法律监督

严格规范文明执法，需强化对行政执法权的制约与监督。加快制度创新，让制度成为刚性的约束机制。加强行政执法工作需要推进法律监督制度完善，统筹配置行政执法资源。习近平行政执法观之法律监督的内容丰富，有助于指导建立权责统一、权威高效的监督体系。

（一）构建常态化的外部法律监督机制

构建常态化的外部法律监督体系，能够保障行政执法监督实施的质效。正如习近平所强调的，"权力不论大小，只要不受制约和监督，都可能被滥用"[①]。这要求将行政执法权置于整个社会的聚光灯下，全方位、全过程实施监督。建立健全覆盖省、市、县、乡四级的行政执法协调监督体系，确保行政执法监督的全方位进行。尤其要健全社会力量监督，发挥监督主体的广泛性优势，增强行政机关与公众的互动交流。例如，有必要畅通针对执法不当的投诉举报渠道，激发社会群体的多元作用。实现外部监督范围的全覆盖，统合好各项措施，形成科学有效的外部监督体系。

有必要构建社会监督评价机制，与习近平行政执法观相契合。适时推进行政执法公示制度，让公民全过程评价执法活动。推动行政执法信息公开，在保障公民知情权基础上改进执法评价工作。贯彻好《政府信息公开条例》等法律法规，坚持以公开促公正、保廉洁。为顺应信息化要求，适时加快全国、全省统一的行政执法综合监督信息系统建设，实现对行政执法活动的动态性、过程性监督。此为社会监督的良好形式。持续完善执法权力运行机制的外部法律监督，有助于提升公民对于该类行政活动的信心与信任度。在推行外部监督机制同时，注重引导监督行为的理性行使，即与干扰行为相区别。法律监督应秉持依法办理、有效管控的原则，切实回应公众关切的问题，防止负面行为扰乱监督活动。

行政执法的外部法律监督，应善于用好纪检监察监督与检察法律监督。习近平对严格规范公正文明执法及执法活动的监督提出新要求。纪检监察的监督机制将为执法能力提升提供动力。对行政执法权的监督与制约既是严管，也是厚爱；既是约束，也是激励。检察机关是我国的法律监督机关，核心职能是确保法律有效实施，而行政机关的执法行为即属于为实施法律而开展的

---

① 中共中央文献研究室. 习近平关于全面依法治国论述摘编 [M]. 北京：中央文献出版社，2015：59.

活动。检察机关有权监督行政执法的乱作为、不作为，向行政机关及其上级机关提出检察建议，督促其及时纠正。应运用好纪检监察与检察机关的法律监督，切实做到依规依纪依法严肃问责、规范问责，既要防止问责不力，也要防止问责泛化，从而对执法行为产生监督效果。

（二）形成有效的内部法律监督机制

相较于外部监督，行政机关内部监督更为细致。习近平提出，"努力形成科学有效的权力运行和监督体系，增强监督合力和实效"[①]。在各类内部监督方式中，纵向层级监督、党内监督、司法行政监督、审计监督等都是行之有效的手段。例如，充分发挥上级行政机关的内部监督效果，全面完善纠错问责机制，设置相对独立的行政执法监督机构，有益于行政执法权与监督权的剥离，以内部纠错机制推进行政执法方式的改进。又如，在目前的行政系统内部，司法行政机关是主要的行政执法监督机关。2021年中央出台的《法治中国建设规划（2020—2025年）》提出，加强行政执法协调监督工作体系建设。

监督效果离不开细致的内部评价体系。将行政执法活动的实施，适时纳入党政领导干部述职述廉范围。通过采取该类措施，并运用内部监督制约机制，防范执法权恣意。健全行政执法案卷的内部评查机制，行政机关应建立覆盖各项执法权的案卷，优化执法文书立卷归档程序。在行政机关内部，还可以借助信息化方式开展执法案卷评查、质量评估、满意度测评等工作，加强执法评议考核，监督结果作为执法人员奖励惩处、晋职晋级的重要考虑因素。

（三）落实科学的行政执法责任制

习近平经常强调："不管什么人，不管涉及谁，只要违反法律就要依法追究责任，绝不允许出现执法和司法的'空挡'。"[②] 行政机关及其执法人员理应承担执法不当所产生的法律责任。一方面，严格行政执法责任制，完善执法权责清单。习近平明确表示："该严格执法的没有严格执法，该支持和保护严格执法的没有支持和保护，就是失职，那也是要追究责任的。"[③] 在习近平法治思想指导下，中央出台了《法治中国建设规划（2020—2025年）》，其中

---

① 习近平. 加快建设社会主义法治国家[J]. 求是，2015（1）：3-8.
② 习近平. 参加十二届全国人大三次会议广西代表团审议时的讲话[N]. 人民日报，2015-03-09（1）.
③ 中共中央文献研究室. 十八大以来重要文献选编：上[M]. 北京：中央文献出版社，2014：723.

提出要全面落实行政执法责任制与追究机制，结合权力清单对执法不当的行为进行追责。另一方面，分类设置执法责任机制。优化行政执法责任制应具体问题具体分析，明确执法人员的个体职责。依法设定行政执法权，科学设计执法责任类型，分类改进执法程序。构建系统性的评议考核制及执法过错责任追究制，具体的评议方案需要吸纳公众建议。值得一提的是，健全行政裁量权基准制度，亦有助于增强执法人员的责任感。厘定履行执法职责的具体标准，明确执法裁量权的种类与幅度，继而不断优化责任形态。

总之，行政执法取得历史性成就，关键原因是坚持走中国特色社会主义法治道路，遵循习近平法治思想的科学引领。习近平法治思想中的行政执法观明确了"严格规范公正文明执法"的价值追求，它的形成发展源于习近平总书记对执法问题的系统思考，属于深刻的理论体系与生动的实践指南。为解决行政执法依然存在的现实难题，应更为全面学习习近平行政执法观，持续推进行政执法体制改革，保障执法对象合法权益，加快提升依法行政水平。总之，全面增强新时代行政执法能力，必须以习近平行政执法观为根本遵循，找准行政执法与全面依法治国的结合点，开辟法治中国建设新境界。

第四节　新时代行政决策法治观的论述

作为博大精深的法治理论形态，习近平法治思想能够涵盖行政决策各方面的法律事项。在习近平法治思想这个博大精深的思想体系中，行政决策法治化建设属于重要的组成内容。当前，行政决策走形式等法律问题尚未得到根本解决[①]。行政决策法治化是法治政府建设的关键内容，应大力构建具有本土特色的行政决策制度体系。为补齐理论与实践上的短板，《法治政府建设实施纲要（2021—2025年）》提出，"健全行政决策制度体系，坚持科学决策、民主决策、依法决策"。该纲要系统贯彻了习近平法治思想的要义，凸显了行政决策法治化建设在新发展阶段的紧迫性。依据习近平总书记对行政决策作出的一系列要求，以实践性为导向，探讨其对科学、民主、依法决策的重大引领价值。

一、习近平法治思想的内涵及其对行政决策的基本要求

行政决策是行政活动的起点，对社会公众的权利义务有显著的调节作用。

---

① 习近平. 坚定不移走中国特色社会主义法治道路 为全面建设社会主义现代化国家提供有力法治保障[J]. 求是，2021（5）：3-6.

一般而言，行政决策是行政机关及其工作人员在负责人领导下，为完成该机关工作、拟订方案并从中选择最优方案，通过实施完成行政任务的活动。行政决策属于客观存在的管理活动，当属法治建设的范畴，应立足法治中国建设进程的实际，正视其不足。有鉴于此，习近平总书记根据我国国情需要，围绕行政决策等相关问题阐发了诸多独创性的论述，对行政决策法治理论与实践具有重大的指导意义。

（一）习近平法治思想内涵与行政决策的关联性

习近平法治思想蕴含着一系列全面依法治国新理念新构想，是一个论述深刻、丰富严谨、系统完备的科学理论范式。在理论层面，习近平法治思想的基本意涵，主要囊括了"坚持党对全面依法治国的领导""坚持以人民为中心"等"十一个坚持"，是理论性非常强的思想体系。在实践层面，习近平法治思想是习近平总书记在多年的法治探索中逐步形成发展的。精准把握习近平法治思想的基本内容，明确习近平法治思想与行政决策的关系，是以习近平法治思想指导行政决策法治化建设的必备前提。进一步说，习近平法治思想的"十一个坚持"是推进行政决策法治化进程的基础理论，也是开创行政决策新发展格局的根本遵循。

习近平法治思想是完整的法治理论形态，能够涵盖包括行政决策在内的法治建设各个领域。行政决策作为法治建设的范畴，既是新时代法治建设的需求，也是党和政府领导总结法治实践经验的产物。推进行政决策法治化，是为了避免决策失误引起重大损失。据调查，部分财政投资等方面的行政决策，因盲目追求"形象工程""政绩工程"，已经造成了巨大的资源浪费[①]。事实上，行政决策已经成为依法行政及法治政府建设的应有之义。除了《法治政府建设实施纲要（2021—2025年）》的明确规定外，行政决策的概念在法律法规中得到明确体现。例如，2019年国务院颁布《重大行政决策程序暂行条例》，标志着行政决策法治化的纵深演进。运用法治方式将行政决策的原则、要求确立下来，能够确保决策在法律框架下进行。从以上内容可知，行政决策完全属于法学理论研究与实践发展的基本内容，自然应纳入习近平法治思想的涵盖范围。

习近平法治思想确立了行政决策的政治方向，且以中国法治的自身本体为中枢。对于习近平法治思想与行政决策的关联度，能够从习近平总书记的系列重要讲话中找到答案。针对行政决策的重点难题，习近平总书记指出，

---

① 李凌云. 习近平法治思想中的依法行政理论要义[J]. 政法学刊, 2022(5): 5-12.

"要用法治来规范政府和市场的边界,解决好政府职能越位、缺位、错位的问题"①。同样,这需要用法治给行政决策权定规矩,规范行政决策运行。习近平总书记关于行政决策的重要观点,属于中国特色社会主义的行政决策理论。这一系列论述具有深厚的理论渊源,属于守正创新的理论体系。以毛泽东同志、邓小平同志、江泽民同志、胡锦涛同志为主要代表的中国共产党人,在马克思主义法学以及中国特色社会主义法治理论指引下,将行政决策的基本理论与中国改革实践相结合,形成了独具特色的行政决策思想,对各个历史时期的行政决策制度发挥着积极的指导作用。例如,邓小平同志根据中国现代化建设这个重大的历史性课题,围绕国计民生的头等大事,对行政决策的可行性战略、方针作出系统性思考,形成了高瞻远瞩的邓小平行政决策思想。卓越政治家的行政决策思想,兼具实践性与科学性的特色。习近平法治思想中关于行政决策的系统论述,则是立足于新时代中国特色社会主义法治建设实际,为中国乃至世界的行政决策理论提供了典范。概言之,这是最高领导人围绕全面依法治国作出的创造性论述,是行政决策领域的思想旗帜,是对一般性行政决策理论的新发展新推动。

(二)习近平法治思想对行政决策的基本要求

习近平法治思想为我国行政决策法治化建设提出了新的要求和方向指引,为实践决策提出了可供检验的基本要求。

1. 坚持在党的领导下推进行政决策法治化。党是治国理政的领导决策核心,党的领导是社会主义法治道路的根本遵循,在行政决策中占据重要位置。习近平总书记强调:"坚持中国特色社会主义法治道路,最根本的是坚持中国共产党的领导。"行政决策贯穿于行政管理的各个环节,重大行政决策对于经济社会发展具有巨大影响,关乎社会公众的切实利益及公共利益的维护。这个价值目标与党领导下的法治建设相契合。党对决策的领导涵盖政治、经济、社会、文化等各个领域,内容博大、系统完整,是中国共产党为什么能的关键所在。党的领导能保证决策的质量。决策质量关乎一个政党、一个国家的发展前途。政党长期执政,国家繁荣富强仰赖于高质量决策。行政决策并非行政系统内部完全独立的事项,背后的深层次问题离不开各级党委的有力领导。可以说,党的领导无疑是推进行政决策法治体系建设的根本保证,应落实到决策的具体行动上,以增强决策的政治判断力、政治领悟力。

2. 坚持在行政决策中以人民性为根本。习近平法治思想的核心要点之一

---

① 习近平. 论坚持全面依法治国 [M]. 北京:中央文献出版社,2020:251.

是坚持以人民为中心，时刻考虑人民利益。全面依法治国最深厚的基石是人民，理应坚持行政决策为了人民、依靠人民，积极回应人民群众对决策的新期待，而不能让违法决策伤害人民群众的感情。人民立场向来是党的根本政治态度，这是与其他政党的鲜明区别。坚持以人民为中心，应该呼应全过程人民民主的深刻意涵。全过程人民民主是习近平提出的重大民主理论，既是对西方民主的超越，也是对我国民主政治的创新发展。该民主提倡在社会治理的各个层面都应贯彻民主要求，加大公民对各项决策的参与程度，确保人民当家作主的民主权利①。行政决策理应发挥人民的积极性、创造性，坚持决策问计于百姓，通过凝聚民心民智民力开创行政决策新局面。

3. 坚持行政决策的法律至上原则。2017年10月，习近平总书记在党的十九大报告中提出，"树立宪法法律至上、法律面前人人平等的法治理念"。法律至上作为社会主义法治理念的重要内涵，意味着要将法律精神、原则以及文化等渗透到国家治理的各个领域。行政决策亦概莫能外，必须坚持依法办事。在行政决策中坚持法律至上，习近平法治思想为改革法治提供了长效稳固的制度保障。现代行政决策是围绕法律而展开的多元主体共同完成的治理活动，具体决策过程处于法律调整的射程之内，以便决策行为被统揽于法治秩序。一旦离开法律，行政决策就容易失去依据，决策主体难免陷入我行我素的泥淖。强调行政决策的创新发展，应该在习近平法治思想指引下，秉持法律至上的法治原则。

综上所述，行政决策是行政活动的源头，乃各级行政机关履行政府职能的重要措施。行政决策往往通过配置公共资源，影响不特定群体的切身权益，因而，规范行政决策属于依法行政的重点内容。面对行政决策的乱象，习近平法治思想作了很明确的论述。这对行政决策程序制度提出严格要求，防止违法决策、不当决策、拖延决策。行政决策的程序规范并非单向度的、片面的，而是一个层次分明、系统要求的有机整体，经由科学决策、民主决策和依法决策，助推依法行政建设深入发展。应结合习近平法治思想对行政决策的基本要求，探讨对科学、民主、依法决策的重大引领价值。在科学决策层面，其引领价值体现在决策评估、渐进式决策、数字化决策；在民主决策维度，其引领价值表现为要求充分听取民意，注重吸纳法律顾问与专家学者的意见；在依法决策过程，其引领价值聚焦于法治能力、法律程序、法律监督等内容。

---

① 刘怡达. 论全过程人民民主的宪法基础[J]. 比较法研究，2022（2）：1-14.

二、习近平法治思想引领下的科学决策

习近平法治思想中关于行政决策的系统论述，揭示了行政决策的现实要求与法治规律。科学决策是行政决策法治化的第一位要求，核心在于尊重和体现客观规律，确保决策工作的质量与效果。习近平法治思想对于行政决策的科学引领集中体现在决策评估、渐进式科学决策、数字化决策等方面。

（一）科学把握决策评估

科学决策也称理性决策，是在成熟的决策理论指导下根据先进方法进行的符合客观实际的活动。理性决策，重点在于科学把握好决策可能涉及的风险评估等问题。习近平总书记高度重视重大决策评估工作，多次提出要求。他强调："我们的政策举措出台之前必须经过反复论证和科学评估，力求切合实际、行之有效、行之久远，不能随便'翻烧饼'。"[1] 针对决策过程中经常遭遇的风险问题，根据习近平法治思想的精神要义，应该坚持底线思维，注重防范风险、科学论证，切实做好风险评估工作。涉及公民合法权益及公共利益的行政决策时，审慎开展社会风险评估，提前把各项可能影响决策效果的问题化解在萌芽中。行政决策风险评估的法治化，是为了确保法律的理性价值，进而使决策更具合理性。应努力提升决策评估的法律地位，使之成为行政决策过程的刚性措施。

（二）渐进式科学决策

行政决策需要科学的推进方法。在习近平法治思想指导下，采取顶层设计与"摸着石头过河"相结合的推进路径是一项科学工作。习近平总书记指出，"摸着石头过河"是富有中国智慧的改革方法，也是顶层设计的基础。法治领域规划要遵循这样的思路，使决策更科学、更符合实际。此种渐进式决策路线，既体现了习近平法治思想的政治敏锐度，也彰显了社会转型期法治建设的稳定性要求。此论断倡导采用渐进方式对行政决策机制加以完善，以逐渐实现决策的法治目标。一言以蔽之，此种渐进式科学决策基于法治决策理论的立场，遵循科学规律与法治精神，意在循序渐进做好每一项行政决策。推行渐进式决策具有可行性与必要性，能够灵活应对不确定的法治难题。

（三）数字法治政府下的科学决策

为做好科学决策，离不开信息科技手段的辅助作用。2022年6月，国务院发布《关于加强数字政府建设的指导意见》，习近平总书记在主持会议时强

---

[1] 习近平. 论坚持全面深化改革[M]. 北京：中央文献出版社，2018：59.

调,"把数字技术广泛应用于政府管理服务,推动政府数字化、智能化运行"。《法治政府建设实施纲要(2021—2025年)》也提出,"健全法治政府建设科技保障体系,全面建设数字法治政府"。坚持应用互联网、人工智能等技术手段促进科学决策,探索新技术形式下的新兴决策,实现决策科学化与法治化的紧密融合。在具体决策方法上,持续强化行政决策与信息技术的统合,推进基于数据驱动的行政组织范式转变。一方面,建立健全行政决策的数据使用体系,根据数据类型确定用途。现代决策理论表明,精准的信息来源是科学决策的前提。在数字经济时代,数据既是广泛的信息载体,也是关键的生产要素。在完善数据方面的法律法规基础上,科学界定决策的数据使用规则,明确数据在决策环节的有效运用。另一方面,大力推动信息化的决策平台建设。探索在各地区有序推进一体化的在线决策平台建设,优化数字化决策的流程与模式,提升行政决策的效率,实现跨系统、跨部门的科学决策。加强数字法治政府建设,使之成为科学决策的关键引擎。

三、习近平法治思想引领下的民主决策

根据党的十九届六中全会提出的精神,明确国家治理中必须坚持人民主体地位,保证人民依法实行民主决策。民主决策的法治地位已得到明确肯定,全面依法治国背景下人民拥有广泛的权利与自由。民主作为人类社会共同的价值,是习近平法治思想包含的必备元素。应将尊重民意、汇集民智贯彻于行政决策各环节,拓宽公众参与决策的民意渠道,实现全过程人民民主在法治政府建设中的保障作用。

(一)善于吸纳公众参与

公众参与是公民以提供信息、表达意见等方式参与并影响行政决策的活动,体现了现代民主政治所具有的民意基础。若行政决策不听取民意,将造成很大的负面效果。尽管实践中有很多行政决策已经有听取民意的做法,但形式主义较为严重,导致公众参与的民主程度还不够高。习近平总书记对此类弊端做了严肃批评,"有的不顾地方实际和群众意愿,喜欢拍脑袋决策、拍胸脯表态,铺摊子、上项目,最后拍屁股走人,留下一堆后遗症"[1]。2019年《重大行政决策程序暂行条例》确立了民主决策原则,要求充分听取群众意见。为确保决策过程的民意性,需要做好以下几点:

---

[1] 中共中央文献研究室. 习近平总书记重要讲话文章选编[M]. 北京:中央文献出版社,2016:45.

1. 在行政立法中应吸纳公众参与，保障行政决策依据的民主性。立法作为行政决策的法律根据，是确保民意性的重要源头。在公众参与路径方面，应积极鼓励和促进公众参与行政立法和政府规范性文件的形成过程、参与行政决策或决定等，建立有利于公众参与的多元化渠道及机制。涉及法律的立改废等事项时，立法机关则应善于利用现代化技术，及时公布制定情况与调整状况，使公众在获取充分信息基础上参与立法活动，继而为行政决策获取依据奠定基础。

2. 在行政决策过程中听取民意，促进行政机关与公民的协商共治。习近平总书记指出："在社会主义制度下，有事好商量，众人的事情由众人商量，找到全社会意愿和要求的最大公约数。"① 民主过程强调协商与论辩，体现参与主体之间的交往理性，蕴藏着社会主义法律制度的优越性。只有通过反复协商，行政决策结果才能体现"多数人意志"，继而获得多数人赞同。

3. 行政决策后听取民意，在方案调整中实现个体利益与公共利益的平衡。习近平总书记在主持法律草案审议会时特别强调："要健全重大决策充分听取民意工作机制，审议涉及群众切身利益、群众反映强烈的重大议题要依法依程序进行，该公示的公示，该听证的听证，决不允许搞'暗箱操作''拍脑门决策'。"行政决策往往指向于公共利益，但重大决策、项目、措施同时还会涉及社会公众的切身利益，其中难免存在利益冲突的问题。通过举行听证会等方式听取民意，适时动态调整不合理的决策，切实考虑利益相关群体的诉求，由此兼顾好多方面的利益。

（二）注重采纳法律顾问与专家学者的意见

行政决策应该实施好政府法律顾问制度，实现高质量的改革良策。习近平总书记一直很重视政府法律顾问辅助行政决策的积极意义。在福建工作期间，习近平主持成立省人民政府法律顾问团，增强了行政机关的法治效能。党的十八大以来，该制度对于推进法治政府建设的现实作用得到进一步彰显。习近平总书记指出："要以建设法治政府为目标，积极推行政府法律顾问制度，建立行政机关内部重大决策合法性审查机制，积极推进机构、职能、权限、程序、责任法定化，推进各级政府事权规范化、法律化。"② 法律顾问制度是新时期助力法治化决策的关键抓手，需要从宏观层面对政府法律顾问制

---

① 习近平. 习近平谈治国理政：第二卷 [M]. 北京：外文出版社，2017：292.
② 《习近平法治思想概论》编写组. 习近平法治思想概论 [M]. 北京：高等教育出版社，2021：181.

度作出整体谋划。应深刻认识和完善法律顾问制度，使其持续成为促进政府民主决策的关键支撑。在现实方向上，重点是理顺政府法律顾问机制，明确其法律属性与功能。具体方法层面，确立好政府法律顾问的选聘标准，明确法律顾问的职责范围，增进法律顾问参与决策的力度，有效推进民主决策的常态化进行。

民主决策离不开专家学者及第三方中立机构的指导建议。关于行政决策，可采取问题导向、改革突破、专家论证的推进路径。问题是改进工作的导向，同时也是改革的切入点。专家学者对于行政决策的现实问题有成熟的认知，决策过程务必要组织专家、专业机构论证其必要性与可行性。对专业性强的重大决策事项，承办单位应当组织专家、专业机构论证其必要性、可行性、科学性等，并提供必要保障。专家不仅是决策的法律咨询者，还是决策的民主参与者。为消弭决策事项存在的分歧，中立机构的民主介入亦不可或缺。重要行政管理法律法规由政府法制机构组织起草；对部门间争议较大的重要立法事项，由决策机关引入第三方评估。为提升民主决策的质量，在引入中立评估机构时还需加强配套机制建设，探索建立完备的实施细则，例如扩充评估机构的人才储备，设计畅通有效的评估结果反馈机制。对于争议较大的决策方案，还有必要开展"异地评估"，防止出现评估结果不客观的问题。

四、习近平法治思想引领下的依法决策

依法决策是依照宪法法律的规定，运用法治方式将公共决策纳入法治轨道，使各项决策过程中遵循法律原则与规定。依法决策意味着决策主体的所有行为必须于法有据，在法律之外行使的决策权是无效的、非法的。2014年10月，习近平总书记在党的十八届四中全会第二次全体会议上强调，"依法治国是我国宪法确定的治理国家的基本方略，而能不能做到依法治国，关键在于党能不能坚持依法执政，各级政府能不能依法行政"[1]。根据依法行政具体要求，习近平总书记继续指出，"健全依法决策机制，构建决策科学、执行坚决、监督有力的权力运行机制"[2]。习近平法治思想指导下的依法决策之引领价值，在决策意识、决策程序和决策保障等得到集中体现。

（一）提升依法决策的法治能力

法治不仅是一种宏观上的要求，还对行政决策发挥方法论指引作用，以

---

[1] 习近平. 加快建设社会主义法治国家[J]. 求是, 2015 (1): 3-8.
[2] 习近平. 习近平谈治国理政：第三卷[M]. 北京：外文出版社, 2020: 29.

实现决策能力提升的目标。经济社会发展的经验显示，依法办事是最稳固、最合理的策略。此种法治方面的要求，其实指向于治理能力，或者说就是一种"法治能力"。"法治能力"这一概念在党的十八届四中全会以后迅速传播，乃综合掌握法律素养的体现。依法决策本质上就是一种法治能力，即熟练根据法律思维与方式从事决策活动的技艺，具体指向于合法性与最佳性的决策目标。进言之，在依法决策语境下，该法治能力意味着行政机关及决策者运用法律规则和法治方式从事公共活动的水平。习近平总书记反复强调，各级党政机关和每一位领导干部、每一位工作人员都"要增强法治观念、法律意识，坚持有法必依，善于运用法治方式开展工作"[1]。应该将"法治能力"作为依法决策的关键性目标，并通过方法论贯彻落实。综上所述，这要求行政决策者应该掌握法律解释能力、推理能力、修辞能力以及论证能力，在适用过程中实现既定的法治化目标。

（二）严格遵循法律程序

法律程序对行政决策具有积极意义。法律程序能够限制行政决策者的裁量权，维系决策结果的稳定与完备；法律程序还塑造了决策者的法治意识，促使决策行为更具适应能力，以形成一种高度确定性的环境。对此，习近平总书记提出了一系列具体要求，如"用法治给行政权力定规矩、划界限，规范行政决策程序，加快转变政府职能"[2]。针对行政活动过程中的各类决策权，须认识到法律程序产生的重大影响，依法全面履行职能。依法决策的法治能力提升既有赖于法律方法论，也依靠运行有序的法律程序。各项法律程序中，行政机关内部对决策的合法性审核尤为关键。习近平总书记要求，"要以建设法治政府为目标，建立行政机关内部重大决策合法性审查机制"[3]。行政决策方案审议之前，行政机关内部的法治机构需要根据权限、程序、内容等要件对决策事项作出严格审查，并有效细化审查标准与形式。一项行政决策能否通过，内部法治机构的合法性审查意见非常关键。如果合法性审查意见中有对决策事项存有异议的条款，决策者必须根据该意见作出相应调整。

---

[1] 《〈关于新形势下党内政治生活的若干准则〉〈中国共产党党内监督条例〉辅导读本》编写组.《关于新形势下党内政治生活的若干准则》《中国共产党党内监督条例》辅导读本[M]. 北京：人民出版社，2016：151.

[2] 中共中央文献研究室. 习近平关于全面依法治国论述摘编[M]. 北京：中央文献出版社，2015：43.

[3] 习近平. 加快建设社会主义法治国家[J]. 求是，2015（1）：3-8.

（三）优化依法决策的法律监督

在习近平法治思想引领下，决策权的行使离不开法律监督机制，以实现对行政机关的有效约束。行政决策权达到法治化的标准之一，是行政机关及其决策者的一举一动都受到有力监督。毕竟，不受制约的决策权将容易被滥用。

应建立行政决策的权力清单，确保决策活动受到各方的全面监督。具体而言，应善于运用司法监督、审计监督、纪检监察监督、舆论监督等各项机制，确保法律监督的实效性。各类法律监督方式应实现有机衔接、相互融贯，织密约束行政决策的网络。围绕法律监督的效果，习近平总书记已提出科学论断，即"努力形成科学有效的权力运行和监督体系，增强监督合力和实效"[①]。与此同时，决策不当的法律责任体系仍有待合理构建。责任是法律的生命，乃促进行政机关依法决策的关键，也是公民合法权益的保护机制。在总体上，通过推行纠错问责制，督促行政决策机关忠实依法履行职权，严格消弭决策权错位现象。在承担主体上，辨明具体的决策责任人。例如，对于行政机关的领导干部、决策者及相关责任人员，根据决策失误情形合理追责。在责任类型上，根据行政责任、刑事责任、党纪责任等分门别类地设计。责任机制的构建原则应做到宽严适度，既不放纵决策行为的偏差，也对正确的决策行为进行支持与保障，维系行政机关及决策者的积极性。如此，将能够完善决策者作为第一责任人的约束机制，推动行政机关依法履职尽责。

第五节　以新时代依法行政理论引领法治政府建设

当下及未来，应深入地学习习近平法治思想中的依法行政理论，在理论与实践的双向互动中规范行政权行使，加快全面推进法治政府建设的长远部署。为遵循好习近平依法行政理论，以下几方面是亟待实施的重点内容。

一、整体政府理论下的依法行政建设

在推进依法行政过程中，政府运行因部门、领域分割而产生协调不畅、碎片化管理是一项现实问题。近年来理论界与实务界都提倡整体政府理论，

[①] 习近平. 加快建设社会主义法治国家 [J]. 求是，2015（1）：3-8.

针对性提出了有益建议①。整体政府理论的核心目标是整合分散的政务资源，实现各项行政管理事项的协同高效，从整体上提升政府治理水平。当前依法行政还面临碎片化问题，例如行政执法存在缝隙现象或者说部门壁垒，环境、安全、交通、食品、药品等多个政府部门在执法对象上容易产生明显的区隔化、孤立化问题，影响了依法行政的整体效果。如何在整体政府理念指引下，更好地实现依法行政建设是有待进一步讨论的论题。对此，不妨从两方面加以讨论。

（一）呼应宏观的政治背景

习近平依法行政理论的形成发展，是根据中国特色社会主义民主政治与法治建设产生的理论构想。运用习近平依法行政指导现实工作，能确保政府依法全面履行职能的政治方向与政治原则。习近平依法行政理论的核心要求应该不折不扣得到落实，切实发挥好该时代思想的丰富内容。在此基础上还应该解决这些问题。一是依法行政如何坚持中国特色社会主义。依法行政的政治方向是由中国特色社会主义伟大旗帜引领的，这样才能确保依法行政符合中国本土的政治态势。坚持这一要点的关键是确保党的路线方针政策在依法行政中得到有效实施，实现依法行政与依政策行政的有机统一。二是依法行政理论应坚持马克思列宁主义以及历代领导集体的重要思想。这些思想是整体的理论体系，蕴藏着马克思主义法治理论的精深内容，能够全面指导中国特色的依法行政。三是依法行政应该坚持先进的政治理念。坚持党的领导、维护公平公正、对人民负责、受人民监督、全面统筹推进等，都是无法绕开的理念要求。例如，依法决策过程中必须坚持全过程人民民主的理念，确保依法行政符合人民当家做主的要求。

（二）立足党和国家事业的发展全局

依法行政的推进布局上，应当与党和国家事业发展的全局相契合。当前，需要顺应的重大建设主题非常多。在经济建设方面，各级行政机关应该继续围绕营商环境的法治化推进工作，有效实施《优化营商环境条例》等法律规范，进一步推进市场经济发展。在推进方法上，依法行政必须围绕京津冀协同发展、长江经济带发展、粤港澳大湾区建设等国家重大战略提供依法行政方面的法治保障。在生态环境保护领域，离不开行政法理论与实践的关注。习近平围绕生态文明建设发表了一系列重要论述，深刻解析了生态兴衰与法

---

① 王敬波. 面向整体政府的改革与行政主体理论的重塑[J]. 中国社会科学, 2020 (7): 103-122.

治变迁的关系。贯彻习近平生态文明建设思想，势必结合习近平依法行政理论，重点研究生态环境治理的主体、权限、方式、程序、责任等法治问题。随着生态环境问题日益严重，推进依法行政理应将相关问题纳入研讨范畴。依法行政的推进策略应该统筹兼顾，突出重点与难点事项。

二、兼顾行政立法与行政解释

在中国特色社会主义法律体系形成之后，必须注意到法治质量是否达标。对此，习近平提出了建设"完备的法律规范体系"[①] 这一更高的目标。其中，完善行政法律规范体系是重要一环，此为行政立法必须回应的主题。

（一）加强重点领域行政立法

习近平提出："加强和改进政府立法制度建设，完善行政法规、规章制定程序，完善公众参与政府立法机制；重要行政管理法律法规由政府法制机构组织起草。"[②] 为依法全面履行政府职能，应特别重视行政法律制度建设，增强行政立法的认同度。在立法前期，政府应按照条件成熟、突出重点、统筹兼顾的要求，科学谋划行政立法工作计划。具体立法事项，综合考量党和国家事业的发展战略，统筹谋划社会治理、公共服务、民生保障、突发公共卫生、涉外法治等重点领域的立法，按事项主题逐个击破。在立法过程中，注意程序规则与立法规律，不断完善行政立法权限与程序要求，确保改革与立法相衔接、相统一。在立法之后，及时根据最新情势对立法作出修改、调整，为依法行政纵深发展奠定规范基础。

（二）加强行政解释

对法律的行政解释与行政立法同等重要。其实，依法行政中发生的许多问题，往往不是立法不够、规范无据，而是行政执法人员对法律的理解与适用有偏差、不到位。法学又称为法律解释学，以法律规范为其研究对象，以确定其法意。法律解释可以让法律具体化、明确化及体系化，这样才能使法律的功能得到充分发挥。因而，行政机关及其工作人员应该在解释论上下功夫，在宪法确立的法律价值观下对法律作出有效解释。行政解释应该以行政法律规范为基础，兼顾民法典等其他法律规范，增强法律适用的逻辑判断力，不断增强法律适用的技术。

---

① 李林.习近平全面依法治国思想的理论逻辑与创新发展 [J].法学研究，2016（2）：3-22.
② 《〈中共中央关于全面推进依法治国若干重大问题的决定〉辅导读本》编写组.《中共中央关于全面推进依法治国若干重大问题的决定》辅导读本 [M].北京：人民出版社，2014：53.

三、大力推进行政组织建设

习近平高度重视从体制机制上为依法行政创造相应的制度基础，他指出："完善行政组织和行政程序法律制度，推进机构、职能、权限、程序、责任法定化。"① 这是从行政组织与体制机制层面对完善依法行政作出的构想。

（一）构建权威高效的依法行政体系

有必要构建权责统一、权威高效的依法行政体制。此项行政组织建设，为依法行政建设提供机构维度上的法治保障。党的十九届三中全会研究深化党和国家机构改革问题，把深化综合执法改革作为专项任务。这意味着增强依法行政能力需要从组织结构入手，合理配置行政职权，形成边界清晰、运转高效的机构职能体系。尤其在市场监管、生态环保、交通运输等领域应整合优化执法队伍，有效配置人员队伍，统筹好行政职能与执法资源。加快构建保障有力的行政组织结构，对于改进政府职能、创新依法行政活动具有积极意义。

（二）处理好行政组织的两对范畴建设

行政组织的法治建设须重点处理好两对范畴。一是行政机关之间的关系。此为行政组织内部的角度，目标指向于机构之间的协同高效。《法治政府建设实施纲要（2021—2025年）》明确要求处理行政机关之间的职能配置，理顺部门职责。行政机关内部由"条条""块块"的结构组成，具体运作中容易产生职能交叉现象，影响了整体的政府治理效果，并浪费了许多稀缺的行政资源②。只有理顺行政机关之间的内部关系，才有利于行政职能的系统优化，实现依法行政能力整体水平提高。二是行政机关与公民之间的关系。这要求依法行政把握好行政行为的合法尺度，不随意侵犯公民权利，与公民等私主体形成良性互动。行政机关应该不断提升政务服务效能，满足公民对政府的现实要求。行政机关还应该不断优化行政体制，注重行政行为的合法性与合理性建设，通过简政放权为企业松绑，深入推进"放管服"改革，保护好各类企业的产权与自主经营权。只有处理好这两对范畴，行政组织体制才有助于进一步完善。

---

① 《习近平法治思想概论》编写组. 习近平法治思想概论 [M]. 北京：高等教育出版社，2021：181.
② 李凌云. 论行政协议中的意思表示 [J]. 法治社会，2021（6）：111-118.

四、构建有力的法治保障机制

各类法律体系都离不开保障机制，依法行政亦如此。根据习近平依法行政理论的精神，当前保障机制至少包括两个方面的行为准则。

（一）将监督与制约机制作为依法行政的动力保障

对推进依法行政的深远阐释，是习近平依法行政理论的重要后盾保障部分。依法行政的权力运行离不开监督机制，需要加强对政府的制约。行政权在法治轨道上运行是依法行政的基本标准，行政机关及其工作人员的行为应该时刻经受法治检验。尤其是领导干部需要带头依法行政，时刻经受监督机制的审视。针对这些"关键少数"，运用舆论监督、社会监督、纪检监察监督、司法监督、行政内部监督等机制的作用，促使其带头尊崇法治、敬畏法律，不断增强运用法治思维与法治方式推进依法行政的能力。应该时刻制约行政权力的可能滥用，使行政机关无法随意干涉他人，无法以权压法。在发挥约束作用同时，运用激励机制调动行政机关高效履职的积极性，防止行政权消极不作为。在责任设计上，充分运用行政法律规范、纪检监察法规、党内法规、审计等方式加强监督，科学设定问责机制，增强监督合力与实效。值得一提的是，通过党内监督加强约束行政权不可忽略。鉴于中国共产党长期执政的现实国情，且行政机关工作人员多数是党员，对依法行政的各项监督中的党内监督应该属于优先位置。另外，应着重加强对领导干部违法行政的责任追究，督促其在法治之下改进办事方式。如此，增进权责统一的有效性能够从动力层面助推依法行政。

（二）强化数字法治政府的科技保障

习近平高度重视科技手段在依法行政中的作用。随着数字化时代的到来，以互联网、大数据、人工智能为代表的新一代信息技术既为社会生活带来了巨大便利，也为政府治理方式转型带来了新的机遇。依法行政面临的现实问题具有运用技术手段予以解决的空间，而非纯粹拘泥于法律内部的探索。《法治政府建设实施纲要（2021—2025年）》要求，"着力实现政府治理信息化与法治化深度融合，优化革新政府治理流程和方式，大力提升法治政府建设数字化水平"。数字法治政府的实质，是凭借法律措施去有效利用数字技术的政府治理效益。用"数字"这一范畴涵括依法行政，以新思维、新视野研究行政法领域的基础性、根本性问题。在数字法治政府建设进程中，相关法律、法规、规则已经相继出台，但弱项与盲点仍然明显。为实现既定目标，应持续将依法行政与信息技术紧密结合起来，保障法治政府建设不断适应科技进步带来的新要求。例如，在立法层面，有必要适时制定国家层面的政务数据共享条例，明晰政务数据使用的边界与安全。同时，数据监管方面的法律法规体系需要重点予以健全，充分利用立法技术推动依法行政的效能。在具体方式上，需要进一步强化行政措施与信息技术的统合，推进基于数据驱动的行政组织范式转变。应该以数字政务运行体系建设为导向，驱动依法行政实施方式的变革。通过有效实现法治政府智能化，完成依法行政环节的技术治理。

本章小结

全面推进法治政府建设，需要在习近平总书记一系列关于依法行政理论的论述指导下实现突破。习近平法治思想的智慧在新时代得到明确彰显，依法行政建设需要持续大力推进。我们要以习近平法治思想为根本遵循，精准把握其蕴含的核心要义，汇聚各方力量推进依法行政，牢固树立依法行政意识，不断提升行政立法、行政决策、行政执法、政务公开、行政复议等事项的质量，探索出先进的法治政府建设模式与路径。全面探究习近平法治思想中的依法行政理论，对于加快职责明确、科学合理的政府治理体系建设具有积极的指导意义，且能够有效贯彻落实习近平法治思想，并助益《法治政府建设实施纲要（2021—2025年）》的有效实践，进而推动行政法律制度及国家治理能力的现代化转型。

第二章　国家监察体制改革的行政法反思

1949年9月29日，中国人民政治协商会议第一届全体会议宣告了新中国的成立，通过了在新中国成立之初起临时宪法作用的《共同纲领》。其中，《共同纲领》第十九条作出规定，在县市以上的各级政府内部设置监察机构。2018年3月，现行宪法在第五次修改时作出增设监察委员会的规定，在宪制层面对本次国家监察体制改革予以肯认。监察委员会所承载的制度架构，是中央对监察职权最新调整的结果。迄今为止，监察制度在新中国宪法史上已存在七十多年。不管是新中国成立初期的监察机构，还是国家监察体制改革前的监察机构，虽与当前的监察委员会并非完全一致，但不能割裂其中的内在关联。目前的国家监察体制改革，是在吸纳中国传统监察文化的有益经验，并参照域外监察制度相关做法的基础上，通过变革行政监察制度发展而来的[①]。国家监察体制整合原有行政监察职权的制度设计，能够表明各个时期的监察制度在权力监督等方面存在共通性。在此基础上，如何运用行政法推动国家监察体制改革仍有探讨的必要。例如，监察委员会采取行政性监察措施所涉及的外部法律关系，如何纳入行政法律关系视野，并建立一整套国家监察体制的行政法衔接制度[②]，等等。以新中国成立七十多年实践为契机，通过回顾监察制度的发展历程，系统分析其变迁趋势，是深化未来发展路径的应有之义。

第一节　新中国监察制度七十多年的历时性考察

权力具备自我扩张性，其应用边际只有当遭遇阻力和反弹而无法继续延伸时才会受到限定[③]。监察制度，便是能够对权力发挥阻力与反弹的装置。监

[①] 朱福惠. 国家监察体制之宪法史观察：兼论监察委员会制度的时代特征 [J]. 武汉大学学报（哲学社会科学版），2017 (3)：23.

[②] 刘文华. 国家监察体制改革的行政法衔接 [J]. 学术探索，2021 (11)：75.

[③] 李树军. 行政监督 [M]. 北京：世界知识出版社，2007：4.

察似乎是一个相对抽象的概念，在不同的历史时期，所表征的内涵并非一致，所囊括的组织机构也略有差异。孙中山曾提出：监察制度为"中国固有的东西"。他所倡导的"五权宪法"，其中的一权便是监察权[①]。中国共产党历来重视监察制度，早在革命根据地时期，已根据政权建设构筑了监察制度，为新中国执政以后的监察创新积累了经验。正所谓机构是制度的组织载体，若先以监察机构的发展演变为主线，并从机构改革的视角加以关照，或许能够较好地对七十年以来的监察制度作出解析。监察制度伴随新中国建设经历了不同的历史背景，大致可划分为以下五个发展阶段。

一、新中国成立之初的确立阶段：1949—1954 年

《共同纲领》与同月通过的《中央人民政府组织法》，为中央监察机构的建立提供了实定法上的依据。1949 年 10 月中央人民政府成立后，作为最高执行机构的政务院随之成立。对政务院而言，尽快组建合理的机构去履行职权至关重要。所以，当时设置了 34 个委、部、会、院、署、行，作为政务院联系、指导的部门。其中所谓的"委"，主要包括政治法律委员会、文化教育委员会、财政经济委员会以及人民监察委员会。这里的人民监察委员会，就是新中国最早的监察机构。从机构地位来看，这四个委员会比各个部、会、院、署、行要略高。例如，政治法律委员会能够协助政务院指导公安部、司法部等 5 个部门的工作。人民监察委员会虽没有"指导"的下辖部门，但它专门监督行政机关及其公务人员的职责却尤为特殊。应当说，人民监察委员会专司监察工作，可视作新中国监察制度的肇始。

与中央层面相对应，各级地方政府也相应设立监察机构。1950 年 10 月，政务院通过并公布实施《政务院人民监察委员会试行组织条例》，批准了《大行政区人民政府、人民监察委员会试行组织通则》以及《省（行署、市）人民政府、人民监察委员会试行组织通则》。上述法律法规的出台，为地方各级政府设立监察机构提供了准则。截至 1953 年底，包括大行政区、省、市及县在内的四级政府共组建了 3 586 个监察机构[②]，初步为新中国成立初期监察制度的形成奠定了组织基础。在管理体制上，监察系统实行一重领导一重指导的体制，即既受同级政府领导，也受上级监察机构指导。在同一时期，党的纪检机构与监察机构并行不悖、分工不同。当然，二者在一定范围也存在合

---

① 林代昭. 中国监察制度 [M]. 北京：中华书局，1988：237-242.
② 中央纪委监察部宣教室. 中国行政监察简论 [M]. 北京：中国方正出版社，2002：27.

署办公的情况。例如，1952年2月中共中央下发指示，其中提及"各级党委的纪律检查委员会与各级人民监察委员会可酌情实行合署办公"①。主要来看，该时期的监察机构与党的纪检机构形成了党政双轨运行的纪检监察机制。

二、社会主义建设初期的调整阶段：1954—1959 年

1954年4月，第三次全国监察工作会议对监察制度作出调整，决定在不设区的市、县地方政府内不再保留监察机构。为改革央地关系，精简央地之间的行政层级，中央于同年6月决定撤销大行政区的建制，西南、西北等六个大行政区在年底先后撤销，这些大行政区的监察机构亦一同被撤销。

监察制度的发展，始终离不开宪法的规范引领。新中国成立之初，虽然《共同纲领》扮演着临时宪法的角色，但无法发挥出一部宪法应有的全部价值。1954年9月，新中国第一部社会主义类型的宪法颁布实施。其中，宪法相关条款与监察制度转型密不可分。随后，《中华人民共和国国务院组织法》在全国人大会议上通过，据此政务院被改组为国务院，政务院人民监察委员会则改为国务院监察部。1954年宪法第四十九条赋予了国务院统一领导各部和各委员会工作的职权，监察部是在国务院领导下行使职权的组成部门。1954年11月，国务院发布了将原人民监察委员会的职责交接给监察部的通知。同年12月，监察部发出了要求地方各级政府设置监察机构的通知。1955年11月，国务院常务会议批准了《监察部组织简则》，较为全面地规定了监察部的任务、职责、机构设置等内容。1956年初，监察部发布《关于派驻县监查组的若干工作问题的指示》，提出要在撤销县级监察机构后，上级监察机构应适当选取部分县派驻监察组。

经过1954年开始的调整改进，新中国初期的监察制度初步形成齐全的体系，监察力量不断得到增强。1957年10月，监察部按照中央相关要求，拟定《监察部门关于监察机关体制改进方案的报告》，将监察机构的领导体制改为一重模式，因而该时期的监察机构是在同级政府直接领导下行使职权的。然而，随着1957年底反右派斗争扩大化，民主法制工作逐渐趋于停滞，监察机构遭受了冲击。到了1958年，也正是由于领导体制的因素，在严峻政治形势下监察机构的工作备受质疑，被指责是"脱离党的领导"的部门。1959年4月，中共八届七中全会围绕监察部的撤销议题进行了研究。紧接着，全国人

---

① 中共中央纪律检查委员会办公厅. 中国共产党党风廉政建设文献选编：第八卷 [M]. 北京：中国方正出版社，2001：50.

民代表大会通过了有关撤销司法部、监察部的决定。随后,监察部停止公务的处理,机构职能及人员转隶到中央纪检机构,地方各级监察机构并入对应的党的纪检机构。昔日拥有检查权、审计权、评议权等多项职权的监察机构不复存在①。在此后一段时期,党的纪检机构既管党纪工作,又兼理监察事务。当时党的纪检机构在反腐败方面曾发挥积极的作用,但是在1969年4月党的九大后,党的各级纪检机构又被彻底取消②。由于上述原因,监察制度就此出现了中断,并在此后的二十多年时间里处于历史空白状态。虽然监察机构在新中国成立初期所存续的时间较短,但在20世纪50年代发挥了积极作用,并为改革开放以后的制度重建积累了历史性经验。

三、改革开放以后的重建阶段：1978—1993年

1978年12月党的十一届三中全会召开后,国家的各项事业开始向改革开放靠拢,民主政治、法制建设等议题重新得到重视。1979年7月通过的《地方各级人民代表大会和地方各级人民政府组织法》在第五十一条第五款赋予县级以上地方政府管理本行政区域监察工作的职权。虽然当时国务院的组成部门中尚未设置监察机构,但现行宪法1982年全面修改时在第八十九条第八款规定了国务院领导、管理监察工作的职权,第一百零七条赋予县级以上地方政府管理监察工作的职责。通过文义解释可知,监察职权作为行政管理权组成部分的形象得到初步彰显。为了使现代化建设进程与纠正各类违反政纪的行为同步推进,建立专门负责监察的机构就显得尤为迫切。

1986年2月,在第六届全国人大四次会议上,有地方代表团和部分委员建议,在县级以上各地政府内部恢复设置监察机构。同年11月,国务院向全国人大常委会提交了提请设置监察部的议案。12月,全国人大常委会审议并通过决议,决定恢复国家监察体制。至此,监察部得以重新建立,断裂许久的监察制度得到赓续。1987年7月,监察部向国务院办公厅等有关部门发布通知,宣布监察部正式成立,并开始对外办公。监察部主管全国的监察工作,其中监察部部长的人选由国务院总理提名,经全国人大决定,并由国家主席任命。1987年8月,国务院发布《关于在县以上地方各级人民政府设立行政监察机关的通知》,地方各级政府也重新设立监察机构负责本区域的监察工作,因而在全国范围逐步恢复了四级监察机构的框架。在此阶段,监察机构

---

① 杜兴洋.行政监察学 [M].武汉：武汉大学出版社,2008：67.
② 李雪勤.中国共产党纪律检查工作60年 [M].北京：中国方正出版社,2009：61.

实行双重领导体制，其作为政府组成部门需接受同级政府领导，同时还需对上一级监察机构负责并汇报工作，其中，上级监察机构在业务方面处于主要领导地位。根据党的十三大会议精神，1988年3月中央纪委、监察部联合发出文件，规定纪检机构负责对党员违反党纪的行为作出检查监督，行政监察机构对违反政纪的案件作出检查处理。

1988年8月，中央纪委、监察部一同发出通知，提出要逐渐撤销设立在政府部门的党的纪检组，并研究组建监察机构。在上述背景下，监察机构在后续的短期内，单独在政府部门内扮演了监督角色。同年10月，国家机构编制委员会颁布《监察部三定方案》，就监察部的职责、机构配置、人员编制等作出规定。此次所恢复设置的监察机构，既延续了新中国初期的职责，又依据反腐败新形势新任务明确了新的职责，适应了经济发展形势下监察职权扩张的需要。截至1988年11月底，全国省、市、县三级地方政府的监察机构已全部建立，共配备26 600多名工作人员[①]。各级监察机构在改革开放以后监督违法乱纪、惩戒贪污腐败等方面做出了积极贡献。1990年11月，国务院在归纳监察工作经验后，适时通过了《中华人民共和国行政监察条例》，该条例明确了监察机构是政府内部行使监察职权的专责机关。同年12月，国务院决定将"国务院纠正行业不正之风办公室"设在监察部，该办公室的基本职能是"负责督促、检查、指导各地区、各部门的纠正行业不正之风工作"。该办公室主任由监察部副部长兼任，副主任由几名监察部的正司长担任。

四、市场经济体制建立后的深化阶段：1993—2017年

1992年10月，党的十四大决定在我国确立社会主义市场经济体制。在新旧经济体制转换过程中，各种生产要素突破原有束缚，往往会在制度疏漏下滋生较多的贪污腐败。监察工作如何规制腐败现象，为经济社会创造良好的政治环境，是当时亟须研究的问题。从实际来看，监察机构所监督的多数公务人员，都具有党员身份。基于党管干部原则，公务人员的党员身份决定了其应当接受党委纪检的约束。可以说，党的纪检机构对党员的纪检监督，与监察机构对公务人员的监察存在交叉或趋同之处。而当时的经济体制改革形势，又对纪检监察工作提出了更高的要求。因此，通过纪检与监察机构合署办公推动纪检监察工作的高效运行，是当时的可行之策。

[①] 中华人民共和国监察部. 中国监察年鉴（1987—1991年）[M]. 北京：中国政法大学出版社，1993：174.

1993年2月,中共中央、国务院批转了中纪委、监察部有关纪检监察合署办公的请示,中央纪委与监察部正式合署办公,监察机构的序列依旧保留在国务院。在人事安排上,监察部部长一般由中纪委副书记担任,具备党员身份的副部长同时为中央纪委常委。与此同时,地方各级党的纪检机构和监察机构也开始实行合署办公。在内设机构上,中央纪委与监察部双方职能不同的部门各自保留,职能相近的加以合并。至此,结束了1986年以来监察机构与党的纪检机构相互独立的格局。此种合署办公模式,一方面能够增强党对监察工作的领导,另一方面能够有效解决职权重复的问题①。纪检机构与监察机构形成合力,致力于扼制腐败现象滋生蔓延的势头。党政分开在监察领域的结构性冲突得到消解②。1997年5月,《中华人民共和国行政监察法》颁布实施,在法律层面继续确认了监察机构行使职权的地位,对人员组织、职责权限、监察程序等作出了系统规定,其所享有的措施更为多元,监察工作法制化程度进一步提升。2004年9月,为推进《中华人民共和国行政监察法》的贯彻落实,国务院颁布了《中华人民共和国行政监察法实施条例》,切实增强了监察立法的体系化、规范化和细致化程度。2007年9月,国家预防腐败局在监察部正式挂牌成立,首任局长由时任监察部部长马馼兼任,彰显出反腐败预防工作的重要性。该局的主要职责是举行宣传教育、制度建设以及体制机制方面的创新等,通过此类举措抓一些源头性的反腐败工作,持续提升反腐倡廉工作的制度化水平。

2012年11月,中央纪委在向党的十八大所提交的报告中指出,"坚持和完善纪检监察合署办公体制,在做好党的纪律检查工作同时,切实加强监察工作"③。需要说明的是,监察机构与党的纪检机构合署办公并不是要改变监察职权的属性,也不是要将监察机构并入党的机构,而是在各自职能相对明确的基础上作出的职能整合。纪检监察合署办公以来,围绕国家大政方针政策,结合纪检监察工作特点,探索如何避免部分职能交叉、重复或者"漏监"的问题,对监察职权优化升级。此种合署办公形式,一直延续至今。

五、新时代的改革阶段:2017年至今

为推动监察制度的纵深发展,2016年12月全国人大常委会决定在北京、

---

① 佚名. 关于中央纪委监察部合署办公问题的解答 [J]. 党建, 1993 (4): 11.
② 梁永成. 中国行政监察制度变迁30年 (1987—2018年) [J]. 地方立法研究, 2018 (5): 95.
③ 《中国共产党第十八次全国代表大会文件汇编》编写组. 中国共产党第十八次全国代表大会文件汇编 [M]. 北京: 人民出版社, 2012: 123.

山西、浙江三个省市进行国家监察体制改革试点工作。2017年1月，这三个省市根据决定相继设立了监察委员会，选举产生各自的主任及其组成人员。在提炼三省市的改革试点做法后，2017年11月全国人大常委会表决通过了关于在全国各地全面推开国家监察体制改革试点工作的决定。

2018年3月，全国人大审议通过了宪法修正案，决定设立监察委员会，不再保留原监察机构和预防腐败机构，相关职能并入监察委员会。在本次会议上，还表决通过了《中华人民共和国监察法》，此为一部实现国家监察制度全面覆盖的基本法律，对监察的领导体制、职责范围、权限、程序、反腐败国际合作及法律责任等作出了详尽规定，故1997年的《中华人民共和国行政监察法》同时废止。国家监察体制改革迈出了里程碑式的一步，标志着我国反腐败工作已经进入依法反腐和依宪反腐的新阶段①。在管理体制方面，监察委员会实行垂直领导的模式，并接受同级人大监督。监察委员会整合了检察院的职务犯罪侦查权后，原先在刑事司法中由公、检、法三家组成的"三足鼎立"格局被打破，重新搭建公、监、检、法四权并列的制度架构。2019年1月，中央办公厅印发了《中国共产党纪律检查机关监督执纪工作规则》，该规则结合纪检监察体制改革实践，从领导体制、线索处置、监督管理等多个方面，对加强纪律检查和国家监察工作作出了系统规定。监察委员会同样沿袭了先前党的纪检机构与监察机构合署办公的模式，并在新型职能基础上进一步形塑了法律监督的机制。至此，新中国的监察制度进入新时代发展阶段。

为推动监察工作规范化，2020年6月《中华人民共和国公职人员政务处分法》通过并予以颁布，这是新中国成立以来第一部全面系统规范公职人员惩戒制度的国家法律。该法的立法目的是规范政务处分，加强对所有行使公权力的公职人员的监督，促进公职人员依法履职、秉公用权、廉洁从政从业、坚持道德操守，从而实现政务处分工作的法治化。2021年7月20日，经国家监察委员会全体会议决定，《中华人民共和国监察法实施条例》得以颁布。该条例既突出和巩固监察体制改革所取得的成果，适应新时代反腐的需要，也考虑到既有法律体系和法律秩序的协调性，以建立集中统一、权威高效的监察体制为核心目标，旨在持续深化监察工作法治化建设。2021年8月，《中华人民共和国监察官法》颁布，该法共计九章六十八条，包括总则，监察官的职责、义务和权利，监察官的条件和选用，监察官的任免等规定，是我国首部规范监察官管理和监督的专门法律，是国家监察体制改革的重要制度成果，

---

① 谢超.《监察法》对中国特色反腐败工作的法治影响[J].法学杂志，2018（5）：42.

是在国家监察法基础上进一步推动国家监察体制改革高质量发展的重要法律文件。

第二节 新中国监察制度七十多年的变迁态势

监察制度上述五次演变的实践表明：前四次在性质方面变化不大，都是在行政监察系统内部作出的修改抑或改良；以2017年以来的第五次变迁为分界，监察制度发生了体制性变革。考察宪法文本所涉及的"监察"条款，并根据监察制度实践状态，大体上可将1949年到2017年的监察机构界定为政府系统内的行政监察。而2017年以后的监察委员会属于自成系统的国家监察范畴，与同级的政府、法院及检察院等共同构成人大领导下的"一府两院一委"的格局[①]。应当指出的是，按照1950年10月《政务院人民监察委员会试行组织条例》第二条之规定，新中国成立初期监察机构所监督的对象却包含各级国家机关及其公务人员，故在一定程度上产生了"名实分离"的现象。结合以上分析，围绕行政监察向国家监察嬗变这条主线，可将监察制度的发展脉络提炼为以下四个方面。

一、从分散到统一的制度体系

在国家监察体制改革之前，行政监察制度较为分散，这可以从两个方面略为叙述。

（一）组织机构的分散

在1986年底监察制度恢复后，经国务院1988年批复同意，监察部在46个部委及有关部门相继设立了派驻监察局或者监察专员办公室，派驻机构实行监察部与派驻所在部双重领导，并以监察部领导为主，派驻机构的领导干部由监察部和所在部委两家协商同意。同时，在地方监察机构建立的基础上，也陆续建立了派驻机构，即在地方县级以上政府部门设立了监察部门。从1988年第四季度开始，部分省市县政府工作部门在党的纪检组撤销的同时，相继组建了行政监察部门。其中，有的参照监察部设立派出机构的做法，在政府工作部门也设立了监察机构，有的则采用纪检组和行政监察机构"一个机构，两块牌子"的形式。另外，部分乡镇、街道办事处根据需要也设立了监察部门或者配备了监察人员。以上措施集中体现于《中华人民共和国行政

---

① 马怀德.《国家监察法》的立法思路与立法重点[J]. 环球法律评论, 2017 (2): 5-16.

监察法》第八条关于县级以上监察机构可向同级政府所属部门派出机构和人员之规定。概而言之，中央和地方的行政监察机构，都是以设立在政府内部的监察机构为"大本营"，分别向其他行政机关派驻监察机构，其缺点是"强枝弱干"下监察的效率较低、成本较高。

（二）监察职权运行的分散

除了在政府内部设行政监察机构外，监察职权还"外溢"到了国营企业。早在20世纪50年代，党和政府就在国营企业设立了监察机构。在当时实行高度集中的计划经济体制下，这些企业监察机构围绕企业执行国家计划的情况开展工作，对企业生产经营的各个环节作出监督，查处了一批贪污、失职渎职等违法违纪案件。改革开放后，一些全民所有制的企业，主动建立起了监察机构。在恢复行政监察体制后，又有一大批部委所属的企业建立监察机构，同时行政监察机构专门设立了企业监察指导处，用以研究和指导企业监察工作。自1987年行政监察体制恢复以来，截至1991年底，国务院54个部委局、总公司所属的99 850个企事业单位中，已设立监察机构9 364个。同时地方所属全民所有制企事业单位也大都设立了监察机构[1]。在计划经济时代，监察机构应当对产业政策的实施作出监督检查，这是监察机构职权延伸到企业的背景。例如，1986年12月《中华人民共和国企业破产法（试行）》规定了行政监察能够介入企业破产责任的查明。总体而言，行政监察制度的格局如下所示：在中央存在着监察部与派驻到部委及有关部门的监察机构，在地方设有监察机构与派出监察机构，在外围还分散有企业监察机构。这些监察职权多头运行，欠缺有效的指挥或衔接机制，难以形成制度合力，"处于一种未经整合的状态"[2]。

目前，国家监察制度在体系上实现了三个"统一"：一是组织机构的集中统一。行政监察制度下"分门别类"的多重监督方式，虽然具备较强的针对性，但在一定程度上不利于监督的严密性和体系化。监察委员会将包括行政监察在内的多个机构职能集中起来，通过整合式监察实现机构上的统一。二是权力运行的集中统一。除了监察机构，监察委员会还将检察院等法律监督机构的相关职能整合，监察职权与部分法律监督权共同汇入监察委员会，能够保证反腐败权力行使的统一性。原先的多元监督主体工作如何衔接，提升

---

[1] 中华人民共和国监察部. 中国监察年鉴（1987—1991年）[M]. 北京：中国政法大学出版社，1993：947.

[2] 喻中. 权力制约的中国语境 [M]. 济南：山东人民出版社，2007：189.

监督工作的质效，是困扰监察制度改革的问题。例如，检察院原来的反贪污部门在工作中获取的证据，应当怎么转化成行政监察机构作出相应处分的凭据。监察委员会通过整合相关职权，开创新的权力监督体系，解决了上述监察职权分散的问题。三是指挥领导的集中统一。监察委员会是党领导下的反腐败工作机构，党的纪检机构与监察委员会合署办公是一种新型的党政联合形式，其中纪委书记、副书记一般兼任监察委员会的主任、副主任等职务。合署办公的核心含义便是加强党对监察工作的统一领导，促使党内监督与国家监督实现有机统一，这在某种程度上推动了监察制度由"党政分工"向"党政合体"转型。

二、从同体监督向异体监督的职权转型

在国家监察体制改革之前，监察职权隶属于行政权这一权力结构，属于行政监督体系的组成单元，是行政机关自身监督的重要形式。行政监察机构仅是同级政府的一个组成部门，在行政组织序列上扮演着约束控制的角色，当属系统内部进行自我规制的举措，故亦可称作"同体监督"模式。2018年3月宪法修改前，在第八十九条关于国务院职权、第一百零七条关于地方政府职权中"监察"概念的语义表达中，存在着将"监察"等同于"行政监察"的立宪含义。行政监察机构进行监察的行为，实为行政机关中专门负责监察职责所行使的一种法律行为。其他的行政机关，如公安、财政、环保等领域的机关，一般行使的是其他综合性的行政管理职权，并不拥有行政监察的职权。对于监察机构而言，其行使职权具有明确的法律依据，履职方式、程序由《中华人民共和国行政监察法》等作出规定。在此种模式下，即使行政监察在行政系统内实现了"全覆盖"，却因受制于政府的领导，在传统科层官僚体系下难免会出现低效率、高成本的问题。

根据《中华人民共和国行政监察条例》第十九条规定，基本可将行政监察的职权归纳为四大方面：一是检查权，这是指监察机构对于被监察人员是否遵守法律法规、是否符合政策要求、是否遵守行政管理规范进行监督。1986年底到1987年初，监察机构恢复成立后的第一项任务就是清查涉外经济合同，查处在涉外经济交往中的索贿受贿、贪污渎职和出卖经济情报等行为。二是调查权，这是指监察机构在检查基础上，对有违反政纪嫌疑的被监察人员继续展开监督的权力。通过对监察对象可能违法违纪或违规行为加以调查，为后续的行为提供依据，是后续措施的前置性条件和行为阶段。三是建议权，这是指监察机构通过检查和调查阶段，能够视情况向被监察人员提出建议，

或者向有关部门提出处分、嘉奖或制裁的意见。当然，提出建议的前提是业已获取确切的事实和证据，其所提出的建议具备刚性色彩。四是处分权，这是指监察机构依据检查、调查的结果，直接对违法违纪行为作出一定的行政处分，如警告、记过、记大过、处罚等。例如，1988年国务院《楼堂馆所建设管理暂行条例》规定监察机构对楼堂馆所建设进行监督，并按照职责对违反本条例的有关行为作出处罚。其中，检查权、调查权和建议权在20世纪50年代的行政监察机构就有，1987年以后的监察机构在此基础上新增了行政处分权，有权对监察对象处以撤职以下的行政处分①。当涉及刑事犯罪行为时，则转移到相关司法机关。

国家监察体制改革之后，监察委员会作为监察机构，其制度属性得到重塑。监察委员会是对我国长期以来继承的苏联监察模式的重要改革，深层次的含义是将监督权从行政权剥离②。监察委员会将监察职权从行政权中分离，实现了监察制度的"国家"化。根据《中华人民共和国监察法》第十一条的表述，监察委员会的职权可归纳为"监督、调查、处置"。所谓"监督"，就是监督检查公职人员依法履行职责、廉洁从政以及道德操守等情况，其与行政监察中的检查权存在相似之处。所谓"调查"，与行政监察中的调查相比，主要新增了原先由检察院拥有的在职务犯罪中的刑事侦查权。所谓"处置"，简言之就是对职务违法行为作出处置决定，对涉嫌犯罪的移送检察院依法提起公诉。

概言之，与行政监察机构相比，监察委员会所具备的"监督、调查、处置"等权限，是一种综合性、完整性的监察职权，并非行政系统内部的"同体监督"模式，而是属于自成系统的"异体监督"模式。国家监察体制所承载的监察职权，是与立法权、行政权和司法权并行不悖的国家权力形态。换言之，监察委员会的职权属性自成体系，与行政机关权力、司法机关中的审判机关权力以及检察院的法律监督权力相互独立。综上所述，除机构地位外，监察制度下的职权性质也发生了流变。

三、从单一到全面的监察对象

行政监察的对象，主要是行政机关所任命的工作人员，即行政机关内部除工勤人员以外的工作人员。根据《中华人民共和国行政监察法》第十五条

---

① 郑传坤. 我国行政监察历史发展简况 [J]. 现代法学，1992（1）：36.
② 秦前红，叶海波，等. 国家监察制度改革研究 [M]. 北京：法律出版社，2018：14.

的规定，监察部主要对国务院各部门及其国家公务员、国务院及其各部门任命的其他人员、省级政府及其领导人员等对象进行监察。第十六条则对县级以上地方各级政府监察机构的监察对象作出了规定。行政监察机构根据行政机关存在的问题，需要对行政机关执行政策、法律、法规、规章等情况作出系统监督，进而作出纠偏。

新中国成立之初，行政监察的主要监督对象亦是行政机关中的公务人员。等到了1955年11月，国务院常务会议所颁布的《监察部组织简则》，又对监察部的职权作出了细化规定，其中将国有企业、公私合营企业、合作社在内的工作人员也归入监察范围。这与我国当时的计划经济体制有关。1986年恢复行政监察制度后，监察对象的范围有所缩小。新中国成立初期对公私合营、合作社及其工作人员进行监督，因情况变化，公私合营、合作社及其工作人员已不再成为监督对象了[①]。1997年《中华人民共和国行政监察法》将组织纳入监察对象，并将行政机关任命的人员也归入其中。2010年《中华人民共和国行政监察法》修改时，以法律形式明确了将"授权和委托类"对象纳入监察范围，这是根据实践中存在的大量授权行政和委托行政所作出的应对。总的来说，监察对象虽然略有差别，但都集中在单一的行政机关及其相关领域，未涉及其他方面，即行政监察的对象至多限于行政系统的所有部门，无法覆盖其他国家机关及其公务人员，人大、政协、社会团体等工作人员被排除在行政监察范围之外。

当下，在国家监察体制改革过程中构建了集中统一的监察体系，其中很大的一个特点就是扩大了监察的覆盖范围，集中在"对人"监督方面，实现了对行使公权力的公职人员的"全面覆盖"。行政监察原先的覆盖范围过窄，而党的纪检机构和检察院的职权仅聚焦于各自主体，这种各管一段的现状，可能使得反腐败机制存在一定的盲区。国家监察制度则进行了整合，"形成全面覆盖的国家监察体系"[②]。按照《中华人民共和国监察法》第一条及第三章之立法规定，要对行使公权力的公职人员作出全方位的监督，以防止监察职权泛化后产生监督"盲区"。

这里的"全面覆盖"是以公权力为标准加以解析的：一是从身份角度来说，包括党员和非党员在内的所有公职人员。原先行政监察机构所面对的是

[①] 蔡定剑. 国家监督制度 [M]. 北京：中国法制出版社，1991：206.
[②] 习近平. 在十八届中央纪律检查委员会第六次全体会议上的讲话 [N]. 人民日报，2016-05-03（001）.

行政机关中的党员和非党员。在国家监察体制下，监察都是以行使职权的属性为标准的，不再以身份为标准。这同样包括《中华人民共和国公务员法》所规定的具备公职身份的人员。二是根据权力种类，以及国家权力机关运行的属性作出分析，监察委员会监督的对象不再局限于行政系统，而是覆盖了立法机关、行政机关和司法机关等，除此之外还包括国有企业，以及公办教育、体育、医疗等相关组织的管理人员。三是从权力运行过程看，国家监察覆盖事前、事中和事后，尤其关注事前和事中的监督作用。通过加强对公职人员各个阶段的监督，能够在预防性监察与纠错式监察上有所作为。

四、从行政管理科学化到国家治理现代化的功能变革

行政监察，意味着"行政"与"监察"的有机组合。"行政"，在语义上意味着对行政事务的管理。中国古代史书《左传》对"行政"作出了较早的记载，即"行其政事、行其政令"。行政监察，亦是指"监察行政"，既是对行政管理的监督检查，又是行政管理运行过程的基本环节。先前，行政监察机构依照《中华人民共和国行政监察法》第十八条等的规定履行职责，根据该条款对监察对象执法、廉政、效能情况进行监察。在行政管理系统，行政职权的作用主要表现在两个方面：一是看是否有效率；二是看是否廉洁。这契合了行政监察的价值取向，即通过严肃政纪，实现行政管理的科学化。

根据《中华人民共和国行政监察法》第一条之立法目的，可将行政监察与行政管理科学化的关系总结为三点。

第一，通过执法监察实现行政管理的畅通。行政的关键，在于执行落实；落实的方法，贵在监督检查。行政事务属于综合性质，涉及方方面面的职责，行政机关需要对此作出指挥、监督、管理、协调等，这些举措是行政执法过程。执法监察不是对一般性政纪作出监察，而是对行政机关及其公务人员为实现各项管理目标而进行执法活动作出的监督和检查。行政监察机构通过相应的措施保障政令畅通，使行政管理规范运行。

第二，通过廉政监察促进行政管理的廉洁。廉政，是监察制度的重点工作。通过廉政监察，解决职权廉洁与否、是否腐败等关键问题，确保在行政管理活动中不以权谋私。王沪宁认为："腐败行为意味着政府治理一般意义上的破坏，这里不一定有人直接得到利益或好处，但整个社会的利益受到损害。"[①] 廉政监察是针对行政管理中的各类腐败现象而开展的活动，增强公权

[①] 王沪宁. 反腐败：中国的经验 [M]. 海口：三环出版社，1990：12.

力的"抵抗力",实现行政管理领域的风清气正。

第三,通过效能监察提升行政管理的效能。行政效能监察,应对的是行政管理的效率提升问题,是对行政机关在行政管理过程中彰显出的质量、效果或效益作出的监督检查。行政效能,在西方公共管理理论中也称为政府绩效。依据经济学或公共管理学的相关原理,评判行政活动是否具备效能的标准是,行政活动所输出的结果是否符合帕累托最优原则[1]。监察部原部长何勇提出,效能监察乃行政监察机构及受监察机构委托的组织,在政府的领导下有步骤、有目的地应对行政管理的效率、效能所作出的一项监督检察活动[2]。简言之,主要看行政机关在行政管理中是否利用各种主客观因素获得较高效益。

国家监察体制属于"一项重大的政治体制改革"[3]。2013年党的十八届三中全会提出"完善和发展中国特色社会主义制度,推进国家治理体系和治理能力现代化"的总目标。贪污腐败行为的实质是国家治理过程中的一种病变。可以说,实现国家良善治理的前提是遏制腐败的趋势,要实现国家治理能力现代化,就必须先推动腐败治理能力的现代化。这项新型制度的根本出发点,集中体现于2018年《中华人民共和国监察法》第一条之立法目的,即深入开展反腐败工作,实现反腐败体系现代化,进而推进国家治理体系和治理能力现代化。在此背景下,国家监察体制改革进入快车道,与司法体制、国家安全体制等领域的改革一道,共同推进国家治理体系和治理能力现代化。国家治理之前提,离不开国家权力结构的合理设置,匹配的权力结构乃实现治理能力现代化的基础[4]。监察体制改革,实际是一项权力结构下的治理,关涉执政能力的提高,因此一套运转有效的制度体系,有助于实现善治,为国家治理体系带来质的跨越。

现代化的治理模式,必然要求通过组织结构和法律规范实现对贪污腐败的常规化治理。具体而言,国家监察制度功能的实现路径,可从以下几方面加以理解。一是维护保障作用,监察委员会通过开展反腐败斗争,能够为经济社会发展提供政治保证条件,创造良好的社会环境。二是保护调节作用,

---

[1] 所谓帕累托最优原则,是指资源配置的最佳状态,在特定的社会条件下争取以最小的成本创造最大的效率或效益。

[2] 何勇.努力做好效能监察工作[J].中国监察,2000(3):6.

[3] 参见:2016年12月25日十二届全国人大常委会第二十五次会议通过的《关于在北京市、山西省、浙江省开展国家监察体制改革试点工作的决定》。

[4] 高全喜.转型时期国家治理体系和治理能力的现代化建设[J].学海,2016(5):5.

监察委员会在依法监察的同时，通过研究如何更好地根据新时代的总方针、政策，针对社会发展中出现的问题，制定相应的政策界限，发挥政策调节功能。三是监督惩处工作，被监察人员发生违法违纪行为，可能扰乱经济社会秩序，对社会发展产生危害，监察委员会通过查处相关违法违纪行为，为新时代的国家治理"保驾护航"，确保权力在国家良性治理的轨道运行。

第三节　国家监察体制在新时代的发展方向

国家监察体制改革是一项久久为功的宏大工程，在 2018 年初步完成改革后，监察工作的重点将是增强实效性，以避免监察职权出现虚置化。监察制度在社会转型期继续迈进，需把握以下基本的发展方向。

一、适应民主政治之下的权力监督模式

（一）探索中国特色的权力约束机制

人类社会有形形色色的利益存在，权力的行使不可避免地具备利益指向。不管是何种监察，都属于权力监督的约束机制。通过权力制约权力，向来是权力监督的基本方式。在西方，很多国家奉行的是分权制衡那套模式。譬如，英国思想家洛克提出了分权制衡的观点，"在一切情况和条件下，对于滥用职权的强力的真正纠正办法，就是用强力对付强力"[1]。虽然中国的监察问题，同样涉及权力监督，但监察制度是符合中国土壤的制度结构。国家监察体制改革是总结古今反腐败经验得出的科学判断，从根本上符合中国特色，属于社会主义民主政治运行的一部分。在宪法层面，根据国家权力制度设计区别于西方三权分立的模式，其中，监察委员会的设置所借鉴的域外经验的成分并不多。国家监察体制改革后，监察委员会和其他国家机关一样独立行使职权。由此，形成"一权并行"模式。在新时代发展监察制度，应该根据本土的政治体制特质，植根于中国传统文化源流，结合当代经验不断探索权力监督的深化机制。

（二）顺应党对监察制度统一领导的基本规律

综观监察制度七十多年的变迁，没有党的领导是行不通的，党的统一领导始终是其中的核心要义。监察制度的历次变迁，皆与特定历史环境下党政工作的现实需求密不可分，契合了新中国制度文明的必然要求。党的领导是

---

[1] 洛克. 政府论：下篇 [M]. 叶启芳，瞿菊农，译. 北京：商务印书馆，1995：95.

监察制度发展的最大优势和保障,是深化监察体制改革必须坚持的首要原则。中纪委主管的《中国纪检监察报》曾撰文提出,监察委员会是政治机关[1]。这不单单代表了官方的态度,更是蕴含了深刻的理论依据。监察委员会应当在党的领导下,紧密围绕党和国家权力核心任务行使监察职权,不断贯彻党的方针政策。监察委员会是专责承担国家监察职权的政治机关,应牢牢把握深化国家监察体制改革的根本点和基点,在党中央统一领导下,适时将制度优势转化成治理能力[2]。监察委员会在人事管理方面,既要贯彻民主原则,更要坚持党的领导与管理。党的领导,既体现为政治上的领导,又体现为监察业务领导,赋予了监察委员会生生不息的政治生命,实现了党的领导权在监督体系上的延伸与定型。

(三)履职过程中继续处理好与人大的关系

国家监察体制改革,是将监察职权列入人民代表大会制度之下,通过宪制上的民主形式赋予监察委员会规范化的法律生命。人民代表大会制度遵循的是民主集中制原则。其中,人大作为国家权力机关,与其他国家机关的关系是该项制度主要内容之一[3]。考察《中华人民共和国监察法》《中华人民共和国监察法实施条例》相关条文可知,监察委员会与人大的关系是产生、负责及监督的关系。同时,在法律层面,人大及其常委会处于中心地位,这是由根本政治制度的性质所决定的。监察委员会同样需要受到这一原则制约,需接受人大对监察工作的法律领导。虽然,监察委员会有权对包括人大常委会机关在内的所有公权力行使监督权。但应当注意,监察全覆盖与代议机关自律原则如何协调,关涉监察职权的运行。监察委员会应当尊重人大的宪法地位,保持一定的谦抑性。在监察制度视野下,各级人大及其常委会应当有"自留地"。例如,监察委员会应在内部纪律惩戒、言论免责、职务任免等方面禁足。因此,监察委员会监察的对象是公务人员,而非机构及其行为,这能够缓和这种紧张关系。此外,监察委员会能否监督、如何监督人大代表,是一个值得推敲的论题。人大代表属于人大的因子,故监察委员会需要尊重人大代表的"民意代表"身份,其履行代表职责时有一定的豁免权,需遵循宪法和法律对人大代表进行特殊保障。当人大代表不具备公职身份时,其违法行为似乎不宜由监察委员会监督,而是留待人大及其常委会追究责任。

---

[1] 闫鸣. 监察委员会是政治机关[N]. 中国纪检监察报,2018-03-08(003).
[2] 江国华. 中国监察法学[M]. 北京:中国政法大学出版社,2018:41.
[3] 蔡定剑. 中国人民代表大会制度[M]. 北京:法律出版社,2003:25-26.

二、注重"后监察法时代"的法治建设

监察制度具有很强的规范性,是建立在法律、法规和程序基础之上的,这同样决定了监察机构应当依法监察,在法律、法规、规章、政策的框架内行事。早在20世纪50年代,为适应监察工作的需要,在当时颁布的法律法规中曾就监察机构的组织、任务、方式等作出了原则性规定。1988年12月,时任国务院总理李鹏在接见第一次全国监察工作会议代表时也提出,监察部门需要依靠法制来监察,不能够搞运动①。在行政监察时代,除《中华人民共和国行政监察法》外,监察部就曾代国务院起草了有关监察工作的行政法规,制定发布了一批政府规章,并起草了一些政策性规定及文件,譬如《监察机关举报工作办法》《监察机关处理申诉工作办法》等制度规范。

新时代的国家监察体制,需注重"后监察法时代"的法治建设,实现监察法治的体系化。监察制度立法,某种程度上亦可称为反腐败立法。《中华人民共和国监察法》作为反腐败顶层设计的基本法律,在很大程度上囊括了反腐败领域的事项。但是,这并不意味着一部《中华人民共和国监察法》便能包打天下,一劳永逸地解决法律监督问题。随着监察职能的铺开,监察委员会具有刚性的手段和权力,运用法治思维和法治方法推进工作,避免工作中出现失误。党的十八届三中全会提出"重大改革要于法有据",法律在社会变革的过程中发挥着稳定社会秩序和引领改革实践的重要功能②。例如,就预防性监察而言,实践中讨论的官员财产申报等问题,在本次立法中未能被纳入《中华人民共和国监察法》,这留待将来的"财产申报法"出台。除了现行的《中华人民共和国监察法》《中华人民共和国监察法实施条例》外,还需加强国家监察立法进展,逐步制定《国家监察委员会组织法》等,统一协调,法律体系相统一,做好与《中华人民共和国刑事诉讼法》《中华人民共和国刑法》《中华人民共和国行政诉讼法》的衔接。监察制度法治化的方向,还包括严格依照法定程序行使职权。可以说,现代法治在很大方面就表现为程序法治。国家监察委员会履行职责时,首先需要恪守正当程序理念,其次需要遵循规范的工作流程。为此,在《中华人民共和国监察法》《中华人民共和国监察法实施条例》规定的监察程序之外,有必要适时制定"国家监察程序法",

---

① 中华人民共和国监察部. 中国监察年鉴(1987—1991年)[M]. 北京:中国政法大学出版社,1993:14.

② 姜伟. 全面深化改革与全面推进依法治国关系论纲[J]. 中国法学,2014(6):25.

为监察办案、工作衔接、证据运用等提供法律程序上的指引。与此同时，尽管立法上表现为以《中华人民共和国监察法》为基本法，随后制定《中华人民共和国监察官法》《中华人民共和国政务处分法》等单行法律，以及《中华人民共和国监察法实施条例》等监察法规，但监察立法"分散化""粗放化"的特征依旧明显。对此，有论者提出，我国需要制定一部《监察法典》以推进监察法治建设，既能够克服监察法规范之间的矛盾，还可以消弭监察法规范与整体法秩序之间的冲突①。另外，纪检监察合署办公机制的背后原理，实质上是党内法规和国家法律这两种规范之间的紧密衔接、深度融合问题。在《中华人民共和国监察法》业已出台的情况下，聚焦于作风建设和反腐倡廉工作的党规制定，需在动态发展中协调好法律的稳定性。

三、留意整合式监察在实践中的融洽性

（一）确保监察职权质效，防止出现虚化、弱化风险

国家监察体制改革，除了将行政监察加以改造之外，还整合了原预防腐败局的预防腐败职权、检察院的预防职务犯罪等职权，实现了组织力量的转型升级。由一个自成系统的监察委员会进行领导统合的监察模式，以实现反腐力量的协作整合，亦可谓之"整合式监察"。监察委员会融合了多种反腐败资源之后，还与党的纪检部门合署办公，实现了权威性资源的增加。然而，监察力量整合之后，新机构与转隶的新人员难免产生不相协调的问题。就横向权力关系而言，除了监察与被监察的关系外，监察委员会需在业务上处理好检察院、行政机关、审计机关、法院等多个机构的关系。除了《中华人民共和国监察法》等法律程序上依据规定之外，与其他机构的衔接也需做好，防止职责产生虚置的风险。例如，在本轮监察制度改革中，因司法机关性质的特殊性，法院内设的监察部门没有转隶至监察委员会。法院监察部门执行的大多是法院内部的纪律规章②，故如何处理监察委员会"他律性"与法院系统"自律性"之间的重合问题，是有待探讨的。同样，审计制度亦未被纳入监察委员会，如何统合审计全覆盖与监察全覆盖的分立状态，也需要相应的制度建构。此外，还应预防监察委员会在高度整合后使组织系统出现封闭性与内卷化问题，故可运用相关机制妥善构建职权行使的激励机制。

---

① 秦前红，张演锋.论察法的法典化［J］.江苏行政学院学报.2022（4）：121-122.
② 秦前红，刘怡达.国家监察体制改革背景下人民法院监察制度述要［J］.现代法学，2018（4）：3.

(二) 平衡好内设机构与治理任务的张力

国家监察体制改革后,监察委员会如何在现有制度基础上发挥反腐败功能,助推国家治理任务完成,需要内设机构形成整体力量。新时代监察委员会的任务重、压力大,为充分释放监察委员会的职权,应遵循内设机构运行的规律,妥帖平衡好其与治理任务的张力。监察工作应遵循机构效能原理,即监察委员会应根据机构的任务和权力属性需要,最大效能发挥该机构的功能[①]。具体而言,可在内部配置分工合理的衔接机制,实现内设机构之间的自我调控与制约。例如,对立案、调查、监督等,各机构各司其职,防止职权交叉衍生的效能不彰。监察委员会在刑事侦查中的权限较为强大,应推动该权限的内部制约建设,建立有效的内部管理体制。为合理配置监察力量,还需优化本级监察机构与派驻机构人员的关系,妥当统筹好人员管理。

本章小结

在社会转型期,监察制度的高效状态,不仅取决于机构及人员的配备,还要看其在实践中的运行能否保持权威、畅通及有效。设立监察制度是新中国民主政治建设当中不可或缺的一环,在通过反腐败体系现代化助推国家治理能力现代化上发挥着关键作用。新中国成立后有着七十多年发展历史的监察制度,体现了党和政府在应对不同历史时期的反腐败形势与治理任务所作出的制度应对。本章通过考察监察制度七十多年的历史演变,分析总结了从行政监察向国家监察改革过程中所表现出的特点,进而从民主政治、法治建设、实践融洽性等方面尝试解析其发展方向。在国家监察体制改革后,监察制度未来的创新发展仍然是一项系统工程,需要充分总结和吸纳本土的实践经验,在审慎中拓展其发展路径。

---

① 王旭. 国家监察机构设置的宪法学思考 [J]. 中国政法大学学报, 2017 (5): 132.

第三章　行政执法体制改革的法治方式

随着行政体制改革的深入推进，实践中富有创见的行政执法创新不断涌现，行政执法体制逐步健全，严格规范公正文明执法水平取得明显进步。不过，行政执法体制依然面临协调统一欠缺、权限配置不科学、法律依据不足等现实问题，与国家治理需求不匹配的矛盾较为突出①。该类难题不仅阻碍了行政执法的有效实施，而且不利于公民的权利保障。为着力解决相关难题，2018年3月中共中央印发的《深化党和国家机构改革方案》专门规定，将深化行政执法体制改革确立为深化机构改革的重要任务。《法治政府建设实施纲要（2021—2025年）》进一步提出：深化行政执法体制改革，健全行政执法工作体系。该纲要系统贯彻了习近平法治思想的精髓，彰显了此项改革在新时代的重要性。在全面深化机构改革与综合行政执法权下沉的法治背景下，行政执法体制改革面临新任务、新要求、新期待。

行政执法体制改革作为一项对行政执法主体的机构设置、职能划分及其运行进行变革的权力活动，需要遵循特定的规则。根据党中央关于深化改革的部署要求，学界已从理论与实践角度进行多维立场的探讨②。行政执法体制改革呼唤方法的革新，包括政治、法治、管理等在内的各类综合性路径。其中，法治无疑是一个不可或缺的分析视角。值得注意的是，法治在改革框架下化解冲突的做法已取得共识，但由于其抽象性而容易被现实泛化理解。对此，应重点考察法治方式对于改革的引领与推动作用。所谓法治方式，广义上是指各种主体运用法律制定决策、推动发展的行为模式。化繁为简，法治方式是采取法治思维处理与化解问题的行为方式③。此种方式是从法治思维所衍生的行为准则，具有法律权威、公权法定、规则意识等要素，核心要义是审视各项主体的改革手段与内容是否符合法治精神。法治方式不是空泛的口

---

① 袁曙宏. 深化行政执法体制改革［J］. 行政管理改革，2014（7）：9-13.
② 这方面论述非常多，代表性观点可参见：李强."局队合一"：综合行政执法改革方向和实现路径：基于J省日市综合行政执法体制改革试点实践的思考［J］. 中国行政管理，2019（8）：151.
③ 陈金钊，杨铜铜. 界定"法治方式"的依据［J］. 法学，2017（5）：27-38.

号,也并非形式上的简单罗列,而是高度凝练的方法论与价值指引。为深入推动行政执法体制改革,亟待法治方式这一操作层面的积极转变。这需要从方法论提倡、保障运行及现实路径等维度,分析法治方式推动改革进行的基本构想。

第一节 行政执法体制改革的法治方式之提倡

分析法治方式对于改革的推动作用,不妨从法治与改革、法治政府建设与行政执法体制改革的关系谈起,先揭示法治方式所蕴藏的方法论价值。

一、行政执法体制改革是法治政府建设的迫切要求

(一)对法治与改革的关系作出理性认识

法治作为国家治理体系和治理能力现代化的重要依托,可成为引领改革的意识形态。这就是说,改革如何进行,法治怎样建设,两者不单单是在各自领域内各行其是,两个范畴之间存在着系统的关联性。法治与改革的关系,需放置在整个时代发展变迁的背景下观察。各项改革的进行,都离不开法治所蕴含的规则意识、规范化意识、科学化意识。在法治成为治国方略的情况之下,改革主张及措施都应接受法治思维的检视,以实现长远的利益平衡和治理效能目标。法治与改革都属于政治权力话语,具有相同的目标指向,两者都有助于推动社会发展。简言之,改革离不开法治对秩序的稳定作用。

大力推动行政执法体制改革必须尊重法治。法治体系是国家治理体系的骨干工程,完善国家治理体系离不开改革。法治具有刚性的一面,深化行政执法体制改革需要遵循其刚性的一面。"对促进社会进步与发展来说,法治与改革都是手段,但就社会转型来说,法治不仅是手段,而且还是目标。"[1] 法治的运行应该以与法治相适应的体制、机制和制度为前提和基础。行政执法体制改革的目的,是变革不适宜的制度因素。改革若不到位,反而会影响法治的发展进程。背离了法治将容易背离改革应有的目标。因而,法治是推动行政执法体制改革的基本途径。法治在行政执法体制改革中具有明显的优越性,使各项具体举措合法、权威、稳定及可操作。

(二)深化行政执法体制改革的积极意义

应切实认识到深化行政执法体制改革的积极意义:是法治政府建设全面

---

[1] 陈金钊.法治与改革的关系及改革顶层设计[J].法学,2014(8):3-16.

突破的迫切要求，着力解决群众反映强烈的突出问题。党的十八大以来，党中央在全面深化改革进程中积极稳妥推进各项改革措施，不断开拓行政执法体制发展新格局。行政执法作为行政机关履行政府职能、管理公共事务的主要方式，是法治政府建设的关键环节，事关行政体制改革发展稳定大局。行政执法领域涉及行政许可、行政处罚、行政强制等多类型行政行为，大力推进体制改革是实现公权与私权有机平衡的必要举措，能够加快政府职能转变与增强机构改革的科学性。行政执法体制改革发挥着规范行政执法权与化解执法争议等具体的法治功能，继而系统地推动法治政府建设的全面突破。行政执法与法律法规的落实与公民日常生活密切相关，向来被认为是法治政府建设的重中之重。我国80%的法律、90%的地方性法规以及几乎全部的行政法规和规章都是由行政机关执行的，行政执法是建设法治政府的中心环节，需要着力加以规范和改革①。换言之，行政执法是政府最大量的日常活动，推动改革对于法治政府建设大有裨益。行政执法体制改革作为一种行政体制的修正机制，是化解经济、行政乃至社会危机的有效手段，是当代法治政府建设全面突破的推动力。

面对法治政府建设过程中面临的问题，积极推进行政执法体制改革是一个有效的切入点。通过不断提升行政执法机制，持续增强行政执法效能，优化行政争议解决机制。强大的行政执法能力是法治政府建设有效推进的关键支撑。以法治方式重塑行政执法体制，是新时代法治政府建设将制度优势有效转化为行政治理效能的战略性行动。目前，法治政府建设进入攻坚战阶段，面临的议题都是"硬骨头"。行政执法体制改革蕴含了规则与程序等科学要素，其顺利推进将为法治政府建设提供规范的发展进路。针对法治政府建设，需要用法治给行政权定规矩、划界限，规范行政决策步骤②。经由行政执法体制改革的不断推进，全面建设法治政府将行稳致远。

二、法治方式对行政执法体制改革的方法论价值

推进行政执法体制改革过程中，法治方式是不可或缺的手段，蕴含着丰富的方法论意涵。具体而言，探索该项改革的法治方式，在认识论意义上能够为改革的法治逻辑供给知识积累，在理论层面上能够权衡影响改革法治化

---

① 李洪雷. 行政体制改革与法治政府建设四十年（1978—2018）[J]. 法治现代化研究，2018（5）：71.
② 黄文艺. 坚持党对全面依法治国的领导[N]. 光明日报，2021-02-08（08）.

方向的认知因素，在实践层面上能够推动改革的规范化运行。在认识论层面，法治并不单单是一种手段，而是存在明确的目标指向，这与法治在社会转型中的地位有关。伴随着中国特色社会主义法律体系的形成，全面推进依法治国进程，应进一步认识到法治对改革的重要作用。法治作为治国理政的基本方式，是新时代各项改革中必须贯彻的理念。显然，法治这个范畴需要方法上的认识与自觉。以法治方式转变行政执法方式，是当前行政执法体制改革的重要方向，继而有助于明晰改革的法治逻辑。

（一）理论价值

在理论层面，法治方式能够夯实行政执法体制改革的认识基础。行政执法体制改革层面上的法治方式，主要用来化解因公权与私权相冲突引起的社会矛盾。法治方式蕴含着具体的方法论构想，支配着人们决策行为的轨道。法治方式不仅是一种概念与思维，更是一种助益改革创新的方法论。法治思维的运用集中体现为法治方式的运用。法治思维强调的是理念，法治方式重视的是行动，运用法治方式可激发改革的理论创造力，继而为改革方法的转变提供指导。法治方式的推行，意味着行为方式的规则与理性。法治政府建设目标下的行政执法体制改革，应该用一种追求平等民主、尊重规则的法治理性精神去化解难题。概言之，法治方式是改革中不可或缺的手段。当下及未来，法治方式将成为最基础、最重要的理论工具之一。

（二）实践价值

在实践层面，法治方式能够为行政执法体制改革提供清晰的路线图。"法治"乃当代中国的一个重要话语，从法治角度论述行政执法体制改革看似老生常谈。其实，改革是一项繁杂的现实工程，背后有诸多深层次的操作性问题亟待探讨。善于运用法治方式，乃实践层面得到改进的关键。法治方式既是特定改革主体拥有的思维方法，也是各类主体理应践行的行为方式。提高运用法治方式去深化改革的能力，改革将有稳固的手段作为支撑。理论与实践中不少人在使用法治这一概念时，可能未对法治方式展开深入研判，所以法治本身对改革的成效难以充分迸发出来。法治方式受到法治思维的指引，并非一种泛化的、宣示性的口号，而是蕴含了特定价值取向的方法论工具。欠缺法治方式对改革措施的框定与形塑，改革行动的推进方向与策略难免出现偏差。改革过程中应避免将法治工具化的倾向，故有必要运用法治方式提供清晰的行动指南。

第二节 行政执法体制改革的法治方式之保障

通过法治方式的积极谋划,尽可能实现行政执法体制改革进程趋向理性。大体说来,法治方式可以从以下几方面保障改革的运行。

一、法治方式引领改革方向

行政执法体制改革的重大决策,离不开法治方式对方向的引领。没有依法改革,改革前景将很可能存在不确定因素。行政执法体制改革的优选之路应该是渐进式改革,这是从历史与现实行政管理中得出的基本经验。此种渐进式的改革进路,与法治方式本身的程序化特质相契合。具体而言,改革的内容和方式需要按照符合法治思维的法治方式展开,必须嵌入法治的规范性、有效性等因子。改革须在宪法和法律确定的目标、规则所设定的价值目标下开展创新。法治方式的引领,体现在原则、精神、条款及程序等多个方面,这是在理念层面支撑改革的运行。法治包含公平、自由、民主、秩序等多方面的价值,此类价值本身也是行政执法体制改革的重要目标。运用法治方式凝聚改革的共识是将民主、自由等法治的基本价值嵌入改革者价值观之中,将此作为改革过程中的理性价值。申言之,改革需要遵循基本的法律价值,以促进社会公平正义为依归,积极践行法治中的民主、平等、秩序等原理。例如,改革过程中加强公众参与的法治化建设,可逐步形成"政府-公众"的合作治理格局,由此实现国家治理的现代化。公众参与、公开透明以及坚持正当程序原则等是改革的基本要求,若想实现这些基本要求,就必须改革旧的单方性、封闭式的改革模式。

进一步来说,法治方式影响着改革的实际走向。法治有助于塑造良善的社会秩序,行政执法体制改革应该遵循此种秩序的安排。法治方式适用了转型时期的发展需求,同时应该推动改革的稳健发展。有学者认为,在深化改革的进程中应当注意法治对改革的规范,即改革之前更应该加上一个修饰词——法治下的改革[①]。这就涉及法治与改革孰先孰后的问题。笔者认为,法治应该优先于改革,改革过程需要遵从法治,而法治方式能够推动改革的开展。法治保障改革运行的核心是运用法治方式对前进方向的明确与规范。例如,行政执法体制改革需要完善市县两级政府行政执法管理机制,在食品药

---

① 喻中. 改革中的法治与法治下的改革[N]. 北京日报,2014-06-30(002).

品安全、公共卫生、安全生产、文化旅游、交通运输等重点领域内推行综合执法都离不开法治方式的方向引领①。有必要提及的是，改革应当在安定的环境中进行，法治方式有助于排除不稳定因素，实现改革的秩序价值。通过厉行法治方式，将改革的各项规则制度化，为运作方向提供可靠的法治框架。

二、法治方式规范改革行为

法治建设的着力点之一，是运用依法授权、依法限权、依法治权等方式约束公权力②。在党的十八届三中全会出台的《关于全面深化改革若干重大问题的决定》中，"有序"一词出现了16次。行政执法体制改革同样应该有序进行，这离不开法治方式确立明确标准。改革是一整套步骤，应该确保各项行动有步骤、分阶段运行有序，各项举措都有清晰的指引，实现对改革的全程控制。为实现有节度的自由、有组织的行政状态，程序是其制度化的重要基石。首先，法治蕴含了程序正义的价值追求，可将改革纳入法治程序之下，改革的具体举措都通过法定程序来听取意见，以获取认同的最大公约数。只有加强改革的过程控制，才能保障改革有序进行，发挥程序对权力约束的工具价值。例如，在决策出台后，首先需要进行合法性审查。换言之，改革的相关决策形成之后，并不能马上付诸实施，而是应当接受法治的审核。行政执法体制改革的进行，需要充分遵循法治的程序及价值。法治方式的介入有助于扩大民主决策的范围。

其次，权力制约是法治的核心要义，通过法治方式能够约束改革权力的扩张，以规则理性克减改革的反复与恣意，从而抑制权力的腐败与滥用。法治能够为行政执法体制改革确立模式和规则，规范改革行为。

再次，法治方式能够设定监督与救济机制。法治能够为改革提供制约和救济，防止各种改革主体乱改革、滥改革，打着"改革"的旗号行谋私之实③。法治方式是设定相应监督和救济机制的有效路径，为合法权益受到侵害的群众提供救济，继而在法律程序轨道上推进改革。改革措施不可避免存在试错的可能性，这需要法治方式的矫正。

最后，法治方式有助于保障改革的高效运行。改革需要法治方式对效能价值的引领。《中华人民共和国行政处罚法》《中华人民共和国行政许可法》

---

① 李凌云.行政举报法律制度的演进、属性与功能［J］.南海法学，2021（5）：25.
② 张文显.全面推进法制改革，加快法治中国建设：十八届三中全会精神的法学解读［J］.法制与社会发展，2014（1）：5.
③ 姜明安.改革、法治与国家治理现代化［J］.中共中央党校学报，2014（4）：47.

《中华人民共和国行政强制法》等规范是行政执法领域的通用性法律，法治方式离不开这些成文的法律规范。法治价值的有机导入，可有效克服改革中的"瞎折腾"和"瞎指挥"现象。法治方式能够发挥筛选改革措施的作用，有效框定改革行为。法治方式呼应了这些行政法律规范，以明确改革流程、提升改革质效。

三、法治方式弥合改革冲突

行政执法体制改革是不同主体为实现一定利益而行使公共权力的活动，核心是对各种执法利益格局作出重新调整，在此过程中必然会出现期望与目标相冲突的情形，因为改革会触动既有的利益格局，此种波动依赖法治的稳定作用。法治可以说是社会利益关系的调节器，以法律名义协调各方利益冲突是它的重要职能，有助于调整利益关系，缓解和疏导社会矛盾。改革不是一场运动，对于改革中出现的非法利益争端，应理直气壮地运用法治方式作出回应。

深化行政执法体制改革涉及经济、政治、文化、生态文明等多数领域，应切实采用法治方式增强举措的系统性与协调性。法治具有分配正义的功能，改革要突破利益固化的局限，遵循法治方式的原则对各种利益关系进行再调整[①]。改革过程中难免出现多方主体久议不决的问题，应善于运用法治方式作出决断，把握好时机。在改革过程中，充分运用法治所蕴含的理性分析，去妥善化解其中的利益纠葛。通过法治的说理论辩，于分歧中达成一致的意见。同时，改革总会使一部分人的利益受损，该部分人可能会设法抵制改革。如果矛盾纠纷化解不了，积累到一定程度将可能引发不必要的困扰。因此，应该用法治方式凝聚改革者与民众之间的共识，这不是仅靠单纯的某种口号，而是运用清晰的法治方式，明确改革主体之间的权利与责任关系。改革的风险决定了，应该最大程度取得共识之后再予以展开。只有纳入法治轨道，才能在改革中包容各种价值追求。

四、法治方式巩固改革成果

行政执法体制改革所获得的成效无法自动得到有效维持，由于利益等方面的缘故有可能恢复原先的状态。对此，应充分运用灵活多样的法治方式，将改革中总结的有益经验提炼为法律制度，实现改革成果的法律化、

---

① 王乐泉. 论改革与法治的关系 [J]. 中国法学, 2014 (6): 20.

固定化。由于行政执法体制分为基本制度和具体制度，改革往往是从一个个局部分别入手的，在具体的改革成果与尚未改革但存在弊端的体制不相符的情况下，没有合适的方法将可能出现倒退的现象。在法治方式保障下，运用法治权威既有的改革成果，避免改革成果付诸东流，促进改革的整体向前发展。改革的制度设计和成果只有借由法治方式才能定型化、精细化，把后续改革引向纵深发展。通过将改革成果予以法律化，为改革实践发挥进一步的指引作用。基于此，改革成果自然需要适时法治化，以不断形塑改革的合法性。

第三节　运用法治方式推进行政执法体制改革的构想

法治方式包含思想理念与具体类型两方面内容。上文从宏观层面论述了法治方式的保障作用之后，本部分讨论法治方式的具体方式，即操作规则和技能。法治方式表明，应该利用法律规则、程序及方法去防范改革权力的非理性行使。其中的关键是在法治方式确立的权限内谋划改革。法治方式不仅包括立法方式的重立和修改，还包括法治思维和法律方法在思维决策中的运用。有必要妥善运用具体多元的法治方式，循序渐进推动改革的良善发展。

一、立法方式的稳妥运用

运用法治方式推进改革，很有必要尊重法律规则与程序，而立法方式直接关乎法律规则的生成。组织法定是行政执法必须遵循的基本原则，立法方式将为行政执法提供法定依据。这里的立法方式，主要指狭义层面的法律"立新"，构建以良法为基础的法律秩序。行政执法体制改革应该于法有据，基本的意涵就是要促使改革的所有环节及措施都符合宪法和法律的基本要求，为改革注入必不可少的法律依据。作为法治方式之一的立法，应主动适应改革和经济社会发展需要，适时与行政执法体制改革决策相衔接。改革的权力属于国家权力的范畴，某种意义上需要遵循法律保留原则，因而此种权利需要通过宪法和法律的形式得到确立。尽管我国法律体系已基本涵盖国家和社会的方方面面，但改革牵扯到必要的制度创新以及需要对社会关系作出重大调整，且这些改革领域需要的立法具有探索性、超前性和导向性，故仍可能面临无法可依的情形。当相关法律规范付之阙如时，就应该坚持立法先行。法治的权威要求立良法，完备的法律体系将能够为法治政府建设提供更为规范有效的指引。

立法方式在行政执法体制改革中的运用，意味着是以立法方式确立改革的内容，也就是要充分运用立法程序，审慎思考立法与改革的关系及勾连。通过多元的立法方式，增大改革的理性成本。在立法过程中，要注重程序及机制的创新，提高立法质量，切实增强针对性。例如，法律草案的提出要向社会公开征求意见，通过听证会、论证会、座谈会等多种形式，尤其要注重网络等新兴媒体，充分吸收群众意见，不断完善专家参与立法的制度机制。当然，立法手段应该节制地使用，理由有二：一是法律体系应该保持必要的稳定性，频繁的立法将会损害这种稳定性。除非在行政执法体制改革过程中，需要对相应的社会关系或领域作出重大调整。否则，不宜经常动用这种容易引发社会关系变动的法治方式。因此，务必要处理好改革之"变"与立法之"定"的关系。二是立法是一个长期的慎重过程。当改革与社会不相适应时，立即着手进行立法往往显得比较仓促。具体的立法方式应该结合长期的改革规划进行，遵循有序的立法程序，并做好新法与旧法的衔接，以增强立法的科学性。

此外，法治方式还包括广义上的立法革新，这不仅表现在实定法层面，而且包括行政执法清单、行政规范性文件等。从行政执法程序看，规则的完善有助于规范行政执法改革的裁量空间。行政程序下的执法程序改革，影响着改革的规则完善。程序是评判法治的关键指标，明确、公开的程序法律制度是行政执法体制改革的重要保障。程序规范既能够约束行政权的运行，也可以为行政执法提供精准指引。从组织法角度而言，改革离不开依法行政的组织体系建设、机构编制法定化建设。改革需要进一步深化行政执法机构改革，优化政府组织结构，进一步创新行政执法运行机制和管理方式，构建组织机构高效运转的体制机制。尤其是需要进一步完善行政组织法律体系，如加快完善中央和地方层面的组织法建设，促使行政执法权有法可依。加强行政执法主体与人员的法定化，对行政执法资格进行完善，实现行政执法依据的法治化。

二、修法、法律授权的合理调整

这是指采用修法与法律授权等方式，去应对改革中的局部关系调整。

（一）以修法推动行政执法体制改革

所有的法治方式中都包括"破旧"问题，即法律的修改与废止。行政执法本身是一个典型的法律实施过程，改革涉及的行政执法主体、权力执掌与行使、执法效果与责任承担等都与法律的立改废密切相关[①]。改革体制过程中，适时修改或废除某些法律条文也很有必要。虽然法治与改革并不会冲突，但有些法律存在滞后性，其具体规定会与改革相冲突，不适应实际要求。对当下过时的法律作出修改、变更乃至废除，是改革法治方式的主要做法。通过此种尝试，能够逐步调整相应的领域，发挥中观改革方法的作用。一般的社会关系改革，通过修法等方式就可达到目的。例如，为满足改革对法律指引的急需，全国人大常委会可探索集成式"打包修法"方式，除宪法修改之外，运用一个集成的修法决定，将有必要修改的行政执法类法律规范一揽子囊括在内，不断提高法律的质量，协调好社会发展与改革稳定性之间的关系。当前，在修改完善后的《中华人民共和国行政处罚法》授权行政执法规定的基础上，重点对行政执法类的相关法律条款进行修改，为改革的深入推进扫除法治障碍，着力解决立法不均衡的问题。

改革体制应及时完善配套的法律制度设计。例如，适时提出修订完善的行政机构编制类法律法规的意见，以明晰改革过程中涉及的综合行政执法部门的法律地位与主体资格问题。又如，改革应该明确行政执法责任，对这方面的法律进行修改完善。行政执法职权明晰的前提是权力边界清晰，而责任体系完备则是必要的保障机制。明确改革的法律责任，将使行政执法责任制落实到位，实现行政执法的规范运行。行政执法责任制是规范和监督行政执法活动、促进依法行政的长效性保障机制。改革过程中不应忽略责任制方面的法律完善要求。

(二) 以法律授权推动行政执法体制改革

行政执法体制改革的部分举措，有些不适宜通过立法予以化解，但改革又可能会突破现行法律规定，那么有必要先行先试，即得到法律授权后使改革遵循相应的合法依据。要坚持法治的基本原则，在法律允许的范围内进行改革，通过授权等形式为体制改革的推进创造更大空间。改革过程中某些事项暂时只是一种改革尝试，尚不具有启动修法、立法的空间。针对此种情形，改革者可以请求立法机关授权"先行先试"。在全面深化改革大背景下，先前相关事例已作出很好的示范。2013年8月第十二届全国人大常委会第四次会议通过《关于授权国务院在中国（上海）自由贸易试验区内暂时调整实施有关法律规定的行政审批的决定》。通过立法授权的方式，自贸区的改革充分遵循了法治方式。在立法机关授权情况下，能够避免改革举措对法治秩序的冲

[①] 杨小军. 行政执法体制改革法律依据研究 [J]. 国家检察官学院学报，2017 (4)：88.

击。按照法定程序作出授权后，和现行法律不相同的改革举措才可以先行先试。此种方式既可以保障改革的创新，又可维护法治秩序的稳定。

三、法律方法的科学适用

从实践逻辑来看，行政执法体制改革遵循渐进式变革的实施路径，势必要求法治方式的稳步支撑。法治方式是一种理性思维，是关于逻辑思辨和解释技术等法律方法的思维方式。所谓"于法有据"，包含了法律解释、法律推理等方法。立法是比较传统的方式，法治方式应该将传统与新型并用，这是法律方法问题。运用法治方式推进改革应注重法律方法的运用，即根据社会情势变化进行价值衡量与论证。法律方法就是法律思维的科学运用。在不改变法律条文情况下通过法律方法的运用，结合改革的具体语境去具体塑造法治的形态，可以舒缓法治的刚性色彩，为改革带来更灵活的空间。当前行政体制结构以及司法状况还需要完善，而法律推理、法律解释等法律方法不会对现行体制产生很大的冲击，付出的成本也比较低。在制度没有创新的情况下，需要通过解释、论证、推理等方式使改革适应现实情况。

应该以善治规制行政执法体制改革实践，适时根据法律原则和精神创造性地解释、适用法律[1]。为优化改革过程中的管理制度，有必要重视法律解释问题，基于对法律的科学理解而建立改革秩序。法律的抽象特质和开放特征决定了其往往会留下较大的解释空间，任何法律的适用都离不开解释。立法者制定的法律存在进一步解释的空间。改革者可以尝试从法律目的、原则及具体条文的解释中发现改革举措可供依据的和能够依据的法律规范。其中，改革主体尤其要运用好宪法解释。转型期社会情势的复杂性与变易性使其异于常规社会，改革触及的社会关系变动与矛盾冲突都对释宪机制提出新挑战。对于法律之间的冲突，宪法解释是最好的解决方式。例如，可以通过宪法解释，重新厘定行政执法方面的法律冲突，缓和法律条款之间的矛盾。对于一般法律适用而言，有必要运用好法律的文义解释，对法律条款作最优解释，结合历史解释、体系解释、目的解释，积极地为改革探寻合法性与规范性的最大余地。值得一提的是，针对不同层级、不同类别的行政执法队伍和执法岗位，可制订法律方法方面的培训计划，增强行政执法人员的法律解释与适用能力，推进行政执法的能力建设。严格执法人员管理制度是改革的主要任务之一，此为个体法治实现的形式。

---

[1] 程琥. 综合行政执法体制改革的价值冲突与整合 [J]. 行政法学研究, 2021 (2): 85.

本章小结

新时代行政执法体制改革是充满挑战与机遇的探索活动。该项举措既是全面深化机构改革的重要组成部分，也是法治政府建设全面突破的迫切要求。法治政府建设乃行政执法体制改革的核心追求，二者都趋向于推进国家治理现代化。运用法治方式推进行政执法体制改革既要求宏观方向的法治化，还要求具体方法的规范化。尽管对于法治对改革的推动作用人们已形成共识，但仍需法治方式这一高度凝练的方法论构想予以落实。借助法治方式的多个侧面，本章概括性地探讨了行政执法体制改革之道。这项改革是职能配置、组织结构与法治保障相统合的系统工程，尤其离不开法治方式的着力依托。只有在改革过程中不断提高法治方式的操作能力，才能够为改革注入持续的发展动力。总之，任何改革都无法一蹴而就，应通过立法、修法、释法等多类型法治方式的系统适用，持续搭建完备的行政组织法律制度，稳步推进多元立体的体系建设，着力构建科学合理、统筹协调、合法权威的现代化行政执法体制。

第四章　机构改革背景下司法行政机关的法治建设

2018年3月，第十三届全国人大第一次会议批准通过了国务院机构改革方案，决定在国务院法制办公室与原司法部的职责整合基础上重新组建司法部，并不再保留国务院法制办公室的机构建置。这项改革表明，新司法部作为新的国务院组成部门，不仅承接了原司法部的机构设置，还替代了国务院法制办公室的角色。随着党和国家机构改革全面铺开，以及国务院法制办公室撤并的示范效应显现，各级地方政府法制办公室已和原司法行政机关整合，一同并入新组建的机构①。何为政府法制办公室？简言之，它是专门办理相关法制事务的政府法制机构。根据国家有关文件作出的职责定位，政府法制机构是本级政府的参谋、助手及顾问，在促进本区域依法行政方面发挥着统筹规划、综合协调、督促指导、政策研究和情况交流等作用②。观察我国行政机构的历史可知，政府法制办公室并非政府法制机构唯一的形态，行政组织形式多样的政府法制机构已伴随新中国走过了七十多年的历程。根据党和国家机构改革的精神，原政府法制机构与原司法行政机关整合严格遵循党的领导的政治逻辑、效能提升的治理逻辑和一体建设的法治逻辑。但囿于司法行政机关体制改革的"繁杂性"与"不确定性"，新机构的法治建设尚需进一步阐释③。本章回顾政府法制机构在各个历史时期的发展，分析本次机构改革中政府法制机构与原司法行政机关整合的动因以及面临的挑战，继而为新司法行政机关依法高效履职提出建议。

---

① 本书提到的"原司法行政机关"，特指2018年党和国家机构改革之前国务院所属的司法部及地方各级政府中的司法厅、局（所、处）等职能部门，与设立在公安、法院、检察院等机关内部管理司法行政事务的机构无关。另外，为方便论述，将政府法制机构与原司法行政机关整合后重新组建的行政机构，称为"新机构"。

② 参见：《国务院关于加强市县政府依法行政的决定》（国发〔2008〕17号）。

③ 喻少如. 全面依法治国视域下司法行政职能的时代转向及其优化 [J]. 社会科学，2022（4）：166.

第一节　政府法制机构七十多年的演变

从行政层级顶端的国务院，到科层系统末梢的乡镇一级政府，上下级行政机关及部门之间一般都具有对应的机构设置，以确保职责能够基本衔接、执行有力。政府法制机构的变迁，亦遵循这一路径原理。虽然地方政府与中央政府之间就法制机构的功能期待存在一定差异，但在发展历程、职能履行等方面存在颇多相似之处。因而，本部分主要以中央政府法制机构为观察视角，并适当旁及地方政府，希冀梳理出政府法制机构的演变轨迹。具体而言，政府法制机构在新中国七十多年间的发展可概括为六个阶段。

一、中央人民政府政务院法制委员会（1949—1954年）

新中国成立前后，新政初定、百废待举。1949年9月，以中国人民政治协商会议第一届全体会议通过的《共同纲领》作为临时宪法，设立政务院作为中央人民政府的最高执行机关。政务院下设政治法律委员会、财政经济委员会、文化教育委员会及人民监察委员会4个委员会，并组建了外交部、公安部、法制委员会等30个部门。与《共同纲领》同期通过的《中央人民政府组织法》第18条之规定，为政务院组织机构的设置提供了法律依据。其中，这4个委员会的行政地位比30个部门要更高。例如，政治法律委员会可协助政务院指导内务部、法制委员会等5个部门的工作。上述的法制委员会，可视为新中国政府法制机构的肇始时期。

根据《中央人民政府法制委员会试行组织条例》第二条的要求，法制委员会在政务院领导下及政治法律委员会指导下开展工作，具体职责是"研究、草拟与审议各种法规草案并解答现行各种法规"。在内设机构方面，共设置包括民事法规委员会、资料室、办公厅等在内的9个部门。1954年9月，第一届全国人大第一次会议通过了《中华人民共和国宪法》和《中华人民共和国国务院组织法》，国务院在此背景下成立。随后，国务院发出了调整中央和地方国家机关的通知，决定不再保留政务院法制委员会。据国务院法制办公室原主任曹康泰描述，政务院法制委员会在成立的5年时间里，共审议或草拟以中央人民政府、政务院以及各委、部和各大行政区名义发布的法规、规章3500余件，其中由政务院发布和批准发布的条例、通则、办法等法规230件[①]。此

[①] 曹康泰.政府法制建设的探索与发展［J］.党建研究，2009（10）：34.

类法规、规章和文件在构筑新政权的法律基石、稳定社会秩序、推动党和国家在过渡时期总任务的顺利完成发挥了重要作用。

二、国务院法制局（1954—1959年）

1954年10月，经第一届全国人大常委会第二次会议批准，设立了国务院法制局，其行政地位属于国务院直属机构。此为政府法制机构在新中国发展进程中的第二个阶段。1955年11月国务院常务会议批准通过的《国务院法制局组织简则》作出规定，国务院法制局在国务院直接领导下，执行草拟法规草案、审查相关法规草案、办理其他有关法制的工作等行政任务。在内设机构上，国务院法制局设置了4个组、3个室，由这7个部门分工合作，具体履行各项职能。在这一时期，国务院法制局着手整理了国务院（含政务院）发布和批准的法规，并编辑出版了从1954年到1959年期间的《中华人民共和国法规汇编》，还一并主持推动各省、市设置政府法制机构。

1959年6月，根据第二届全国人大常委会第四次会议《关于批准国务院调整直属机构的决议》，国务院法制局的建制被撤销。同一时期被撤销的还有司法部、监察部等诸多机关。有所不同的是，国务院法制局的部分职能并未随机构一并取消，而是划归至国务院秘书厅。随后，国务院秘书厅新设了法律室，该时期它的主要职能是协助领导审查国务院各部门所报送的法规。正是由于这种制度安排，国务院法制局的部分职能得以在严峻的政治形势下存续一段时间。然而，到了1965年，国务院秘书厅法律室也被撤销，其业务与秘书厅秘书处的业务合并，继而成立了秘书室，法规审查工作由秘书室内部的一个组兼理。"文化大革命"开始后，新中国的法制建设遭到巨大冲击，这种隐形的政府法制机构也难以维系，故在1966年底被彻底撤销。"文化大革命"期间，国务院曾进行过几次机构改革，但政府法制机构未能得到重建。由于以上原因，政府法制机构就此出现中断，政府法制工作在此后的10多年处于停滞状态。

三、国务院办公厅法制局、国务院经济法规研究中心（1978—1986年）

党的十一届三中全会把加强社会主义民主法制建设，作为国家民主政治生活中必须坚持的方针①。1979年7月，为适应改革开放需要，国务院以1970年成立的国务院办公室为基础，在内设的值班室中增设了第五组，该组的主要职责是审查各部门报送国务院的法律、法规草案。1980年5月，国务

---

① 参见：《中国共产党第十一届中央委员会第三次全体会议公报》（1978年12月22日通过）。

院办公室更名为国务院办公厅,随后以值班室第五组为基础新建了国务院办公厅法制局。1981年7月,国家为适应当时的经济立法工作需求,相应成立了国务院经济法规研究中心,该中心为国务院下属的研究咨询机构,它主要负责的是对国务院各经济部门草拟、修改经济法规的事务进行规划、指导、组织及协调。1982年6月,司法部在进行司法行政体制改革时,其行政法律法规编纂工作被划转至国务院办公厅法制局[1]。总的来看,在这一时期国务院办公厅法制局和国务院经济法规研究中心并存,共同形成了改革开放初期中央政府法制机构的格局。

1981年以后,各省、自治区、直辖市的政府在法制局的基础上,相继建立了经济法规研究中心或经济法规处(室)。这些机构不属于政府的职能部门,基本上无法行使监督执行经济法规的职能,尤其是没有对经济法规执行中纠纷、争端和分歧意见的调解与裁决之权。这说明,它们同"四个现代化"建设对经济法制工作的要求还是不相适应[2]。虽然省以下的不少地方政府同样设置了政府法制机构,但职责不够明确、名称不一,有些地方存在政府法制局与经济法规研究中心并存的形态,有的仅设置了政府法制局。一言以蔽之,各个地方政府尚未形成较为统一的模式。

四、国务院法制局(1986—1998年)

1986年4月,国务院改革了国务院办公厅法制局、国务院经济法规研究中心并存的模式,决定合并这两个机构,成立新的国务院法制局。同时,为畅通国内外经济法学界在理论与实务方面的日常交流,仍保留国务院经济法规研究中心的牌子,将该中心的活动纳入国务院法制局的事务范畴。

国务院法制局作为该时期的政府法制机构,它的发展过程可细分为三个阶段。第一个阶段是从1986年4月到1988年10月,国务院法制局在行政层级上是国务院的直属机构,承担了国务院整体性法制任务。同时,以国务院经济法规研究中心名义,与经济法学界展开密切的理论交流。1987年4月,全国政府法制工作会议召开,"政府法制"这一概念被正式提出,折射出政府

---

[1] 陈瑞华. 司法行政机关的职能定位 [J]. 东方法学,2018 (1):156.
[2] 侯炳伟. 论政府中的经济法制机构 [J]. 法学评论,1986 (1):20.

法制工作新的发展动向①。第二个阶段是从1988年10月至1994年3月，国务院法制局的行政层级被确定为办事机构。按照国务院这一时期批准的《国务院法制局"三定方案"》之规定，它扮演的是国务院领导下法制方面的参谋和助手角色。第三个阶段是从1994年3月到1998年3月，国务院法制局的行政层级由办事机构改为直属机构。按照该时期的"三定方案"，它是国务院领导同志在政府法制工作方面的参谋和助手②。总的来说，国务院法制局在这12年时间内，较为出色地完成了政府法制任务。

在国务院法制局成立后的几年时间里，多数地方相应地设置或改革了政府法制机构，通过成立政府法制局或法制办公室承担政府法制工作。当然，部分地方与中央政府的发展步伐不完全同步。例如，广州市是在1990年6月成立的政府法制局，该机构并不完全独立，依然隶属于市政府办公厅③。20世纪90年代初，是县级政府法制机构迅速发展的时期。1990年4月《中华人民共和国行政诉讼法》颁布实施，对地方政府法制工作提出了更高的期待。原本没有政府法制机构的部分市、县政府，在此背景下纷纷新设政府法制局或法制科。先前业已成立的政府法制机构，也进一步加强机构建设，在行政组织、级别及编制上增强力量。1993年10月，国务院在《关于加强政府法制工作的决定》中指出，"要加强政府法制工作机构和队伍的建设"。在当时，作为行政管理最基层的乡镇一级政府，一般不设置独立的政府法制机构。为克服基层政府在依法行政方面的困难，浙江省温岭市于1997年率先在全国试设乡镇法制机构——泽国镇法制办公室，并配备了一名兼职的法制员④。这是地方政府为提高乡镇管理和服务水平所探寻的有益途径。随即，其他乡、镇也开始探索设立政府法制机构，在管理机制上多数是与同级政府办公室合署办公。

---

① 改革开放以后，政府法制机构在经济发展领域的工作用力较多，当时大多称之为经济法制工作，"政府法制"这一概念尚未提出。1985年前后，部分学者和领导干部开始提倡以政府法制取代原先的经济法制。参见：张武扬，焦风君. 中国政府法制论稿 [M]. 北京：中国法制出版社，2002：28-29.

② 参见：《国务院办公厅关于印发国务院法制局职能配置、内设机构和人员编制方案的通知》（国办发〔1994〕38号）

③ 李毅. 改革开放背景下的地方政府法制演进路径：以广州市政府法制建设为视角 [J]. 法治论坛，2010（1）：40.

④ 陈鼎. 乡镇政府依法行政的困境与出路：温岭市创设镇（街道）"法制办"的实践与启示 [J]. 上海政法学院学报，2012（5）：45.

五、国务院法制办公室（1998—2018年）

1998年3月，国务院进行机构改革，将国务院法制局改为国务院法制办公室。在同一个月，中共中央决定在国务院法制办公室成立党组。根据1998年6月国务院办公厅《关于国务院法制办公室职能配置、内设机构和人员编制规定的通知》（国办发〔1998〕39号）的规定，国务院法制办公室是协助总理办理法制工作事项的办事机构。同时，其行政级别由副部级升格为正部级。从1999年起地方政府法制机构启动了新一轮改革。多数地方参照国务院法制办公室模式，在内部重新组建了政府法制办公室。

在内设部门方面，国务院法制办公室机关设置了秘书行政司（研究司）、政法劳动社会保障法制司、政府法制协调司等8个职能司。2005年7月28日，经批准，国务院法制办公室增设行政复议司和政府法制研究中心。在地方，政府法制机构的内设部门在一定程度上参照了国务院法制办公室。相较而言，部分地方的政府法制机构并未作出改变，依然沿用了法制局模式。当然，有部分地方政府，尤其是县一级政府的法制机构并不独立。有的虽然称为法制办公室，但却与政府办公室一套班子、两块牌子。另外，部分地方尚未设置政府法制机构。曾有数据统计，截至2008年6月底，在全国2 859个县级政府中尚有约15%未设立法制机构[①]。而有的地方政府只是在政府办公室内部设置法制科，或者是由政府办公室中的某部门或专设法制员具体承担政府法制事项。

六、中华人民共和国司法部（2018年至今）

2018年2月，党的十九届三中全会审议通过了《深化党和国家机构改革方案》，同意把该方案的部分内容按照法定程序提交第十三届全国人大第一次会议审议。方案提到，"组建中央全面依法治国委员会"，并决定将中央全面依法治国委员会办公室设在司法部。同年3月，第十三届全国人大第一次会议通过了《国务院机构改革方案》，该方案规定："将司法部和国务院法制办公室的职责整合，重新组建司法部，作为国务院组成部门。不再保留国务院法制办公室。"本轮机构改革的一大特点是将"党和国家"机构改革一体同步推进，在改革力度上超过以往历次改革，属于党和国家在完善组织机构方面

---

① 吴兢，黄庆畅. 中国强力推进基层依法行政"红头文件"两年一清[N]. 人民日报，2008-06-25（06）.

作出的重大决策部署。

按照《深化党和国家机构改革方案》关于"所有地方机构改革任务在2019年3月底前基本完成"之规定，目前各地已推动政府法制机构与同级原司法行政机关相整合。以辽宁省为例，根据《辽宁省机构改革方案》，已将原省司法厅和省政府法制办公室的职责整合为新的省司法厅，新机构在2018年11月2日举行了挂牌仪式，高效完成了整合任务。今后，政府法制机构与原司法行政机关的两大职责将以新机构这一组织载体而继续存在。

第二节 政府法制机构与原司法行政机关整合的动因

在2018年3月13日第十三届全国人大第一次会议上，国务委员王勇受国务院委托做了关于国务院机构改革方案的说明。涉及重新组建司法部的原因，他是这样讲述的："为贯彻落实全面依法治国基本方略，统筹行政立法、行政执法、法律事务管理和普法宣传，推动政府工作纳入法治轨道，将司法部和国务院法制办公室的职责整合，重新组建司法部。"[①] 这句话的含义，实际可理解为重新组建司法部是法治发展进程背景下行政机构职能优化的需要。或者说，这可概括为政府法制机构与原司法行政机关整合的动力来源。

一、行政机构与法治发展进程的契合

倘若行政法学的理论是一个由多元变量决定的函数，行政任务至少是自变量之一[②]。助力建设高水平的法治政府，可谓是政府法制机构所承载行政任务的核心目标。从政府法制机构上述演变历程来看，它伴随法治政府建设而渐次规范化。政府法制机构的变迁，就是法治政府建设基础上的行政机构调适。而法治政府建设，需要放置在新中国法治建设大背景下加以理解。那么可以说，从外部的改革背景看，政府法制机构发展的进程理应同新中国法治发展进程相契合。

回顾新中国法治建设的七十多年，它的发展成果大体可以划分为三个部分：一是法治乃法制，即静态层面的法律制度；二是法治乃依法治国，即动

[①] 王勇．关于国务院机构改革方案的说明［N］．人民日报，2018-03-14（005）．
[②] 陈爱娥．国家角色变迁下的行政任务［J］．月旦法学教室，2003（3）：61.

态层面的依法治理；三是法治乃全面依法治国。[①] 简言之，经历了从法制到法治再到全面依法治国的发展过程。

具体而言，在新中国成立初期，如何在废除国民党旧法统情况下构建新中国的法律制度是亟待解决的问题。在此法政历史条件下，通过设置专门国家机关去承担重建法律制度的任务，是当时迫切的选择。行政系统内部法制建设的抓手之一，便是设置政府法制机构。改革开放后，政府法制机构履行职能的焦点依然是构建完备的法律制度。正如邓小平在 1986 年 1 月的中央政治局常委会上的讲话中提出的，"搞四个现代化一定要有两手，只有一手是不行的。所谓两手，即一手抓建设，一手抓法制"[②]。这一论断将法制建设上升到了与经济建设相提并论的位置，能够表明法制建设在改革开放进程中愈发重要的地位。因而，新中国成立初期以及改革开放后的较长一段时期，政府法制机构与国家法律制度建设的主题密不可分。等到了 1997 年，党的十五大明确将"依法治国，建设社会主义法治国家"作为党领导人民治理国家的基本方略。1999 年，"依法治国"被正式写入宪法，此方针上升为国家意志。"法治"与"法制"虽然仅一字之差，但从内涵上讲却有了重大突破，标志着党的领导方式发生重大转变，也表明了党坚持依法治国、厉行法治的决心[③]。同一时期，政府法制机构的组织形式由法制局改为法制办公室模式，行政级别得到提升的有力措施亦能够映衬依法治国的时代价值。党的十八大以来，以习近平同志为核心的党中央从关系党和国家前途命运、长治久安的战略高度再次定位法治，开启了全面依法治国的新篇章，协力推动法治国家、法治政府与法治社会一体建设。紧接着，党的十八届四中全会出台了全面推进依法治国的纲领性文件。在党的十九大上，全面依法治国作为习近平新时代中国特色社会主义思想的核心内容之一纳入"八个明确"。新时代全面依法治国建设进程中，根据法治目标实现与行政机构的关系，政府法制机构有必要形成整体性、协调性的变革。这便是本次机构改革中政府法制机构发生演变的当代背景。

综上所述，伴随着法治国家发展进程，法治政府建设的时代内涵不断发

[①] 关于法治三阶段的判断，参考了胡建淼的论述。他提出：我们党关于法治的理论和实践经历了三个阶段，即"法制—法治—全面法治"。实现了两大飞跃，即从"法制"到"法治"，从"法治"到"全面法治"。参见：胡建淼. 以"两个突出""三个关键词"解读四中全会精神 [J]. 行政管理改革，2015（6）：4.

[②] 参见：杨庚. 论邓小平法制思想的几个问题 [J]. 首都师范大学学报（社会科学版），1995（5）：8.

[③] 喻中. 新中国成立 60 年来中国法治话语之演进 [J]. 新疆社会科学，2009（5）：76.

生改变。为回应上述法治变迁轨迹，作为政府法制工作承载力量的行为主体——政府法制机构，同样会在体制、机制及技术层面作出调整，并在动态发展中重新建构其职能、责任以及组织。从改革发生机制来看，政府法制机构改革议程的开启，是源于法治国家发展背景下对法治政府建设作出的整体性考量。据此，可作出如下论断：政府法制机构与法治发展进程是一对互动的范畴，法治进程影响了政府法制机构的配置，政府法制机构反过来能够助推法治建设，故二者的关系形态可用以诠释政府法制机构的变迁规律，亦能够作为政府法制机构与原司法行政机关相互整合的外在原因。

二、大部门制改革理念下行政职能的优化配置

从行政系统内部看，改革政府法制机构的目标是优化行政职能的配置。职能和机构作为行政体制改革的内在和外在结构性要素，前者是后者的内核，后者是前者的载体①。根据行政组织学的解释，因应社会状况变化而设置或调整行政机构去承载行政职能，能够有效提升行政职能与组织建构之间的匹配度。从公共管理和政治学理论而言，政府绩效、机构精简、职能转变等常用作观察行政机构改革的视角主线。在法学领域，《中华人民共和国宪法》第二十七条、《国务院行政机构设置和编制管理条例》（1997年）第四条等的规定，确立了国家机构设置的精简、效率原则。政府法制机构的设置与调整，同样要满足组织精简、职能转变等要求。例如，上文提及国务院办公厅法制局与国务院经济法规研究中心整合为国务院法制局的过程，机构精简、整合职能等理应是其中考虑的内部因素。

本次机构改革，继续贯彻了大部门制改革的理念，即通过发挥政府大部门宏观管理，去避免行政机构之间的职能交叉和多头管理等弊端，"优化、协同、高效"是贯彻其中的重要思路之一②。之所以原政府法制机构与原司法行政机关能够整合，是因为二者具有优化行政职能的前提性基础，此为改革的内在可行性。这种前提性基础表现为两方面内容：一个是行政职能较为接近。政府法制机构所承担的职能基本上是围绕法治政府建设而展开的，原司法行政机关的职能更侧重于律师管理、社区矫正等法治社会事务，两者同为行政系统中法治建设的中坚力量，故它们之间的关系无法割裂。例如，政府法制

---

① 张成福. 变革时代的中国政府改革与创新［J］. 中国人民大学学报，2008（5）：1.
② 施雪华，赵忠辰. 党的十九大后中国新一轮大部制改革的背景和思路［J］. 理论与改革，2018（4）：34.

机构被视为"政府专职法律顾问",而原司法行政机关负责指导、监督律师工作,此番重组能够使政府专职法律顾问的职能与原司法行政机关指导政府法律顾问的职能实现有机衔接。另一个是行政职能存在交叉重合的地方。试举两例:其一,这两大机构都具有普法宣传教育的职能,新机构可充分整合分散的资源,在此类事务方面发挥更大的优势。其二,政府法制机构与原司法行政机关都具有牵头组织法治评估的指标体系。虽然前者侧重于法治政府效果评估,后者侧重于法治建设效果评估,但二者在行政系统内部并非泾渭分明。

总的来说,本次机构改革是根据党和国家机构改革的精神,由新机构一个部门统筹高效配置有关方面的事务[①]。将两个机构的职能有机组合,既有利于消除司法行政与行政立法、行政执法监督等行政事务之间的隔阂,又能够凸显出新机构在协调原先两大机构关系上的整体优势。以上便是政府法制机构与原司法行政机关整合的内在动因。

第三节 政府法制机构与原司法行政机关整合的实践问题

目前,全国各级政府法制机构已基本整合至新机构之中,职责、人员乃至办公场所转隶的过程都比较顺利。然而,改革实践中看似良好的现象或效果,却不能说明新机构在职责履行方面的容许性已毫无争议。实际上,新机构不仅在职责定位、行政复议、合法性审查等方面的自洽性值得探究,而且在机构改革后期的法治建设也有探讨的必要。

一、新机构职责定位的疑问

应当注意,政府法制机构与原司法行政机关之间并不存在谁吞并谁的说法,二者都并入到重新组建的机构之中,整合的宗旨是优化先前各自的职能。换言之,政府法制机构是机构、人员及职责并入到了新机构,新机构还会同时扮演着原司法行政机关的角色。根据概念术语的解析,所谓"重新组建",是指原来的机构名称并没有变化,但因为有了其他机构的并入,成为新的更大的机构和具有更多职能职责的机构[②]。虽然本次机构整合中新机构的命名在

[①] 党的十九届三中全会通过的《中共中央关于深化党和国家机构改革的决定》提出:"优化党和国家机构设置和职能配置,坚持一类事项原则上由一个部门统筹、一件事情原则上由一个部门负责。"

[②] 许耀桐.党和国家机构改革:若干重要概念术语解析[J].上海行政学院学报,2018(5):4.

形式上沿袭了原司法行政机关，即当前新机构都是以司法部、厅、局（所、处）命名的，而不是政府法制办公室或法制局。不过，新机构与原司法行政机关的职责定位并不相同。现在的新司法部不等于原司法部，省政府所属的新司法厅也不是之前的司法厅，县政府所属的新司法局也并非以前的司法局，等等。

那么，新机构到底是何种职责定位呢？首先，来看政府法制机构。其在立法、行政复议、行政执法监督、行政决策等方面能够履行的职能甚多。形象地看，在政府法治活动的大棋盘中，政府法制机构是一颗活棋子，它游走于很多层面和环节①。而在改革之前，原司法行政机关主管本区域范围内的司法行政工作，其行政职能集中在拟定司法行政工作计划、监狱管理、普法宣传、社区矫正、律师管理等多个方面。在行政地位上，政府法制机构在新中国七十多年的发展历程中，曾被界定为直属机构、办事机构甚至政府办公厅（室）内设部门。而原司法行政机关主要同级政府的组成部门，在行政地位上往往高于政府法制机构。在新中国七十多年间主要是国家司法行政机关、法院司法行政机关和行使部分司法行政权的国家司法行政机关三种定位②。所以，政府法制机构与原司法行政机关的行政属性并不相同。

当前，并无明确的法律对新机构的职责性质作出明确的界定。若将新机构界定为原司法行政机关，这一性质恐怕难以将政府法制机构的属性囊括在内。同样，新机构更没有被界定为政府法制机构的可能性，否则，《法规规章备案条例》《法治政府建设实施纲要（2015—2020年）》等诸多法律法规及政策文件中的"政府法制机构"条款将存在适用上的疑惑。

二、组织机构法治化的新挑战

通过对比2018年2月底党的十九届三中全会通过的《深化党和国家机构改革方案》和2018年3月13日国务委员王勇代表国务院在全国人大会议上作的《关于国务院机构改革方案的说明》可知，在涉及"重新组建司法部"部分，两份文件论述的理路和职责规定都高度一致，彰显出中国共产党的执政党地位。党的这份改革方案，为后续展开的实践确立了政治正当性。然而，在经全国人大审议通过的《国务院机构改革方案》这一正式文件中，涉及的

---

① 余翔，李娜. 地方政府法制办的政策功能研究 [J]. 华北电力大学学报（社会科学版），2013（4）：89.

② 高通. 我国司法行政机关定位的历史变迁与反思 [J]. 山东大学学报（哲学社会科学版），2012（2）：120.

上述内容却要简单得多，仅仅提到了"将司法部和国务院法制办公室的职责整合，重新组建司法部"这两句话，对于新司法部具体有哪些职权、机构如何整合等内容语焉不详。当然，这与改革方案的宏观特性有关。针对此种情形，有观点认为，《国务院机构改革方案》已获得了合法性，但其"笼统授权"的方式有可能导致新司法部在相关职责设定上面临合法正当性不足的嫌疑[1]。的确，上述政策文件似乎不能完全替代实定法应发挥的依据作用，政治正当性与法律正当性缺一不可。在机构改革过程中，离不开行政组织法去框定行政机关的职权、地位、权责、人员及管理等内容。机构改革过程的法治化程度不高，同样是之前我国历次机构改革中存在的问题。

据国务院各部门初步估算，本次机构改革所需要修改或废止的行政法规数量达到了230多部[2]。2018年4月27日，全国人大常委会通过了《全国人民代表大会常务委员会关于国务院机构改革涉及法律规定的行政机关职责调整问题的决定》，随后国务院出台了《国务院关于国务院机构改革涉及行政法规规定的行政机关职责调整问题的决定》，为行政机关依法履行职责授权。但是，有学者质疑这种做法只是"事后"打补丁，提出更有必要就行政机构与法定职责的脱节情况展开理论阐释[3]。在短短的一两年改革时间内，希冀通过人大授权或政策文件便将政府法制机构助推法治政府建设的职责顺利转入新机构，将可能会在法律依据方面遭遇挑战。质言之，机构改革不仅是技术问题，更是法律问题。

我国自1988年机构改革以来一直通过采用"定职能、定机构、定编制"的方式，保障、巩固改革成果。本次改革中，新司法部延续了这种做法，在整合后便完成了"三定"规定（方案）的起草和报批。"三定"规定某种程度上具有部门组织法的雏形，但从长远来看，此类内部文件的法律效力有限，权威性与稳定性也不够。又如，面对其他行政机关在机构改革后出现的有机构无法定职权或有职权无机构等尴尬情况，新机构理应履行好政府法制机构原先在立法方面的职责。另外，机构改革与人员编制密不可分，编制管理与机构职能的匹配是改革后期需要关注的课题。2019年1月，新司法部印发的《全面深化司法行政改革纲要（2018—2022年）》（以下简称《2018年司法行政纲要》）立足于机构改革后的任务要求，对今后几年全面深化司法行政工作

---

[1] 杨建顺. 重新组建司法部的意义 [EB/OL]. [2022-10-01]. http://www.calaw.cn/article/default.asp?id=13064.
[2] 马怀德. 为机构改革提供坚强法治保障 [N]. 中国商报，2018-06-14（A02）.
[3] 贾圣真. 行政任务视角下的行政组织法学理革新 [J]. 浙江学刊，2019（1）：171.

的图景进行了描绘。应该看到，上述文件在机构过渡阶段内能够指引新机构履职的方向，但是政策推动的改革成果可能会出现期限短、不稳定的弊端。

三、行政复议的角色悖论

根据《中华人民共和国行政复议法》第十四条的规定，对国务院部门或者省、自治区、直辖市政府的具体行政行为不服的，可以向国务院申请裁决，国务院依照本法的规定作出最终裁决。此前由国务院负责裁决的案件，在具体承办过程中都是让申请人向国务院法制办公室申请。这是因为，国务院法制办公室作为国务院办事机构，具体承担着行政复议裁决职能，负责指导、监督全国的行政复议工作。此次机构重组后，指导行政复议应诉乃新司法部的职责之一。今后若对国务院部门或者省级政府作出的具体行政行为不服，实际是由新司法部具体承担国务院的行政复议裁决职能。不管是原司法部还是新司法部，在当前行政体制下的定位都是国务院组成部门。就目前行政复议体制来看，新司法部既可能是行政复议的被申请部门，也可能是承办国务院裁决的行政复议案件的机构。换言之，新司法部既是"运动员"，又具有"裁判员"的身份。这样的双重角色难免会产生悖论，它是否适合承办此类案件得打个问号。

在地方，近些年多级政府启动了行政复议改革试点，主要产生了行政复议委员会和行政复议局两种模式。行政复议委员会作为行政复议机构，一般不作为独立的行政机关。此种模式又可划分为三种子类型：一是将原来分散于政府各部门的行政复议权，全部集中到政府设立的行政复议委员会；二是行政复议委员会集中行使部分行政复议审理权；三是行政复议委员会在不改变原有的行政复议体制，通过吸收外部专家人士对疑难案件进行研究。[①] 而行政复议局改革模式，一般是对外加挂独立的行政复议局牌子，这以浙江省义乌市的试点改革最为典型。义乌市政府设立了行政复议局，该机构挂牌在市政府法制办公室下，实行一个窗口对外，集中行使行政复议职权[②]。该模式希冀通过更为独立的机构去集中承载复议资源，在实质上改变"条块结合"的复议体制。此两种试点模式，都与政府法制机构的关系密切。行政复议委员会办公室大多设置在政府法制机构，并与之共同办公，"一套人马，两块牌

---

① 黄学贤. 关于行政复议委员会的冷思考 [J]. 南京社会科学，2012（11）：104.
② 方宜圣，陈枭窈. 行政复议体制改革"义乌模式"思考 [J]. 行政法学研究，2016（5）：85.

子"①。当然，也有的地方直接将行政复议委员会安排在政府法制机构。例如，在上海市，市、区两级政府法制办公室承担同级行政复议委员会的日常行政工作，负责行政复议案件的立案受理、调查取证、案件审查等具体事务②。

本次机构改革对行政复议体制的影响很大。新机构在承接政府法制机构职能的同时，理所当然要承担行政复议委员会或行政复议局的具体事务。然而，当新机构自身又成为行政复议被申请人时，其行政复议机构的身份将使得复议公信力大打折扣，并引发行政复议部门化倾向。根据2018年行政诉讼法司法解释的规定，作出原行政行为的行政机关和复议机关对原行政行为合法性共同承担举证责任，复议机关在复议程序中依法收集和补充的证据可以作为法院认定原行政行为合法的根据。试想，倘若新机构成为复议被申请人，那么现行复议体制将可能给它提供"补正"原行政行为合法性的机会，如此将威胁到复议本身的严肃性和公正性。上述质疑并非认为在"任何人不能做自己的法官"准则下复议职能与复议机构就必须完全独立，更无意否认本次机构改革的积极意义。但是，即使新机构本身不会牵扯太多部门利益，行政复议在裁决方面的居中评判属性却客观要求复议机关与复议机构保持相对独立。与此同时，新机构作为复议被申请人的具体流程和纠纷解决，仍亟待更为合理的制度设计。

四、合法性审查的中立性难题

政府法制机构在行政系统内发挥着合法性审查的重要作用，下面择其要点，对协调立法与行政执法监督过程中的合法性审查略作阐释。

（一）协调立法过程

我国的立法权实际上是由人大及其常委会、行政机关等国家机关分别行使的，而不是由某个国家权力机关集中统一行使的。对政府法制机构而言，除宪法之外，法律、行政法规及行政规章的立法过程实际都与之密切相关，它在这个过程能够发挥统筹协调作用。2014年10月党的十八届四中全会审议通过的《中共中央关于全面推进依法治国若干重大问题的决定》提出，"加强和改进政府立法制度建设，重要行政管理法律法规由政府法制机构组织起草"。这就是说，政府法制机构在行政立法中能够发挥主导作用。《法治政府

---

① 王青斌. 行政复议制度的变革与重构：兼论《行政复议法》的修改 [M]. 北京：中国政法大学出版社，2013：139.

② 参见：《上海市人民政府关于本市开展行政复议委员会试点工作的意见》（沪府发〔2011〕65号）。

建设实施纲要（2021—2025年）》规定，重要行政管理法律法规由政府法制机构组织起草，有效防止部门利益和地方保护主义法律化。

政府法制机构协调立法时的一大特征是以相对中立或超然的姿态介入其中，以发挥合法性审查作用。以政府法制办公室为例，它作为本级政府办事机构，基本经常协助政府立法，并负责起草或者协助起草有关重要法律草案、法规或规章的草案。根据国务院《行政法规制定程序条例》《规章制定程序条例》的规定，在立法前，国务院有关部门就立法事务向国务院报请立项后，国务院法制机构对立项申请作出评估论证，并在向社会公开征集立法项目建议后报请国务院审批。面对上述情况，新机构作为政府法制机构将面临中立性的质疑。新机构在处理涉及本部门事项的立法事项时，该如何报请立项便遇到了难点。本次机构改革赋予新司法部有关法律和行政法规草案的起草权限。但在实践中，某项法律是否出台与国务院某部门关系非常密切。例如，2012年国家发展和改革委员会、国家粮食局会同有关部门制定《中华人民共和国粮食法》（征求意见稿）后报至国务院法制办公室，国务院法制办公室将在广泛征求意见基础上对草案作进一步修改[①]。现在的问题是，倘若将来新司法部想要推动某项法律出台，其自身作为国务院法制机构，如何在审查部门利益与立法中立性之间保持平衡值得深思。地方政府的新机构在应对地方立法时，同样会面临这样的困境。

（二）行政执法监督

开展行政执法监督的目的是预防、制止或纠正行政执法中的不当行为。这些不当行为，以违法行为最为突出。在当前的行政执法监督体系中，包括权力机关、司法机关、行政机关以及社会公众在内都属于监督主体。之前，政府法制机构是行政系统内部监督的有机组成部分。政府法制机构通过开展监督，及时指出其他行政机关在执法中的违法行为，使之灵活高效地改进执法方式。在实践中，政府法制机构在行政执法监督过程中，运用行政执法资格审核、行政执法卷宗评查、行政执法考核及行政执法统计等方法。例如，行政执法证件往往是由政府法制机构负责的，经审查合格的，才发放相应的行政执法证，执法证件一般加盖本级政府行政执法证专用章。因而，接受行政执法监督是行政执法机关履职阶段必经的步骤。但是，政府法制机构整合并入新机构后，新机构能否在涉及原司法行政机关事务的执法监督方面继续保持超然性，将会引发对其中立性的质疑。

---

① 佚名. 粮食法草案已报国务院法制办[J]. 中国食品学报，2013（1）：94.

第四节 新机构履行政府法制机构职能的有效措施

过去政府法制机构服务的对象主要是本级政府,政府法制机构整合并入新机构后,已经由原先的单一角色演变为全面依法治国背景下的法治机构。在未来,为调适好政府法制机构这一板块的职责,增强机构改革后的融洽性,夯实新机构统筹法治建设的基础,还有必要结合上述问题,作出如下对策。

一、通过修正"司法行政"概念将新机构界定为新司法行政机关

在日常生活中,人们对于"司法""行政""立法"等词汇已经耳熟能详,但"司法行政"却似乎会使人产生陌生的感觉。司法行政一词的英文是 Judicial Administration,而 Administration 除行政、行政管理之外,还具有管理、执行、实施等意义[①]。可见司法行政在大范围内的含义相当广泛。司法部原部长张福森曾为此下过定义,他认为司法行政是与司法有关的行政或行政管理,有司法的地方就有司法行政[②]。这个概念初步界定了司法行政的范围,但实际内涵仍较为抽象。若不去纠结该词汇的具体含义,通过观察使用的主体能够发现,在中国语境下主要是原司法行政机关的人员在使用[③]。这里的司法行政机关,指的就是原司法部、厅、局等,也就是一级政府的职能部门。本书便是在此范围内对原司法行政机关展开的讨论。

笔者认为,假如想厘清新机构的职责性质,关键的一步便是对"司法行政"的概念作出一定的改造。理由在于,通观政府法制机构的职责履行及词汇表达,司法行政这一概念基本与之无关。实际上,在新机构容纳原司法行政机关与政府法制机构的双重职责后,其被命名为"法务部、厅、局(处、科)"似乎更为妥帖。在新机构已被命名为司法部、厅、局(处、所)的现状下,重新考虑命名已无意义。上文所述的《2018 年司法行政纲要》,其中司法行政的概念在形式上沿用了之前的表述,但实际内容却将政府法制机构涵盖其中。那么,对原"司法行政"概念作出改造,便是值得考虑的方法。换言之,本轮机构改革后,"司法行政"概念已经涵盖了立法、执法、司法和守法普法等各个环节的职责。其实,我国现行宪法第八十九条已规定,国务

---

① 《英汉法律词典》编写组.英汉法律词典[M].修订本.北京:法律出版社,1999:23.
② 张福森.司法部长谈司法行政[M].北京:法律出版社,2006:1.
③ 张钦.司法体制改革呼唤司法行政职能回归[J].中国司法,2008(6):95.

院领导和管理民政、公安、司法行政等工作。司法行政作为一项具有宪法规范意义的概念，对其中的司法行政权理应作出准确的解释。先前不属于司法行政概念的政府法制机构及其事务，已对原司法行政概念作出了事实上的扩充，因而对此概念进行适当的修正或扩展就尤为必要。只有这样，才能构建出一个比较精准、贴切的司法行政概念，并以此为起点将新机构界定为"新司法行政机关"，进而完成对新司法行政制度体系的改革升级。这里的"新司法行政机关"，已将立法、执法、司法和守法普法环节职责一体、全面贯通，和原司法行政机关并不相同。因而，有必要从大格局去理解新司法行政机关的含义。

由此，新司法行政概念在覆盖政府法制机构职能时才能够实现逻辑自洽，以避免新司法行政概念与原有的概念相混淆，政府法制机构的功能不至于被原司法行政机关所遮盖。同时，也能够确保新司法行政机关以崭新的姿态，助推全面依法治国目标的达成。至于具体的修正路径，一是在理论研究与实践运用中的概念表述要注意修辞，实现语义的精准；二是通过法律制度确立新司法行政机关的职能定位，下文对此将加以论述。

二、从组织到编制的法治化建设

为保障行政组织精简、统一、高效地运行，有必要完善行政组织法律体系，通过职权与编制建设确立明确的法律依据。此亦是对党的十八届四中全会提出"重大改革于法有据"要求的制度回应。

（一）职能来源的组织法建设

职能法定，乃法治政府建设的基本理念。我国中央层面的行政组织法只有《中华人民共和国国务院组织法》，在规定内容上较为笼统和原则。在地方，《地方各级人民代表大会和地方各级人民政府组织法》却将人大和政府这两种不同性质的机构职能合至一处进行规定，在法律规范内容上略显庞杂。现行的两部组织法无法针对不同种类政府部门的组织、职能作出细致规定，原司法行政机关与政府法制机构均无相应的部门组织条例或简则。行政组织法是行政管理科学性和合法性的集中反映，行政机关必须按照组织法授予的职权行使权力、承担责任[1]。因而，为妥善配置新司法行政机关所享有的众多职能，应从立法上配置好机构与法律的内在逻辑。其实，这方面已有先例可供参考。国务院于2006年11月出台了《公安机关组织管理条例》，用以规范

---

[1] 应松年．完善行政组织法制探索［J］．中国法学，2013（2）：18.

公安机关组织管理工作,这可视作部门组织法的有益探索。对此,可尝试在新司法部"三定"规定基础上制定出新司法行政机关系统内部的行政组织简则,如以部门规章的形式制定《司法部组织简则》。另一种方案是,由全国人大授权国务院制定《司法行政机关组织管理条例》等配套性立法,形成行政组织基本法与部门组织法相衔接的格局,以推动新司法行政机关法律依据的规范化。

(二) 职能履行的组织法建设

这里所说的职能分两个层面:一方面是新司法行政机关自身的职能。试举一例,《法规规章备案条例》在第四条将规章报备及审查方面的职责赋予政府法制机构。那么,就有必要适时对《法规规章备案条例》作出修改,重新确立新司法行政机关在规章报备审查中的职能,以确保履职的合法性。涉及类似情况的法律法规还不少,应当循序渐进作出修改。或者,为避免法律修改范围过大,可以在上文所述的《司法行政机关组织管理条例》等配套性立法中明确,"新司法行政机关已替代政府法制机构履行职能"。另一方面是其他行政机关的职权。发挥立法协调作用,是政府法制机构的一大职能。本次机构改革涉及的法律很多,立法工作需循序渐进。例如,公安部消防管理职责转至新组建的应急管理部后,《中华人民共和国消防法》第四条"国务院公安部门对全国的消防工作实施监督管理"就需要修改为"国务院应急管理部门对全国的消防工作实施监督管理"。类似这样的法律、行政法规还有很多,地方相应的法规、规章也不少。新司法行政机关应该协调立法的修改和清理,确保法律实效性的发展。

(三) 机构编制的法治建设

新司法行政机关应该助推机构编制法定化,通过法治方式将机构改革成果固定下来。2018年党和国家机构改革提出了"机构编制法定化是深化党和国家机构改革的重要保障"的说法,新司法行政机关理应进一步发挥立法协调作用。我国现行的机构编制法律规范主要是《国务院行政机构设置和编制管理条例》与《地方各级人民政府机构设置和编制管理条例》。但是,这两部管理条例仅是行政法规,立法层级不高,这意味着编制管理的原则、内容、程序和纪律等内容存在行政系统"自我组织"的倾向,与新时代编制管理的法治约束要求不相适应。新司法部应该结合行政系统实际情况,在国家机构编制大框架内,通过与国家编制部门协调,整合各类组织机构编制管理秩序,拟定出统一的《行政机构与编制管理法》草案,提交党中央、全国人大会议审议。通过此类方式明确行政机关之间的职责权限、内设机构、人员编制及运行规则，加快实现行政机构与编制程序的法定化，构建和完善行政组织法律体系。

三、"公正与效率"理念下行政复议局的重构

关于如何展开行政复议体制改革，学界很多论述都遵循"通过界定行政复议本身性质去选择改革方向"的进路。其中，行政复议是"行政"、"司法"抑或"准司法"等性质的争论曾经讨论得比较激烈。根据此类性质的逻辑推演，进而诠释出"内部监督""公正救济"等在行政复议中的价值位阶[1]。上文提及新司法行政机关在行政复议中角色悖论的理论基础，主要是从纠纷的公正解决这一立场出发作出的理解。当然不是认为权利救济便是唯一的定位，毕竟学界在行政复议多元功能上已达成共识，以上无非是主次问题存在分歧。其实，在考察行政复议体制改革时，不能忽略了它属于行政系统本身的机制。那么可以肯定，"效率"因素应该是行政制度必须考量的因素，因为行政效能是行政机关追求的目标之一，而复议"效率"如何直接关系到行政机关的权威性。同时，这会影响到复议作为行政争议解决主渠道所展现的方便、快捷等优势。因而，"效率"便是行政复议体制改革中值得重视的要素。

基于行政复议效率的分析，加上克服行政复议部门化利益时所追求的公正救济目标，认为"公正"与"效率"都是必须认真对待的价值准则，二者并不存在非此即彼的冲突。为克服新司法行政机关在行政复议中的公正性悖论，有学者认为，应当以行政复议自身的价值追求为依归，在行政系统内部架构具有相对独立性的运作机制[2]。笔者赞同这种构想，即让行政复议机构在行政系统内部实现相对独立。这是因为，设置独立于行政系统之外完全独立的复议机构，并不符合立法者在制定行政复议法时所作出的内部监督之界定，断然没有被决策者接受的可能性，而在行政系统内部实现相对中立是可以选择的方向[3]。通过对比先前试点的行政复议委员会与行政复议局这两种模式，倾向于将行政复议局作为当下复议体制改革的主流方向，建议向全国范围推

---

[1] 甘臧春，柳泽华. 行政复议主导功能辨析 [J]. 行政法学研究，2017（5）：3.
[2] 杨建顺. 机构改革进行时 法规修订应跟进：从行政法层面审视司法部新任务 [J]. 紫光阁，2018（6）：90.
[3] 1998年10月27日国务院法制办公室原主任杨景宇受国务院委托，在全国人大常委会第五次会议上作了《关于〈中华人民共和国行政复议法（草案）〉的说明》，提出应将"体现行政复议作为行政机关内部监督的特点，不宜，也不必搬用司法机关办案的程序，使行政复议'司法化'"。

广,此种设置与行政机关保持了更远的距离,能够实现更大范围的公正性。或者,行政复议委员会试点模式中的第一种,将原来分散于政府各部门的行政复议权全部集中于行政复议委员会的那种尝试也值得考虑。通过这样的制度设计,可在新司法行政机关本系统内使复议职能的机构与代表本级政府行使复议权的机构实现分离。

当然,行政复议局模式需要按照本次机构改革作出相应调整。在重新组建司法部时,中央已将全面依法治国委员会办公室设在其中。地方各级党委全面依法治省(市、县)委员会办公室,相继设在了同级的新司法行政机关。因而,以党政机构新型关系为契机,可以重新考虑对行政复议局作出如下建构:

(1)行政复议局在政治上归口于全面依法治国委员会办公室,以增强行政复议的效率。建议将各级行政复议局设置在党的全面依法治国(省、市、县)委员会办公室,且与之合署办公。这种党政内部组织合署办公形式,本身符合党政机构协同发展的方向。其中最关键的是,党的机构直接统筹协调领导行政复议工作,无疑能够使复议"效率"得到提升。当然,党的全面依法治国委员会办公室仅在政治方向、方针政策、党的建设及复议事项协调与监督等方面起领导作用。

(2)行政复议局可继续隶属新司法行政机关,但复议工作保持独立。在机构编制方面,行政复议局依然隶属于新司法行政机关,但应该通过职权调整实现复议业务的独立性,进而实现复议的"公正"。对此,可尝试在新司法行政机关加挂行政复议局牌子,凸显出其与其他内设机构的特殊性。在涉及与行政复议机关的关系方面,不妨赋予行政复议局实质性裁决权,复议案件均由其作出裁决。行政复议局具体负责案件的受理、审查、决定等事项,且能够以同级政府名义对外行使复议职权,而仅将同级行政复议机关设定为形式意义上的复议主体。换言之,由行政复议局作出裁决的案件,都应以行政复议机关的名义对外发布决定。通过以上调整,行政复议案件能够在公正的轨道上运行顺畅。例如,将来向国务院申请行政复议裁决的案件,申请人可直接向中央层面的行政复议局申请,这种行政复议局某种程度上承担了国务院原法制办公室在行政复议中的职能。

(3)增强行政复议局决策的科学性与开放性。可借鉴日本不服行政审查会制度,通过设置行政复议专家委员会,扩大专家参与疑难个案的研究论证。这同样是上文提及行政复议委员会试点模式中第三种类型的做法,我国部分地方经过试点已积累了诸多经验可供借鉴。

四、部际关系中合法性审查的适度转让

新司法行政机关在履行合法性审查职能时，之所以会引发中立性疑惑，其根源是原先政府法制机构与其他政府职能部门的平衡关系被打破。原先，政府法制机构一直是扮演中立的角色，在立法、行政执法监督及行政决策等多个领域都发挥着合法性审查的控制与监督作用。此种合法性审查，是一种行政自制机制，乃确保政府及其职能部门行政行为合法性的关键环节。政府法制机构对其他政府部门作出监督，便形成了政府部门之间的横向关系。有论者曾提出，同一政府系统内不同政府部门之间的横向关系可称为"部际关系"①。笔者认为，这种概括比较精准。在我国行政管理实践中，已探索出一种部际联席会议制度，即多个部门根据共同商定的原则，及时沟通信息、协调不同意见，推动某项任务顺利落实②。此为部际关系中的合作关系类型。

除了前文所述部际关系中的合作类型外，在宪法和组织法框架下还形成了职能部门之间各司其职的分权关系，政府内部设置诸多部门的实践可加以佐证。另外，叶必丰根据区域一体化协调合作的需要，论证了行政机关之间职权的横向委托关系③。为妥善处理好新司法行政机关在合法性审查上的悖论，不妨从部际关系出发，探讨出行政职权的适度转让机制。

行政机关行使权力作出行政行为的过程存在一定的扩张性冲动，而政府内部权力的控制可一定程度抑制这种扩张性。具体而言，为克服中立性悖论，可尝试将新司法行政机关涉及自身的合法性审查权限划归到同级政府办公厅（室），通过构建新型部际关系去控制新司法行政机关权力的行使，以破解中立性难题。换言之，今后新司法行政机关继续行使涉及其他行政机关的合法性审查职能，但是涉及原司法行政机关或者新司法行政机关本身的合法性审查事务时，应该转交给同级政府办公厅（室）行使。理由在于：第一，同级政府办公厅（室）乃综合办事机构，在地位上比较超然和中立，能够在这方面监督好新司法行政机关；第二，政府法制机构与政府办公厅（室）行政属性相同，且在新中国七十多年发展历程中有合署办公的实践经验，能够履行好相应职能；第三，新司法行政机关与政府办公厅（室）同为行政系统的职能部门，将合法性审查职能进行适度转让，从行政组织法关系而言并不违反

---

① 叶必丰. 行政组织法功能的行为法机制 [J]. 中国社会科学，2017（7）：109-130.
② 参见：《国务院关于同意建立全国社会救助部际联席会议制度的批复》（国函〔2013〕97号）、《国务院关于同意建立职业教育工作部际联席会议制度的批复》（国函〔2004〕41号）。
③ 叶必丰. 论行政机关间行政管辖权的委托 [J]. 中外法学，2019（1）：94.

行政权不得处分的原则。

本章小结

"政府法制机构职能设置指向的制度功能目标很明确,即通过体制内的法律专业群体发挥其法律知识以促进政府决策、立法和行为的法治化,实现依法行政。"[①] 政府法制机构,为政府及职能部门依法行使职权奠定了组织基础。在当前行政实践中,新司法行政机关已替代政府法制机构与原司法行政机关,继续为法治政府建设提供法律支撑,并在全面依法治国纵深发展进程中发挥协同性促进作用。在政府法制机构与原司法行政机关整合组建为新司法行政机关后,新机构在履行政府法制机构原先的职能时,已面临新的机遇和挑战。如何强化新机构的现有职责,是需要继续探讨的课题。新司法行政机关作为"全面法治事务管理"机关,应深刻体悟与准确把握法治建设的复杂性,对自身职能定位有清晰的把握。通过回顾政府法制机构的发展历程、演变规律,以及提出破解新难题的对策,提升新司法行政机关在职责履行方面的实效性,真正实现机构、人员及职能的有机融合,而非简单的物理整合。

[①] 姚尚贤.公职律师制度的本土构建之路:通过政府法制机构构建公职律师制度[J].北京行政学院学报,2016(5):8.

第五章　行政措施的性质界定及法律规制

"行政措施"一词，常见诸宪法、法律、行政法规、规章及行政规范性文件。《中华人民共和国宪法》第八十九条第一项规定，国务院"根据宪法和法律，规定行政措施，制定行政法规，发布决定和命令"。《中华人民共和国立法法》第八十二条第五款规定，"应当制定地方性法规但条件尚不成熟的，因行政管理迫切需要，可以先制定地方政府规章。规章实施满两年需要继续实施规章所规定的行政措施的，应当提请本级人民代表大会或者其常务委员会制定地方性法规"。《中华人民共和国地方各级人民代表大会和地方各级人民政府组织法》（以下简称《地方组织法》）第五十九条第一项规定，县级以上的地方各级人民政府"执行本级人民代表大会及其常务委员会的决议，以及上级国家行政机关的决定和命令，规定行政措施，发布决定和命令"。从上述法律条款可以推定，规定行政措施是宪法和法律赋予行政机关实施行政管理的重要职权，亦符合"行政机关只有在法律授权情况下才能实施相应行为（法律保留原则）"[①]的要求。行政措施作为政府应对行政事务的重要管理手段，关涉公民权利义务的决定与处置。良善的行政措施，将有助于政府通过高效的职能去服务公民；若措施不当，则可能使这一愿望落空。

针对行政措施的概念，目前学界尚无统一的界定，并存在将行政措施与行政强制措施相混用的情况[②]。在实践中，"行政措施"一词有被泛化使用的趋势，即在宽泛意义上被理解为行政机关实施的能够产生法律效果的行政行为[③]。近年来，有地方政府通过采取限制措施的方式实施行政管理。例如，北京市政府曾发布《关于 2008 年北京奥运会残奥会期间对本市机动车采取临时交通管理措施的通告》，在奥运会期间首次实行机动车单双号限行的交通管理措施。2016 年，杭州市政府在 G20 峰会召开前夕发布决定，对会议期间的本

[①] 翁岳生. 行政法 [M]. 北京：中国法制出版社，2002：271.
[②] 王春业. 法律视角下的行政措施 [N]. 民主与法制时报，2018-09-13（07）.
[③] 夏斌. 行政措施不能扭曲市场信号 [N]. 人民日报，2011-07-20（010）. 该文将行政措施视作与市场、法律相冲突的手段。

地及外地机动车针对性地采取临时交通管理措施。如今，很多地方政府采取限行、限购等管理措施的做法屡见不鲜，甚至有愈演愈烈之势。例如，多地出台了涉及楼市调控措施的文件通知。然而，这些充斥着限制属性的措施也面临"正当性"判断，抑或是"合法性"拷问①。显然，地方政府发布的此类文件不属于规章的范畴，与《中华人民共和国立法法》第八十二条关于"规章所规定的行政措施"不一致，但似乎符合行政规范性文件的特征。那么，此种文件所规定的各项具体措施属于行政措施吗？其与行政规范性文件、发布决定和命令是什么关系？行政措施本质何在？政府如何规定行政措施才算合理？上述疑问，当前理论和实务上未能作出充分回应。本章在梳理行政措施的现实状况之后，尝试对其性质界定及应对策略加以讨论。

第一节 行政措施的类型与功能

尽管行政措施的概念无法准确定义，其性质也尚未完全厘清，但基于零碎化的现实状况，还是能够对其作出鸟瞰式描摹与类型化梳理。法律类型化的本质，意味着某一法律术语的核心含义相对明确，但其可能扩散的范围及具体行为方式不明确。行政措施作为行政机关实施行政管理职权的手段的核心含义也是明确的，只是扩散的外延可能存在与具体行政行为、行政决定和命令等相互交叉抑或迥异的现象。以行政措施表现出的内容属性为导向，通过梳理法律、行政法规、规章及行政规范性文件的规定，可初步将之划分为限制型、应急型和发展型三种主要类型，尽管这存在不完全列举的弊端。当然，行政措施的复杂多样性也决定了此种分类并不能穷尽所有，但不失为增强对行政措施认知的可行举措。

一、行政措施的类型

（一）限制型措施

此种限制分为价值中立和价值否定两种取向。就价值中立的行政措施而言，笔者认为，上文提及的承载限行、限购措施的通告或通知应为行政规范性文件，而作为具体内容的限行、限购等单个行为则归属为此类行政措施。北京市政府曾对车辆的限行范围和时间作出交通管理措施："本市其他机动车（含已办理长期市区通行证的外省、区、市进京机动车）试行按车牌尾号每周

---

① 周许阳. 公物理论视角下的尾号限行：反思与重塑［J］. 行政法学研究，2016（5）：109.

停驶一天（法定节假日和公休日除外），限行范围为五环路以内道路（含五环路），限行时间为6时至21时。"① 针对此类限制措施，学界存在将之纳入某一行政行为概念内的观点，以对其行为性质和权力来源作出辨析。如有观点认为，尾号限行是行政机关为实现公共利益目的，以直接约束物权行使自由为内容的、非惩罚性的不利行政行为，是通过行政行为而非事实行为对物权施加的约束②。又如，近年来针对民用小型航空器管制问题，有地方政府采取了相应的行政措施③。为防止自然灾害发生，行政机关还会在特定领域作出限制规定。例如《中华人民共和国防洪法》第五十九条规定，对城市建设擅自填堵原有河道沟汊、贮水湖塘洼淀和废除原有防洪围堤的行为，城市人民政府除应当责令停止违法行为、限期恢复原状外，还有权采取其他补救措施。而就价值否定的行政措施来说，比较典型的是黑名单制度。譬如，国家体育总局将严重违反法律规定的体育从业人员列入了体育市场黑名单，对其实施信用约束、联合惩戒等措施④。黑名单制度通过披露当事人不诚信行为，将其信誉贬损事实公之于众，用以规范社会秩序，构建社会诚信体系。

（二）应急型措施

根据国家紧急权理论、行政应急性原则及相关实证法的规定，行政措施的重要功能之一就是在紧急情况下创设应急性行政措施⑤。从常态化行政扩展到临时性行政，行政措施的应急功能得到凸显，业已成为现代行政的重要内容。面对自然灾害、公共安全事故等突发性问题，行政机关需要随时做好准备。例如，为应对特大安全事故，国务院作出规定，地方各级人民政府及政府有关部门"应当采取行政措施，对本地区实施安全监督管理，保障本地区人民群众生命、财产安全，对本地区或者职责范围内防范特大安全事故的发生、特大安全事故发生后的迅速和妥善处理负责"⑥。应急型行政措施的属性，表现出情势紧急情况下临时作出应急处置的特性。当此类特定紧急事件消除

---

① 参见：2008年9月27日《北京市人民政府关于实施交通管理措施的通告》（京政发〔2008〕39号）。

② 胡建淼，张效羽. 有关对物权行政限制的几个法律问题：以全国部分城市小车尾号限行为例[J]. 法学，2011（1）：116.

③ 参见：2017年4月18日《福建省人民政府关于对民用小型航空器和空飘物采取临时性行政措施的决定》（省政府令第186号）。

④ 李安.《体育市场黑名单管理办法》发布，八类情形将列入黑名单[N]. 中国体育报，2018-09-03（006）.

⑤ 柳砚涛. 论"规定行政措施"的法律规制[J]. 齐鲁学刊，2007（3）：150.

⑥ 参见：2001年4月21日《国务院关于特大安全事故行政责任追究的规定》（国务院令第302号）。

之后，相对应的特定措施可能会随之停止适用。2003年国务院《突发公共卫生事件应急条例》第三十七条赋予卫生行政主管部门在应对突发传染病等紧急事件时能够采取控制措施的权限。这是在2003年抗击非典后，行政机关在应对能力和机制上所进行的反思。

(三) 发展型措施

行政机关规定的很多行政措施，亦契合了当地社会发展的主题。例如，武汉市第十四届人大常委会第五次会议审议通过《武汉市人民代表大会常务委员会关于授权市人民政府为加强长江新城规划建设管理工作规定临时性行政措施的决定》，规定武汉市政府可以在不与法律法规相抵触的前提下，通过规章或者规范性文件的形式在城乡建设与管理、环境保护等领域规定临时性行政措施[1]。而在陕西，省政府为大力推进西咸新区一体化建设，规定了健全基础设施体系、加强规划衔接等方面的措施[2]。在科学技术发展中，同样能够见到行政措施的运用。国务院于2006年公布了《国家中长期科学和技术发展规划纲要（2006—2020年）》，其中在"八、若干重要政策和措施"一节规定了实施知识产权战略、技术标准战略和先进适用技术推广等方面的措施，用以增强科技领域的自主创新能力。

二、行政措施的功能

行政措施，满足了行政机关在行政管理方式创新方面的需求，属行政决策的范畴，有助于行政机关科学行政与合理行政。行政机关之所以作出相关行为，核心宗旨是为了实现更优质、更高效的管理效果。从上述对行政措施类型化罗列不难发现，限制型、应急型和发展型措施均存在功能主义的考量。具体可从以下两方面略加叙说。

(一) 贯彻政策和法律的功能

长期以来，"宜粗不宜细"是立法工作的普遍理念。在法律、行政法规及规章中，立法内容是涉及国计民生及本地重大问题的内容，法律条文一般比较原则抽象，无法对社会生活方方面面作出细致、可操作的规定。这时，就需要行政机关根据当地实际情况规定相应的行政措施。行政机关在依法履行职责过程中，考虑社会发展状况、风俗习惯等因素，制定和落实符合实际需

---

[1] 参见：2017年8月23日《武汉市人民代表大会常务委员会关于授权市人民政府为加强长江新城规划建设管理工作规定临时性行政措施的决定》。

[2] 参见：2017年7月3日《陕西省人民政府印发关于深入推进西咸一体化若干政策措施的通知》（陕政发〔2017〕24号）。

要的行政措施。通过此种方式,对国家的方针政策和法律法规进行细化,以增强现实针对性。故行政措施可以视作法律和政策的延伸,在发挥调整社会关系功能方面具备独特功能。

(二) 创新社会治理方式的功能

行政机关在日常行政管理活动中,需要处理纷繁复杂的事务,这属于行政机关的任务所在。随着社会变迁,行政机关的任务形态也随之发生变化,进而要求高效作出应对。行政任务具有紧急属性,有时无法适时通过法律、行政法规及规章所规定的传统方式得以完成,法律规定不可避免会滞后于现实需要。新时代社会治理能力现代化的任务对行政机关的履行职责行为提出了更高要求,此种改变客观要求行政机关为完成任务而亟须采取更多可操作的行政措施。同时,行政措施的高效特性,实质上为创新行政管理手段提供了可能性。社会治理是以维护公民权利为宗旨,积极应对治理过程所面临问题的过程[①]。通过规定行政措施,行政机关在社会治理能力自主提升上更有作为。

第二节 行政措施的现状分析

关于行政措施现状,有必要从立法和实践两方面作出梳理,以明晰完善的可能方向。通过检视行政措施的实际状况,可发现其在立法和运行两方面都存在不足。

一、行政措施立法上的不足

综观涉及行政措施的规定,除宪法和地方组织法已作出规定外,其他相关法律、法规、规章及行政规范性文件等各个层级的文件也存在行政措施的身影。

(一) 立法逻辑不顺畅

一方面,行政措施在立法逻辑上并不顺畅。根据《中华人民共和国宪法》第八十九条规定,行政法规作为行政立法行为,在法律位阶效力上只低于法律,但是行政措施却又处于行政法规之前,以及宪法和法律之后。基于法释义学视角下的体系解释方法,上述规定不免令人产生疑惑,为何在立法形式上行政措施会处于比行政法规、行政决定和命令都更高的地位?

《中华人民共和国立法法》第八十二条第五款之规定,实际是以人大立法

---

① 姜晓萍. 国家治理现代化进程中的社会治理体制创新 [J]. 法学, 2014 (2): 24.

形式，框定了行政机关通过规章实施行政措施的范围和界限。地方政府规章存在的用意，是为了执行法律、行政法规及地方性法规的规定，落实已由法律法规所创设的权利义务内容，或者规定本行政区域内的具体行政管理事项。就这个角度而言，行政措施作为规章内部所蕴含的范畴，实际已承担了规章本身的使命。当然，行政措施仍然无法与作为整体的规章等量齐观、相互并列。而《中华人民共和国宪法》第八十九条中关于国务院"规定行政措施"，似乎是将行政措施所能发挥的功能与"制定行政法规""发布决定和命令"相互平行。那么，这就面临一个问题，在宪法上位于行政法规之前的行政措施，在立法法上却又成了规章所规定的内容，只是规章下面的一个子属性，这体现了逻辑上的某种混乱。

（二）法律定位不明

除立法逻辑不顺畅外，行政措施还存在定位不明的缺陷。例如，《中华人民共和国刑法》第九十六条规定，"本法所称违反国家规定，是指违反全国人民代表大会及其常务委员会制定的法律和决定，国务院制定的行政法规、规定的行政措施、发布的决定和命令。"很明显，国务院制定行政法规、发布决定和命令的行为具有普遍约束力，属于抽象行政行为的范畴。故从此处可以推出，将行政措施界定为抽象行政行为也是可行的。综观行政行为的谱系，其模式和分类方法百家争鸣。例如，域外行政行为的学理分类并不相同。在法国，狄骥明确主张抽象行政行为与具体行政行为的分类方法[①]。而德国行政法学者奥托·迈耶却仅将行政行为界定为我们所讨论的具体行政行为[②]。在我国行政行为理论中，实际已类型化了行政处罚、行政许可、行政强制等具体行政行为和行政法规、规章及行政规范性文件等抽象行政行为，这遵循了行政相对人是否特定、针对事项是否特定等标准，并得到了1989年《中华人民共和国行政诉讼法》的肯认。上述《中华人民共和国刑法》第九十六条的立法本意是从国家规定层面划分出几类形态，并重复了《中华人民共和国宪法》第八十九条的内容，却又将行政措施放在了行政法规之后。而《地方组织法》第五十九条的规定，赋予了县级以上的地方各级政府规定行政措施的职权。同样是《地方组织法》，其第六十一条涉及乡、民族乡、镇政府职权条款中，只有发布决定和命令、管理本行政区域内的经济、文化等工作事项，却未见行政措施。根据这两条法律条文对比，可以看出只有县级以上地方政府才有

[①] 狄骥．宪法论[M]．钱克新，译，北京：商务印书馆，1962：236.
[②] 奥托·迈耶．德国行政法[M]．刘飞，译，北京：中国政法大学出版社，2004：97.

权规定行政措施。既然行政措施无法出现于乡镇级别行政机关的职权范围内，就能够说明行政措施在实施主体上层次较高。

同样，除国务院发布决定和命令属于抽象行政行为外，学理上还存在将行政决定和命令视作具体行政行为的观点。关于行政决定和命令的性质何在，不妨先看域外的学理解读。行政决定源于德国行政法学者奥托·迈耶运用概念法学所提炼的行政行为概念，是指"归属于行政的独断权力主张，在个案中为被统治者确定权利与义务"①。将行政决定归入个案的表述，实质上是将其性质视作具体行政行为。在国内行政法学界，同样有将之界定为具体行政行为的观点。例如，有学者提出，任何具体行政行为从本质上都是行政决定，行政强制就是一种强制决定，行政处罚就是一种处罚决定，行政裁决就是一种裁决决定。这就是说，行政决定是因为功能的差异才形成不同的具体行政行为，具体行政行为是行政决定的形态②。还有学者提出，行政命令属于行政机关的一种具体行政行为，但它表现为通过指令相对人履行一定的作为或不作为的义务而实现行政目的，而不是由自己进行一定的作为或不作为③。当然，上述关于行政决定、命令内涵的观点，或许是从特定角度作出的解读。但当某项行政决定和命令具有普遍约束力时，其属于和行政法规、规章性质相一致的抽象行政行为，新《中华人民共和国行政诉讼法》第十三条将具有普遍约束力的行政决定和命令排除出行政案件受案范围可加以佐证。

但是，《中华人民共和国国务院组织法》第十条规定，国务院组成部门在工作中的方针、政策、计划和重大行政措施，需向国务院请示报告，并报国务院决定。在这里，行政措施又与方针、政策等非法律行为相提并论。2001年国务院《关于特大安全事故行政责任追究的规定》第四条规定，"地方各级人民政府及政府有关部门应当依照有关法律、法规和规章的规定，采取行政措施"，据此规定可以看出该行政法规未将行政措施视作抽象行政行为。《中华人民共和国防洪法》第六十三条，将行政措施与作为具体行政行为的行政处罚并列。由国务院转发、公安部发布的1982年《中华人民共和国劳动教养试行办法》曾将劳动教养界定为行政措施，国务院新闻办公室于1991年发布的《中国人权状况》白皮书却又将劳动教养定性为行政处罚。综上所述，行政措施的内涵与外延究竟是什么，其性质是具体行政行为还是抽象行政行为

---

① 迈耶. 德国行政法 [M]. 刘飞, 译, 北京: 商务印书馆, 2004: 97.
② 胡建淼. 行政法学 [M]. 4版. 北京: 法律出版社, 2015: 212.
③ 姜明安. 行政法与行政诉讼法 [M]. 5版. 北京: 北京大学出版社, 2011: 265.

难以定性，至少从相关立法中无法清晰可辨。因而，行政措施在性质上有游走于抽象与具体行政行为之间的困惑。

二、行政措施实践中的问题检视

（一）行政措施的程序缺失

行政措施的程序缺失表现在两个方面：一是规定程序，二是实行程序。程序的普遍形态是，按照某种标准和条件整理争论点，公平地听取各方意见，在使当事人可以理解或认可的情况下作出决定[①]。考察法律、法规、规章及行政规范性文件，此类文件出台都会遵循特定的程序。法律的制定需要遵守宪法和立法法规定的程序，制定行政法规和规章应当分别遵循《行政法规制定程序条例》《规章制定程序条例》中相关的程序规定，从而以规范制定程序的方法保障内容质量。但是，规定行政措施的程序却付之阙如，这使得其比饱受争议的"红头文件"的程序失范更为随意。

"行政措施的规定随意性较大，往往是就事论事，随机拟用，越权、滥定职权的条款屡见于行政措施之中。"[②] 其中有不少的行政措施只通过非正式会议作出，甚至因为情形紧急只是由行政首长签署，未经过备案程序。面对门类繁多的行政措施，该运用何种程序作出规定，当前缺乏统一规范的程序规定。在实施程序上，行政措施的突袭实行使行政机关面临程序质疑，损害了公民的合法预期。再以2008年北京奥运会期间的限行措施为例，相关措施随奥运会闭幕而停止适用，但是仅过了七天时间，北京市政府却又规定了新的限行措施。对于此种涉及不特定公众重大利益的措施而言，时间可能过于仓促，留待公众发表意见的空间有限。这既不利于诚信政府建设，更会使公民处于无所适从的处境。这与行政措施裁量权过大不无关系。

（二）行政措施的裁量权失范

行政机关在依法行使职权时，需要具备相应的裁量权。这既有助于实现个案的公正，也是为了促进一定社会目标和政策的实现[③]。规定行政措施也概莫能外。但是，行政措施是行政机关根据行政管理的现实需要适时规定的举措，但现实为行政机关预留了较大的裁量权。与《地方组织法》第五十九条规定的"执行本级人民代表大会及其常务委员会的决议，以及上级国家行政

[①] 季卫东. 程序比较轮[J]. 比较法研究，1993（1）：3-14.
[②] 庄维霖. 行政措施的合法性及其判定[J]. 法学，1990（11）：3.
[③] 王贵松. 行政裁量的构造与审查[M]. 北京：中国人民大学出版社，2016：21.

机关的决定和命令"相比较,"规定行政措施"体现出地方政府更大的裁量权,存在随意规定措施的空间,并可能使行政机关为规避被诉而在规定行政措施上寻求司法外空间的可能性。就执行上级决定命令的执行而言,地方政府的裁量权则相对较小。例如,《北京市实施<中华人民共和国大气污染防治法>办法》规定,政府采取限制措施的前提为"根据大气环境质量状况",言下之意是北京市政府有权以环境标准作出限制规定,但是作为限制前提依据的"大气环境质量状况"却显得流于抽象,亟待其他文件进行细化。此种"大气环境质量状况"为实施行政措施的启动条件,实际上属于不确定法律事实的范畴,此为裁量权的滥用提供了某种基础。

(三) 行政措施欠缺监督机制

有关法律法规都规定了相应的监督与救济制度。但是,行政措施却不存在合理的监督机制。随意的行政措施,缺乏监督与救济机制,将导致公民无所适从。在行政领域,在行政机关内部系统存在着行政监督机制。例如,国务院有权改变或者撤销各部、委员会以及地方各级政府不适当的决定和命令,县级以上地方各级政府有权改变或者撤销所属各工作部门的不适当命令、指示和下级人民政府的不适当决定、命令。同时,行政监督方面还存在备案审查和法规清理制度,以定期对行政法规与规章的不当或违法问题加以纠正。但是,此种监督只是作为整体的。具体到其中内容的行政措施,此种监督机制很难发挥作用。在司法审查中,行政诉讼受案范围并未明文将行政措施囊括在内。当公民面对此类行政措施时,能做的更多是服从,呈现出高权行政下命令—服从的关系。

第三节 行政措施的法律属性

行政措施立法之不足,是引发其运行状况紊乱的原因。而确定行政措施的性质,是对其实践困境加以改进或规制的前提。

一、关于行政措施性质的几种学说

有关行政措施的性质,在行政法学界存在不同的看法,主要存在五种代表性观点:一是将行政措施等同于行政行为,即"行政措施中既包括某些具体行政行为,也含有大量的抽象行政行为"[①]。二是认为行政措施乃具体行政

---

① 应松年. 行政行为法 [M]. 北京:人民出版社,1993:307.

行为的同义词。例如,《中国大百科全书·法学》卷将行政措施等同于行政处分,是指国家行政机关依据既定的行政法规范,行使国家行政权,针对特定的、具体的事项,单方面采取的行政行为[①]。三是认为将行政措施视作抽象行政行为比较合适,因为无论是宪法还是组织法关于行政措施的规定均出现在国务院和县级以上地方各级人民政府的抽象行政行为权部分,与行政立法和制定、发布具有普遍约束力的决定、命令相并列[②]。四是将行政措施等同于行政规范性文件,即"制定行政规范文件的行为,是指行政机关或者被授权的组织为实施法律或者执行政策,在法定权限之内制定、发布的除行政法规和规章之外的具有普遍约束力的决定、命令、指示和行政措施等规范性文件的行为"[③]。五是将行政措施视作行政管理的手段。有学者在解读《中华人民共和国宪法》第八十九条第一项中国务院的"行政措施"时提出,行政措施是指"国务院为执行宪法、法律和履行国际条约所采取的具体办法和步骤,如国务院为发展经济,保证国家财政收入,采取税收制度改革的措施,行政措施是行政管理的重要手段"[④]。从上述观点可以看出,学界分歧较大。那么,在搁置上述争议观点的基础上,先行明晰行政措施与相关行为的关系,在相对确定范围内明确对比的纵横关系,不失为探明其性质所在的有益举措。

二、行政措施与相关行为的区别

下面的叙述,主要围绕行政措施与相关行为概念的区别加以展开。

(一) 行政措施与行政强制措施

行政强制措施,并非行政措施在"强制"领域的限定。二者不仅在实施手段上存在差异,而且在属性和内涵上亦有不同。根据《中华人民共和国行政强制法》第二条的规定,行政强制措施"是指行政机关在行政管理过程中,为制止违法行为、防止证据损毁、避免危害发生、控制危险扩大等情形,依法对公民的人身自由实施暂时性限制,或者对公民、法人或者其他组织的财物实施暂时性控制的行为"。行政强制措施作为具体的行政行为,表现出特定性、限制性及可诉性的特征。行政强制措施是对特定公民、法人和其他组织的财产及人身作出的强制,属于典型的侵益性行政行为,必须经由法律、法

[①] 《中国大百科全书·法学》编写组. 中国大百科全书·法学 [M]. 北京:中国大百科全书出版社,1984:671.
[②] 柳砚涛. 质疑"规定行政措施" [J]. 行政法学研究,2007 (11):25.
[③] 姜明安. 行政法与行政诉讼法 [M]. 5版. 北京:北京大学出版社,2011:203-211.
[④] 蔡定剑. 宪法精解 [M]. 北京:法律出版社,2006:381.

规加以设定，其他行政规范性文件无此权限。而行政措施不仅具有限制性的特征，还具有发展社会经济的面相。以《中华人民共和国立法法》第八十二条第五款为观察点，可以体现行政措施具有反复适用、适用于不特定主体之特征。另外，诸多行政规范性文件也有权设定行政措施。

（二）行政措施与行政法规、规章

以有权制法主体为视角，可以对二者的关系作出一定区分。首先，国务院为制定行政法规的唯一主体，其他行政机关都无权制定，这是具有法律渊源性质的行政法规与行政措施的区别所在。根据《中华人民共和国立法法》第八十条、第八十二条的规定，国务院组成部门及具有行政管理职能的直属机构，省、自治区、直辖市人民政府及省、自治区政府所在地的市和设区市的人民政府，有权在本部门的权限范围内制定规章。简言之，规章是上述行政机关为执行法律、法规或实施本行政区域的具体行政管理事项而制定的规范性文件。根据《规章制定程序条例》第七条的规定，规章的名称一般称"规定""办法"，但不得称"条例"。具体到行政措施，《地方组织法》第五十九条第一项的规定赋予了县级以上地方各级人民政府"规定行政措施"的职权。这里"县级以上"，包括县级人民政府在内。以制定主体为标准，容易对二者的关系作出辨别。

（三）行政措施与行政规范性文件

关于行政规范性文件的含义、制法主体、程序、权限以及审查等，我国均尚无全面、统一的规定①。行政规范性文件，是行政机关及被授权组织为实施法律和执行政策，在法定权限内制定的除行政法规或规章以外的决定、命令等具有普遍约束规则的总称。行政措施与行政规范性文件具有一定相似之处，都具有普遍约束力。但是，二者也并非一码事。根据国务院办公厅《关于加强行政规范性文件制定和监督管理工作的通知》，行政规范性文件是除国务院的行政法规、决定、命令以及部门规章和地方政府规章外，在一定期限内反复适用的公文②。行政规范性文件的公文特点，决定了其规定的事项内容繁多。而从形式上看，行政措施则并不能体现出公文的特点，如原水利部《水政监察工作章程》第九条规定，水政监察队伍"对水事活动进行监督检查，维护正常的水事秩序。对公民、法人或其他组织违反水法规的行为实施

---

① 江必新. 中华人民共和国行政诉讼法理解适用与实务指南 [M]. 北京：中国法制出版社，2015：243.

② 参见：2018 年 5 月 16 日《国务院办公厅关于加强行政规范性文件制定和监督管理工作的通知》（国办发〔2018〕37 号）.

行政处罚或者采取其他行政措施"的职责。从中能够发现,行政措施更多体现为行政机关实施单一行政行为的特质。

(四) 行政措施与行政事实行为

何谓行政事实行为？学界对其判断标准同样存在争议之处①。当然,对行政事实行为也存在一定的共识。以行政行为对外是否发生法律效力为标准,则可划分出行政法律行为和行政事实行为。行政事实行为与行政法律行为的区别在于,前者不能产生、变更或者消灭行政法律关系。改革开放后我国内地第一本行政法教科书《行政法概要》对行政事实的定义如下："国家行政机关的行为,有的直接发生法律效果,称为法律的行为；有的不直接发生法律效果,称为事实的行为"②。闫尔宝教授认为："行政事实行为是指行政主体在实施行政管理、履行服务职能过程中作出的不以设定、变更或消灭行政法律关系为目的的行为。"③还有学者提出,行政事实行为是由具有行政权的机构实施的对自然人、法人或其他组织具有利害影响的不具有行政法律效果的行为④。学界更多是从学理上对行政事实行为进行分析,在实定法上基本见不到这一概念。学界之所以对其关注颇多,或许起源于《中华人民共和国国家赔偿法》第三条第四项中"以殴打、虐待等行为或者唆使、放纵他人以殴打、虐待等行为造成公民身体伤害或者死亡的"这一条款所表现出的事实行为。无论是理论还是实践,都否定了行政事实行为的法律关系或效果。具体到行政事实行为与行政措施的区别,依旧可以以《中华人民共和国立法法》第八十二条第五款的规定为切入点作出判定。地方政府规章能够规定行政措施,行政措施也能够产生行政法律关系或效果。这便是二者的区别之处。

从上文行政措施与行政强制措施的区别还不能得出行政措施是否为某种具体行政行为的观点。根据《地方组织法》将规定行政措施的主体限定为县级以上行政机关的第五十九条、第六十一条,以及上文提及管制民用小型航空器等行政措施表现出的普遍性、不可诉性等特征,已然能够否定行政措施为具体行政行为的判断。在区分行政措施与行政规范性文件的差异后,能够得出行政措施并非规范性文件的结论。行政措施与行政事实行为在能否形成法律关系上的区别也是明显的。那么,行政措施到底属于什么性质呢？

---

① 王锴. 论行政事实行为的界定 [J]. 法学家, 2018 (4): 51.
② 王珉灿. 行政法概要 [M]. 北京: 法律出版社, 1983: 97.
③ 闫尔宝. 行政行为的性质界定与实务 [M]. 北京: 法律出版社, 2010: 54.
④ 豆星星, 王少俊. "行政事实行为"概念辨析 [J]. 当代法学, 2003 (6): 19-21.

三、行政措施性质的双重界定

首先，有必要从宏观上对行政措施的性质作出初步概括，在一定范围内明确其面貌。行政措施，是作为行政机关实施行政管理职权的手段而存在的，当属行政行为的范畴。国内行政法学界主流学说认为，行政行为是行政主体运用行政权，实现行政目的的一切活动。在19世纪法国行政法中，关于"行政行为是指行政机关运用行政权所作出的一切行为"的行为主体说[1]，同样也可以说明行政措施属于行政行为。

其次，笔者认为将行政措施进一步界定为抽象行政行为较为恰当。从行政措施在《中华人民共和国宪法》《中华人民共和国立法法》中的序列来看，将其与行政法规、行政决定和命令规定在同一款法律条文中，在立法本身就能够体现出其异于具体行政行为的独特属性。关于抽象行政行为，有观点认为，针对未来的一般性的事项制定和发布具有普遍约束力的行为准则，具有广泛性和长期性，就是抽象行政行为[2]。而行政措施限制型、发展型的特性，决定了其确属具有普遍约束力的行为准则。应急型行政措施虽体现出紧急性、临时性的特征，但相较于具体行政行为却又呈现更长的周期。若想继续辨明行政措施的性质，还需要再回溯到法律条文本身，从法律解释上对"规定"和"采取"两个维度上的"行政措施"作出解读。

（一）"规定行政措施"的性质

从语法上讲，《中华人民共和国宪法》第八十九条中的"规定行政措施"是一个动宾结构，因而排除了"规定"作为名词使用时所蕴含的"规定的内容"的意蕴[3]。同样，第八十九条中的"制定行政法规""发布决定和命令"也是动宾结构，这里的"制定"和"发布"是国务院的行为，而"行政法规"与"决定和命令"都是作为结果而存在的。但是"规定行政措施"并非上述行为+结果的模式。这是因为，将"规定"和"行政措施"进行二分法后发现，"规定"应当是作为动词的含义在适用，而动词意义上的"规定"一般是指"对某一事物作出关于方式、方法或数量、质量的决定"[4]。那么，若纯粹从词义出发，将行政措施理解为"行政机关对行政管理事项所作出的

---

[1] 王名扬. 法国行政法 [M]. 北京：中国政法大学出版社，1989：131.
[2] 张树义. 行政法学 [M]. 北京：北京大学出版社，2005：149.
[3] 柳砚涛. 质疑"规定行政措施" [J]. 行政法学研究，2007 (3)：25.
[4] 中国社会科学院语言研究所词典编辑室. 现代汉语词典 [M]. 北京：商务印书馆，1983：416.

关于方式、方法的决定"或许是妥当的。这里的"行政措施"侧重于结果的内容,所以"规定行政措施"所呈现的应当是行为+结果内容的模式。

有学者曾以行政立法为标准,从行政法规与规章中区分出行政规范性文件,提出行政规范性文件是行政立法之外,行政机关制定决定、命令的抽象行政行为①。此种划分方法具有可取之处,较好区别了抽象行政行为在立法与非立法方面所体现出的实践样态。从上文对行政措施与行政法规、规章的区分出发,能够作出"规定行政措施"并非行政立法行为的判断。

概言之,回归到"规定行政措施"本身,其既是与法律、行政法规、规章等行政立法行为相区别的一种非立法性抽象行政行为,同时也与行政规范性文件这一非立法性抽象行政行为相区别。可以说,行政措施是行政机关为实施法律、法规、规章及行政规范性文件,在职权范围内所规定的能够反复适用且具备普遍约束性的行为。因此,行政措施与上述文件是具体与原则、小范围与大范围的关系。虽然行政规范性文件与行政措施同属非立法性抽象行政行为的范畴,但二者在具体形态上又出现了分野。行政规范性文件体现出静态文本的特点,而行政措施更多表现出动态的实施过程。

(二)"采取行政措施"的性质

行政措施是以法律、行政法规、规章乃至行政规范性文件中规定的具体内容出现的,亦属于上述承载媒介所规定或创制的行为。一项行政措施,需要实施才具有生命力。在制定法律、法规、规章及行政规范性文件的同时,会在其内容部分规定相应的行政措施。行政机关依据规定将行政措施运用到具体治理活动中去,这便是"采取行政措施"的范畴。正如有学者提出的那样,行政措施是按照法定程序制定的,指导行政机关履行行政职责的行政管理规范②。此种观点或许存在合理性,可作为行政措施形态的解读。英国学者的有关论述亦有助于提升行政措施的辨识度,"所谓行政措施(adminishitrative measures),通常所指的是那种为可以辨别的群体提供某些服务而支配或运用特定资源的措施"③。胡建淼教授也认为,行政措施是指县级以上各级人民政府为执行本级人大及其常委会的决议或上级行政机关的决议或命令而规定的各种办法和手段④。

---

① 湛中乐.论行政法规、行政规章以外的其他规范性文件[J].中国法学,1992(2):108.
② 门中敬.规范行政保留的宪法依据[J].国家检察官学院学报,2017(1):91.
③ 哈耶克.法律、立法与自由:第1卷[M].邓正来,等译.北京:中国大百科全书出版社,2000:219.
④ 胡建淼.行政法学[M].2版.北京:法律出版社,2003:195.

因此，将"采取行政措施"理解为行政管理的行为或手段是没有疑问的。例如，《中华人民共和国行政处罚法》第七十二条将申请法院强制执行、拍卖查封的财物等措施作为行政处罚决定的辅助手段。又如，某项行政规范性文件规定，房地产管理局可对违法、违规的当事人采取除行政处罚以外的责令停止、责令修复或责令补办手续等行政措施[①]。行政机关采取相关的行政措施，既是在释放行政管理手段的功能，也是行政机关运用行政资源达至良善治理目的并服务一般民众的行政过程。这便是行政措施独具特色的品性所在。

第四节 行政措施的规制方法

在梳理出行政措施的问题，界定好行政措施的性质之后，有必要通过合理策略对不规范的行政措施加以规制。

一、行政措施规定程序的匹配

"程序不是次要的事。随着政府权力持续不断地急剧增长，只有依靠程序公正，权力才只可能变得让人能忍受。"[②] 为规范行政措施的规定活动，确保规定出科学合理的行政措施，行政机关势必需要使其经过正当程序的检验。正当程序的运用，将能够在源头上规范行政措施的规定行为，贯彻预防为主的事先规制原则，确保不会出台违反治理规律的措施。在规定行政措施时，行政机关根据措施性质的种类，在步骤、顺序及方式上作出相应的安排，实现规定行政措施法治化的规范表达。行政措施类型很多散见于各项规范性文件中，应对的是方方面面的事项，行政管理对象不同决定了行政措施的不同，行政措施的差异决定了具体规定程序也需"对症下药"。需要明确，当前党政机构合署办公的改革举措，确实能够进一步加强党的权威，但党政机关通过联合会议发布的措施不属于行政措施，行政措施仍属于行政权的范畴。以行政措施的应急型、限制型和发展型特征为出发点，从源头上分别规定相应的程序。

就应急型行政措施而言，出于行政效能的需要，规定行政措施需要短时间内作出回应，行政措施的承载媒介涵盖了各个层级的行政立法行为和非行政立法行为，但行政效率与公民权益之间还需达到平衡。紧急状态下行政机

---

① 参见：《天津市房地产管理局行政措施和行政处罚程序的规定》（津房法〔2003〕39号）。
② 韦德. 行政法［M］. 徐炳，等译，北京：中国大百科全书出版社，1997：94.

关规定行政措施，是风险社会的常态。当然，在紧急情况结束后，理应将涉及行政措施的文件提交政府法制机构进行审查，用以评估其合理性，为后续的措施清理和行政管理积累经验。同时，规定行政措施的行为还需纳入政府绩效考核指标，督促行政机关提高质量。

就限制型行政措施而言，基于此类措施涉及公民权利的限制，其公共利益的正当性需要同样不能成为行政机关规避监督的托词。根据法律保留原则，对于限制性强、对公众影响大的行政措施，除伴随行政法规、规章及行政规范性文件中的制定程序，并对其合法性进行审查外，还需要通过特定程序增强措施的合理性。涉及限制公民权利的相关行为，在行政措施正式出台前需经历事项设定、草案准备及公众参与讨论等环节，并充分吸纳公民合理的意见，奠定更为坚实的民意基础。当然，程序法定旨在决定规定程序的形式问题；为确保行政措施的合理性，还需要规定程序符合正当目的，即规定行政措施的正当程序。这也是《法治政府建设实施纲要（2021—2025年）》所提出的要求。

就发展型行政措施而言，由于其并不像限制型、应急型措施那么急迫，那么可以考虑通过专家论证、风险评估的方式增强行政措施的科学性。面对涉及公民切身利益的行政措施，行政机关应组织专家论证会和进行风险评估，对行政措施的具体方式、时间、地点等主要内容作出科学评估。同时，地方的行政措施还需要与国家的国民经济发展计划相适应，契合中央与地方关系下的政治逻辑与治理逻辑。

二、行政措施实施过程的控制

在行政措施发挥作用的时候，需要对其实施效果进行控制。行政措施实施过程随意性及裁量权过大，是值得作出规制的。而改良的方式，无疑需要运用比例原则。比例原则的引入，对于行政措施实施过程中裁量权过大的问题具有良好的规制效果。行政机关采取何种行政措施，不仅取决于维护公共安全这一目的的实现，还受比例原则即保护公众权利和自由这一要求的限制[1]。比例原则作为约束行政权力的最有效原则，在行政法中所扮演的角色，可比拟诚信原则在民法中所居的帝王条款的地位。所以，学界将比例原则称为行政法中的帝王条款当不为过。

---

[1] 叶必丰. 大型公共活动中政府维护公共安全职责的履行[J]. 上海交通大学学报（哲学社会科学版），2008（2）：5-12.

在现行立法中，实际亦能发现比例原则的踪迹。根据《中华人民共和国突发事件应对法》第十一条规定所确立的比例原则，相关行政主体在应对突发事件所采取的措施应该和突发事件可能造成的社会危害程度及范围相匹配；有多种措施可供选择时，应选择能够最大程度保障公民、法人和其他组织利益的措施，需要在维护社会秩序与保障公民权益之间形成平衡。在涉及实施已有的行政措施时，行政主体的裁量权过大，但不能漫无边际。试举一例，在涉及举办重大会议时，行政机关实施相应的限行措施当属必要。但是，实行此类措施是否可能通过合理优化路段等方式，以对车辆使用权限制更小的方式去作出应对，在必要性、适当性和损害最小方面达至平衡？行政措施实施过程，也是行政机关的程序运用过程，也能够见到比例原则的适用。例如《湖南省行政程序规定》（2008）规定，"行政机关行使裁量权应当符合立法目的和原则，采取的措施应当必要、适当；行政机关实施行政管理可以采用多种措施实现行政目的，应当选择有利于最大限度地保护公民、法人或者其他组织权益的措施"。这凸显了比例原则所蕴含的法益相称性格局。

三、行政措施监督机制的优化

这里的监督，可从内外两方面加以诠释。

（一）内部监督机制的优化

在内部监督方面，需增强对行政措施的决策监督与内部控制。先前，对法律、行政法规、规章存在备案审查制度，行政措施镶嵌在此类文本中，故能够审视行政措施的合法性，但此种制度更多体现的是形式法治范畴，考虑到行政措施规定过程中存在的多元利益、自由裁量及社会公共性等要素，单纯审视其形式合法性可能无法满足现实需要。随着形式法治向实质法治的变迁，形式合法并非合法性的唯一内涵。行政机关不应局限于形式合法，而需要乘势而上，积极谋求实质合法化的实现。这需要专业型法制机构的内部控制机制，以实现行政措施的实质法治化。规定行政措施，涉及多元利益衡量，实质属于行政决策的范畴，即行政机关能够在一定范围内决定措施的内容与种类。行政决策的合法性，而非仅仅是合法律性，应当是立法应对的最终目标和根本追求[1]。行政决策是内含科学机制与先进技术的决定输出过程，此过程首先需要行政机关在行政目的指引下实现自我规制与养成。为实现行政目的，需要政府法制机构把关，对即将规定和实行的行政措施进行备案审查，

---

[1] 韩春晖.行政决策的多元困局及其立法应对[J].政法论坛，2016（3）：120.

实现系统内部的科学决策。此种科学决策，主要具备形式合法与实质合法两个要素。法制机构围绕行政措施的合法问题，确保行政措施不会和法律、法规及规章相抵触。法制机构围绕行政措施的实质合法问题，全面衡量此项措施所涉及的各种"利"与"害"的关系。而衡量的手段，便是运用"成本—效益"分析法，考察某项措施的行政成本、社会成本以及预期获得的社会效果。此外，赋予法制机构综合作出审查意见的效力，供政府机关决策时参考。

（二）内部监督机制的优化

在外部监督方面，主要运用司法审查机制。在将行政措施界定为抽象行政行为后，从司法上似乎并不能对其作出规制。其实不然，2014年《中华人民共和国行政诉讼法》修改时，在第五十三条新增了公民在提起行政诉讼时，可以一并请求对规章以下的行政规范性文件作出审查的条款。行政规范性文件是行政措施的承载对象之一，法院审查规范性文件当然就是审查其中的内容。此时，行政措施就被纳入了行政诉讼司法审查的视野。目前行政规范性文件的审查权及审查规则已逐步明确，法院在裁判文书的裁判理由部分可以说明审查的过程、结果和理由[①]。涉及司法审查的技术，需要构建司法审查的标准。具体的标准，首先体现在合法性上，行政措施的种类不能突破法律保留的边界，内容不能随意克减公民的权利、增设义务。在职权上，从纵横两方面考察是否抵触了上级行政机关的职权。在合目的上，行政措施是否能够有效实现行政目的。至于法律、行政法规和规章所规定的行政措施，更侧重于行政立法程序及内部备案审查方面的完善。

本章小结

在社会转型期，行政措施作为一类行政管理实践常用的手段，承载着落实国家政策和法律规范的功用。行政措施的应急型、限制型和发展型特性，决定了其在助益行政机关提高行政效能同时，也可能会面临程序随意、裁量权失范、监督机制欠缺等问题。行政措施作为具体的行政管理手段，是法律、行政法规、规章及行政规范性文件等媒介承载的内容，适时满足了国家和地方治理的实际需要。行政措施体现出的是单方行政行为特质，与规定事项繁多的法律、行政法规、规章及行政规范性文件有所不同，二者是具体与原则

---

① 黄学贤. 行政规范性文件司法审查的规则嬗变及其完善［J］. 苏州大学学报（哲学社会科学版），2017（2）：73.

的关系。行政措施既会依托于法律、行政法规、规章等立法性抽象行政行为，也会出现于行政规范性文件这一非立法性抽象行政行为之中。同时，基于非立法性和适用对象不特定的双重特点，行政措施与行政规范性文件在行政行为谱系内同属于抽象行政行为，而从静态和动态上又能发现两者在具体形态上的分野。因此，在语义用法上，需将行政措施和宽泛意义上的行政行为加以区分，在性质上需从"规定"和"采取"两个阶段对行政措施加以理解。应该指出，完备的法律、法规、规章及行政规范性文件，离不开内部存在合理可行的行政措施，二者存在双向互动关系。需理顺行政措施的含义，辩证认识其本质所在，并通过合理的规制策略，使之在法律规范和实践理性的框架下发挥积极作用。

第六章　行政处罚语境下的强制撤销学位点

近年来，高等教育领域的学位授权点（以下简称"学位点"）撤销现象引发社会热议。如2016年国内有两所重点高校的法学博士点被撤销且五年内不得重新申请。[①] 与因抽评不合格而撤销学位点相关的新闻报道亦屡见不鲜。所谓撤销学位点，就是经学位主管部门这一行政机关处理决定，学位授予单位在一段时期内失去授予某个特定学位的权限。根据《中华人民共和国学位条例》第十八条中"国务院撤销学位授予资格"的规定，学位主管部门对学位质量保障的监督职责得到明示。2021年3月发布的《中华人民共和国学位法草案（征求意见稿）》第三十一条规定，学位主管部门对已经批准的学位点进行质量评估，可以视情节作出撤销相应学位授予权的处理。对于该法律条款的原则性规定，不免疑惑的是，撤销学位点的本质属性何在？撤销学位点该遵循何种法律准则？对此类问题的阐述既涉及学位点制度的规范建构，也牵涉高等教育法治化改革的前景。笔者发现，撤销学位点机制实际上存在着强制与非强制的类型之分。二者的区别在于，非强制表明学位授予单位具有学术自主的空间，而强制撤销意味着学位主管部门剥夺了当事单位的重要权能，其中显现的行政权色彩比较鲜明。故而，本研究将视角聚焦于学位点撤销机制中的强制类型，分析该类别的法律属性与现实状况，继而为其有序适用提出建议。

第一节　强制撤销在学位点制度中的功能定位

一、从设立、行使到撤销：学位点制度的下游阶段亟待考察

学位源自对知识输出机构生产效益的权威确认，学位点是构筑此种权威性"信用"的组织载体。经学位主管部门认可，高校及科研机构有权对满足

[①] 金泽刚. 为被撤销博士点的同济法学院一辩 [N]. 新京报，2016-03-29（A04）.

学术要求或专业水准的人员授予博士、硕士学位的学科基地，就是学位点。当然，高等教育领域中本科阶段的学士学位也是学位点所授予的，但由于学士学位属于基础教育，不纳入国务院学位委员会、教育部所印发的《学位授权点合格评估办法》讨论的范畴，因而，这里讨论的学位点一般包括博士学位、硕士学位、博士专业学位、硕士专业学位以及工程硕士专业学位授权类别下的授权工程等五个类型。学位点建设是一个持续性过程，不仅取决于准入机制的完备，而且仰赖于运作机制的合理，并决定于退出机制的善后。具体而言，学位点建设阶段可分为授权审核阶段（上游）、授予权行使阶段（中游）、权限调整阶段（下游）。上游阶段发挥入口把关的作用，行使阶段发挥过程管理的功能，调整阶段发挥动态优化或强制退出的效用。这些阶段缺一不可，三位一体构建了完整的制度体系。其中，权限调整阶段主要包含学位点撤销机制。当前学术研究中，理论与实务界往往将目光聚焦于授权审核阶段和授予权行使阶段。例如，有不少学者专门梳理学位授权审核制度的发展历史。面对运作过程，有不少论著围绕高校学位授予行为的规范实施展开分析①。其中，又以因学位撤销引起的法律讨论最为热烈。鉴于学位点授权审核与授予权行使的基石地位，理论研究聚焦于此亦实属必要。不过，反观下游环节，仅有少数学者专门分析了学位点撤销议题②。可以说，这一后端环节欠缺系统的理论探析。

如果说授权审核属于学位点制度的逻辑起点，而授予权行使是学位点制度的必然结果，那么撤销机制便是学位点制度的改进方策。撤销学位点作为调整机制，属于授权审核及过程运行的自然延伸。倘若某一个学位点面临被撤销，对学生而言关系到其所受教育质量及职业发展；就学位授予单位而言，关涉本部门的高等教育发展规划、教师研究计划以及综合实力的外在评估；就宏观的教育领域而言，撤销制度反映出学位点制度的法治化、学术化及规范化程度；等等。一言以蔽之，撤销学位点的举措影响面甚大，其中蕴藏着意义深远的现实功用。面对实践价值重大与理论研究冷淡之间的断裂，亟须作出学理上的考察。

二、强制撤销是学位点制度中的重要一环

为明确强制撤销在学位点撤销机制中所处的方位，不妨先梳理相关的规

---

① 黄厚明. 高校学位授予案件司法审查进路研究：基于两种法律性质定位的考察 [J]. 高教探索，2017（6）：24-28.
② 杨杰. 撤销学位授权点的法治化路径探析 [J]. 学位与研究生教育，2019（8）：8.

范性文件，进而对此作出类型划分。首先，根据2015年《博士、硕士学位授权学科和专业学位授权类别动态调整办法》（以下简称《动态调整办法》）的规定，我国设计了一种称为"学位授予单位自主调整"的措施，即学位授予单位主动撤销并可以自行增列学位点，自主调整的学位点是否撤销则由学位主管部门最终决定。此种机制属于学位授予单位依申请撤销的范畴，主动放弃权掌握在学位授权单位手中。其次，依照《学位授权点合格评估办法》的规定，学位主管部门自上而下组织学位点质量评估，针对被评为不合格或者未开展自我评估按不合格认定这两种情形，都会作出强制撤销学位点的处理。并且，对于学位授予单位自我评估结果为"不合格"的学位点，一般是要先完成整改再进行复核，复评结果依然达不到"合格"的，国务院学位委员会将予以撤销。此种撤销形态属于学位主管部门的强行取消行为，学位授权单位往往只能被动接受。另外，假设某个学位授予单位自始不符合授予学位的条件，因在申请学位点时弄虚作假、虚报材料并通过审核的，国务院学位委员会亦应当强制撤销。概言之，撤销学位点机制主要可划分为学位授予单位申请撤销、学位主管部门强制撤销、学位主管部门撤销自始违法学位点三类。

　　强制撤销学位点，属于学位点制度乃至撤销机制中的重要一环。强制撤销学位点，是基于学位点合格评估制度上的，前提条件是学位点经评估被评定为不合格。按照《学位授权点合格评估办法》的规则，一般存在两种合格评估的办法：一是针对获得授权满六年的学位点，每六年须进行周期性的合格评估；二是新增学位点得到授权满三年后，应接受专项合格评估。易言之，原先的学位点需要参与常态的合格评估，新授予的学位点需要先参加专项合格评估。学位点的合格性研判机制在本质上是一个延续性闭环，评估结果直接影响评估对象建设[1]。在此种评估制度引导下，学位授予单位主动申请撤销、学位主管部门强制撤销这两类都发挥着二元协同的效果。例如2020年学位点评估结果显示，有6个学位点因不合格而被强制撤销[2]。值得一提的是，目前的学位点撤销实例中以主动申请为主，即更多是高校或科研机构结合自身学科定位主动选择申请撤销，体现了学位主管部门尊重学术自主权的特点，而强制撤销这种"外部干预"方式侧重于发挥补充作用。

---

　　[1] 陈燕，张瑾. 合格评估和水平评估服务于高校学位点建设协同治理研究 [J]. 学位与研究生教育，2021（3）：46.
　　[2] 参见：国务院学位委员会 教育部《关于下达2020年学位授权点专项合格评估处理意见的通知》（学位〔2021〕2号）

三、强制撤销学位点的功能性考量

(一) 实现对学位与高等教育质量的动态调控

之所以实施强制撤销学位点的措施,原因之一是实现对学位与高等教育质量的动态调控。高等教育的人才培养质量,可谓强制撤销的基本依据。近三十多年来,高等教育领域的学位点建设经历了急剧扩张阶段,使得当前我国是世界上年产博士数量最多的国家之一。诚然,多数学位点发展顺应了时代需求并取得了较好成绩,但部分学位点的固化现象也比较明显,在培养拔尖创新人才、学术研究、理论创新等方面存在明显短板,尤其是无法满足经济社会发展的需要。学位点作为高等教育质量的支撑性平台,既是科研与教学的重要抓手,也是服务社会的依托平台,学位授予能力不足则是产生学术不端、教育腐败的一大缘由。在教育质量保障体系建设之初,且第三方质量评估机制尚不成熟的情况下,学位质量理应受到学位主管部门的动态监管。因而,强制撤销学位点在确保学位教育质量方面发挥着紧要作用,是高等教育质量动态控制语境下的战略举措。

(二) 优化学科布局结构的必然要求

学位点与学科建设密切关联,学位点是高水平学科的应然体现。学位点作为高校及科研机构中内设学科发展的关键性因素,是学科发展的动力来源,且是衡量高校学科竞争力的重要标准。但是,受先前学位点申报竞争白热化的负面影响,部分高校只热衷于申报而忽视学科建设本身,导致学位点出现布局失衡的现象。与此同时,部分学位点滞后于时代发展需求,尤其在互联网信息时代,大数据、人工智能、智慧城市等新型技术发展迅猛,某些高校盲目申报软件工程、计算机技术等"囤积"的学位点已经与市场需求脱节。学位点建设的失范,致使高校及科研机构的学科专业与办学定位不相匹配,耗费了不必要的学科资源投入。当前"双一流"建设的首要原则是集中有限的资源打造学科之间的比较优势,有所不为才能有所为①。从"结构-功能"的视角来看,学位点增撤的合理与否直接影响着学科布局结构的形态及其功能发挥,即撤销与建设实为"一体两面"的关系。因此,学位主管部门应该对特色不明、需求有限、前景模糊的学位点作"减法改革",督促学位授予单位集中资源建设其他优势学科。强制撤销机制是不断优化学科生态系统及效

---

① 周光礼. "双一流"建设中的学术突破:论大学学科、专业、课程一体化建设[J]. 教育研究, 2016 (5): 72.

益质量的内在要义，契合了双一流学科建设的发展目标，继而持续推动高等教育发展。

第二节 强制撤销学位点的法律性质

明确了强制撤销学位点的基本概貌之后，有必要从法治视角厘清该行为的本质属性。若法律属性不同，相应的制度建构路径便有所差异。法律属性之界定既是准确适用学位点强制撤销机制的必要步骤，也关系到后续对此予以规范的先决问题。

一、学位点授权审核主要源自行政许可

（一）学位点授权审核的性质

为探析强制撤销学位点的法律属性，可将视角回溯至上游阶段，先对学位点授权审核的性质加以明确。高校及科研机构在授予学位之前，应当获得国家的资格认可，此为学位点授权审核制度的缘起。学位点授权审核首先是一种行政行为。行政行为乃行政主体与私人之间的法律关系形成或消灭的法行为，是对特定公民、法人或其他组织作出的涉及其权利义务的行为。大体而言，行政行为的成立要件可归纳为存在行政权、实际运用行政权、法律效果的存在以及意思表示于外部这四个要件。判定一项行为是否存在具体行政行为属性，关键要看实施主体的性质与权限。显然，国务院学位委员会授权审核行为属于行政权的具体行使。有不少学者主张，国务院学位委员会对学位授予单位作出的暂停、撤销学位授予资格等行为都是一种行政行为。[1] 不难看出，学位点的审核授权是作为学位主管部门实施的行政管理职权而存在的，将此纳入行政行为的范围较为适宜。

（二）学位点授权审核的许可属性

学位点授权审核在行政行为中的谱系颇值得深究。当前，针对学位授权审查的法律属性，学界主要有"行政授权说""行政许可说""行政许可说+行政授权说"三种不同的界定[2]。"行政授权说"的核心主张是将高校及科研机构的学位授予权认定为一种经授权而获取的行政职权，此种权力属于国家

---

[1] 马怀德. 学位法研究：《学位条例》修订建议及理由 [M]. 北京：中国法制出版社，2014：106.

[2] 李煜兴. 许可与授权：论学位授权审核法律性质的双重性 [J]. 南京师大学报（社会科学版），2019（3）：87.

学位管理权的有机构成。"行政许可说"提出，学位点授权审核是学位主管部门根据高校及科研机构的教学研究水平、区域教育需求等因素，作出的是否准许实施学位授予权的行政过程，实质上是一种经审查允许从事特定活动的许可行为。"行政许可说+行政授权说"权衡了前述两种学说的利弊之后，认为该制度既不是纯粹的行政许可，也不完全是行政授权，根据授权前的资格审核与审核后高校及科研机构获得的法律资格，其兼有行政许可与行政授权的二元性质。笔者以为，"行政许可说"的理论主张已逐步成为主导性观点。从授权审核的方式来看，我国实施的是独立学位管理制度，高校及科研机构不当然拥有针对所有学科领域的学位点，国家仅准许符合条件的单位获得学位授予权的资格。其中的授权模式比较简明，一般是符合条件的单位先向主管部门申请，主管部门按照程序进行核查与评议，最后国务院学位委员会经审核认为条件达标就予以批准。化繁为简，申请学位授予的单位与学位主管部门之间形成了"申请—准许"的行政许可法律关系，其中蕴含着行政许可的授益性特质。

并且，行政许可属性已在我国的学位类规范性文件中得以体现。2017年国务院学位委员会颁布了《博士硕士学位授权审核办法》，为学位点授权审核与动态调整确立了规则，淡化了以内部审批为标准的授权方式。该办法出台的立法依据是《中华人民共和国行政许可法》《中华人民共和国学位条例》等法律规范。由是可知，学位点的授权审核正是学位主管部门依据法定职权，允许高校及科研机构可以授予学位的行政许可行为。高校及科研机构申请学位点的类型、条件及程序等都遵循了行政许可的属性，学位点的获得便是行政机关允许其从事学位授予活动的授益行为。有必要提及的是，2018年4月国务院学位委员会下发《关于高等学校开展学位授权自主审核工作的意见》，要求稳步推进学位点自主审核。尽管该意见表明了学位点授权审核的松动，但目前我国学位点授权审核依然以行政许可为主。

二、强制撤销学位点的性质辨析

立足于学位点授权审核的行政许可属性，接下来有必要解析强制撤销行政许可的性质，此为继续剖析法律属性的核心要点。根据《中华人民共和国行政许可法》第六十九条的规定，行政机关依据职权可以撤销行政许可。对行政许可的撤销行为，属于行政上的撤销行为，是行政机关基于瑕疵等事由将先前有效的行政行为予以废止或否定。提及撤销行政许可的法律属性，学界通常认为有两类：一类属于行政处罚性质；另一类是对瑕疵具体行政行为的纠错措施①。之所以会出现两种属性，主要是因为我国立法例作出了不同的规范设定。从实定法上看，关于行政许可撤销的情形主要规定在《中华人民共和国行政许可法》的监督检查章节，而根据第六十一条有关纠正违法行为的目的性规定，结合第六十九条对于依职权撤销行政许可的规定，不难发现立法已将行政许可撤销的法定事由区分为可归责于行政机关的原因、可归责于被许可人的原因这两类。经由上述法律条款的目的解释与体系解释，撤销行政许可已然包含纠正自始违法行为的迹象，似乎表明应属于一种纠错机制。

从学理上而言，行政法上的撤销其实有两种形式：一是行为之撤销，即行政机关撤销自身作出的行政行为；二是资格或者权益之撤销，即行政机关撤销其赋予相对人的某种资格或者权益。就法律属性来看，前一种行为属于行政纠错行为，后一种行为属于行政处罚行为。其中不难发现两种属性的核心区别：行政纠错主要是行政机关溯及既往地纠正有瑕疵的行政行为，目的是终结违法行为的失范状态；而行政处罚行为针对的是资格或资质的剥夺，从而达到制裁或惩戒的法律目的。二者的侧重点明显不同，前者面向行政行为的先前及当下纠正，后者面向行政相对人资格或权益的未来停止。回到撤销行政许可这一事项，作出该行为的起因既可能是行政相对人违法，也可能是行政机关本身行为违法，抑或是行政机关与行政相对人双方同时违法。如《中华人民共和国行政许可法》的法律责任章节，便提及了行政机关违法实施行政许可与相对人提供虚假材料申请行政许可等多种情形。考察《中华人民共和国行政许可法》第六十九条关于撤销行政许可的规定可知，撤销行为针对的是自始违法的行为，故法律效力溯及既往。行政机关拥有许可"撤销权"，是对许可申请的审查、决定及事后作出全方位的合法性监督②。因而，将撤销行政许可界定为行政纠错行为更为妥当，这意味着，在法律效果上行政相对人的行为在撤销前因行政许可行为所产生的权利义务关系自始无效。

那么，强制撤销学位点是属于行政处罚还是行政纠错呢？具体而言，学位主管部门强行撤销学位点，是直接处分学位授予单位的资格而非行政行为的瑕疵。即使撤销了学位点，学位授予单位先前及当下的学位授予行为依然是有效的，学位点在先前发挥的功能并不失效，也即其法律效力不溯及既往。然而，行政纠错作为行政机关对具有瑕疵的许可行为效力的一种消灭措施，很难涵盖至强制撤销学位点的范围。并且，按照现行的学位点制度设计，学

---

① 李孝猛. 行政许可撤销行为的法律属性 [J]. 华东政法学院学报, 2005 (3): 43.
② 胡建淼. 行政法学 [M]. 北京: 法律出版社, 2015: 299.

位点被强制撤销后五年内不得重新申请。这表明该学位授权单位在较长时间内无法继续招生,其中的惩罚意味比较浓厚。职是之故,强制撤销学位点更适宜界定为学位主管部门作出的行政处罚行为。教育部有关人士就曾表示,撤销学位点源于高校改革"以质量为核心"的理念,其中的处罚力度比较大①。这一论断便可以印证强制撤销具有剥夺权利的行政处罚属性。与此同时,学位主管部门强制撤销学位点的措施,亦契合行政处罚的惩戒性目的。《中华人民共和国行政处罚法》第二条明确了行政处罚的概念,表明行政处罚既有制止与惩戒违法行为的目标,也有预防和克减违法行为的功能。就不合格的学位点进行强制撤销,既能够对学位授予单位不合格的学位点予以制止,也可以对其他质量可能不达标的学位点加以警示。

三、撤销抑或吊销:强制撤销学位点近似于吊销许可证

(一)撤销与吊销之辩

行为法定是行政处罚法的基本原则,强制撤销学位点理应归入行政处罚的法定种类之中。目前《中华人民共和国行政处罚法》第九条规定了六类处罚种类,通观这些类型可知,强制撤销学位点只可能划入"吊销许可证"和兜底性的"法律、行政法规规定的其他行政处罚"这两类。首先来看,强制撤销学位点不属于"法律、行政法规规定的其他行政处罚"。在教育类的行政处罚种类中,《中华人民共和国教育法》《中华人民共和国学位条例》等尚未设定一种可称为撤销学位点的行政处罚类型,因此强制撤销学位点很难被这个兜底性的处罚条款所涵盖。不禁设问,强制撤销学位点属于吊销许可证的范畴吗?对此,需要廓清"撤销"与"吊销"的关系。无论是《中华人民共和国学位条例》还是《学位授权点合格评估办法》,相关条款都明确使用"撤销"二字。而《中华人民共和国行政处罚法》中的"吊销"概念指的是收回许可证并注销,对许可证持有人来说,吊销类的行政处罚行为显然是一种侵害性的负担行政行为。多数情况下,"吊销许可证"适用的情形是行政相对人有严重的违法行为,禁止违法者继续从事某种活动。撤销与吊销许可证都是依职权行为,但二者的目的和法律后果有明显差别②。申言之,"撤销许可证"与"吊销许可证"追求的法益并不相同,前者是撤销初始违法的许可,后者是许可证有效之后因违法行为而废止。

---

① 谌超. 撤销学位点戳痛了谁?[N]. 北京日报, 2016-06-15 (019).
② 王太高. 行政许可撤销制度研究:以企业工商登记为例[J]. 法治研究, 2012 (1): 56.

需强调的是，因"撤销"这个概念的含义过于广泛，行政管理实践中的撤销、吊销、注销、撤回等概念有时使用得并不严谨①。也就是说，一定情形下撤销与吊销之间的区别可能不大。实际上，"撤销"概念的泛化使用情况已见诸相关的法律规范。如《中华人民共和国商标法》第四十九条中的"撤销"一词，便是对成立之时没有瑕疵的商标许可行为作出的废止或吊销，与《中华人民共和国行政许可法》使用的"撤销"概念完全不同②。针对此类概念使用的随意性，叶必丰教授认为，《中华人民共和国注册会计师法》第三十九条第一款所规定的"撤销"既不是因成立时具有瑕疵，也不是一种行政行为的废止，而是作为一种行政处罚形式。当撤销作为行政处罚时，实际上类似于行政行为的注销或吊销③。所以，对"撤销"与"吊销"等法律概念的区分，不宜仅从形式上予以辨析。"撤销"一词并非《中华人民共和国行政许可法》的专属，其他法律规范上的概念使用习惯又不免影响了学位点制度中的术语表达。

（二）撤销学位点定性为吊销学位授权许可证的理由

考虑到行政行为的效力，将"撤销学位点"理解为"吊销学位授权许可证"并无不当。理由是，二者在行政行为的效力存续上是一致的，都是不否定先前行为的效力。其实，"吊销"可以理解为禁止不符合法律规定的组织或人员继续从事某种活动。谈及强制撤销学位点，学位授予单位往往不存在违法行为而只是自身资质不达标。不妨将许可类事项中的"违法"界定为"不合法"，即学位授予单位的资质不符合学位管理法律制度时，至少在形式上可以理解不符合学位制度方面的法律规定。应当看到，"吊销许可证"往往要求被许可人员立即停止相关活动，强制撤销学位点则禁止后续再招收研究生并授予学位，而不会追回之前合法授予的学位，且对原先招收但尚未取得学位的研究生依然按原渠道进行培养。如此安排主要是考虑到受教育人员的合法权利，并且，行政行为是一个前后衔接的行使过程，学位授予单位招生之后就预示随后的学位授予行为。基于行政法上的信赖保护原则，撤销行为之前存续的行政法律关系不必然消除。据此，不妨将强制撤销学位点理解为一种

---

① 徐晓明. 行政许可撤销制度研究［J］. 行政法学研究，2008（4）：61.

② 《中华人民共和国商标法》第四十九条规定："商标注册人在使用注册商标的过程中，自行改变注册商标……由商标局撤销其注册商标。"

③ 《中华人民共和国注册会计师法》第三十九条第一款规定："会计师事务所违反本法第二十条、第二十一条规定的，……情节严重的，并可以由省级以上人民政府财政部门暂停其经营业务或者予以撤销。"具体论述可参见：叶必丰. 行政行为的效力研究［M］. 北京：中国人民大学出版社，2002：181.

近似于"吊销许可证"的行政处罚行为。从理论上证成二者等同的用意，不仅是基于学理与规范上的逻辑演绎，而且旨在将这类事项引发的纠纷纳入行政处罚制度框架内，以畅通学位授予单位的权利救济渠道。

第三节 行政处罚视角下强制撤销学位点的实践状况

根据当前强制撤销学位点的应然要求，结合行政处罚的个性化特性，应深入考察该机制的现实图景。可以发现，该项行政处罚行为出现了以下不足。

一、裁量基准模糊致使处罚权过大

行政处罚作为职权性行为，难免存在自由裁量的空间。强制撤销学位点亦概莫能外。此种处罚裁量权的存续，是为了增强学位主管部门的自主性与灵活性，其能够在一定的幅度内行事，综合考量学位授予单位的现状、学位点建设情况等多项因素，正确、适度地行使撤销或不撤销的选择性权限。不过，裁量权并非不受限制，而应当遵循合法、合理、公正等基本的法治原则。尽管裁量意味着行政机关能够作出一定的判断选择，但这种选择并非完全"自由"的，否则将构成裁量权之滥用[①]。所谓裁量基准，就是行政机关在法定的裁量幅度内，对行政相对人是否作出处罚、作出何种处罚及具体适用情形的细化或量化标准，能够将执法人员对个案的裁量转化为可预期的规则。此种裁量基准基于情节细化与效果优化的制定技术，实质就是一种处罚权选择判断的标准化方式，以避免行政职权的随意性、任意性，以及"同案异罚"的发生，充分实现平等对待与个案正义相调和的功能。例如，在交通执法等多个领域已经采用裁量基准的方式，可适时限缩执法者的裁量空间。2015年，浙江省通过《浙江省行政处罚裁量基准办法》，率先在本省范围内规范行政处罚裁量权。2017年，北京市环境保护局印发《北京市环境保护局行政处罚自由裁量基准（2017版）》，旨在进一步规范环境行政处罚自由裁量权。概括来说，行政处罚裁量基准至少存在实施方案、实施办法、执行标准等几种形式[②]。这类裁量基准为行政机关设定了比较明确的操作性标准，是切实可行的约束规则及行政自制手段。故而，为规范强制撤销学位点的裁量权，相应地

[①] 周佑勇. 裁量基准个别情况考量的司法审查[J]. 安徽大学学报（哲学社会科学版），2019（5）：102.

[②] 朱新力，罗利丹. 裁量基准本土化的认识与策略：以行政处罚裁量基准为例[J]. 法学论坛，2015（6）：15.

需要受到裁量基准的拘束。

就强制撤销学位点而言，同样需要经由裁量基准达成行政权规范行使的目标。该领域裁量基准的建章立制，可通过实体性标准予以实现。然而，综观强制撤销学位点发现，实体性的裁量基准尚不够完善。实体性的撤销标准是确定学位点合格与否的核心要素，过于原则的规定不利于发挥作用。作为剥夺重要职权的撤销行为，理应设定周详的评估标准，否则难免产生权力恣意的弊端。学位点合格评估作为强制撤销的前提，实际发挥着关键性的前提作用。检视《学位授权点合格评估办法》发现，当前只能在第十一条发现一个宽泛的参评专家意见占比规定，其他具体的评价标准尚付之阙如。如此概括规定难以指导实践，甚至不排除引发"专家垄断"或"专家走过场"的两类极端情形。同时，该评估办法中的聘请"外单位同行专家"进行评估这一条文的规定也过于概括。"外单位"专家的学科背景构成、公正性与回避制度，很大程度上影响着被评估学位点的命运。例如，2020年4月国务院学位委员会发布的《关于开展2020年学位授权点专项评估工作的通知》规定，专项评估的内容主要是师资队伍、质量保证，其他具体评估指标由学科评议组和研究生教育指导委员会结合人才培养特点分别制定。很多学位点之所以被强制撤销是因为"表现欠佳"。但何谓"表现欠佳"，却交给了学位主管部门与学科评议组来定。根据评估规定，被评为"不合格"的学位点将面临强制撤销的后果。"合格"与否的具体标准，便值得慎重对待。此种欠缺明确具体的标准，难免有造成学科评估组裁量权过大之虞。

二、程序不规范引发公正性质疑

作为行政处罚的强制撤销学位不是静止的东西，而是一套行为规则或活动程序的动态运行。任何限制或剥夺他人权利的行政措施，都应当经受正当程序的检验。正当法律程序源自英国法上的自然正义原则，包含两项最基本的规则：任何人不得做自己的法官；任何人在受到不利处分前，应为其提供公正的听证或其他听取其意见的机会。在不少欧美国家，学位点的撤销包括同行评议、民众听证、理由说明等前后衔接的缜密程序。在行政处罚程序中，同样遵照一系列的流程和步骤。

学位点合格评估及强制撤销过程中，应该从程序方面保障学位授予单位的权利。强制撤销学位点干系重大，涉及教师、在校学生、校友乃至家长等诸多主体的权益，理应遵循更为开放、谨慎的行政程序。不过，实践中的强制撤销程序没有得到很好的遵循，程序对权利的调整效益尚未获得很好的发挥。例如，同济大学法学院博士点被撤销时，该校只是被通知学位点不合格却未告知具体理由。该校这一博士点是新设立的学位点，新招收的博士生大多尚未毕业，无法对人才培养作出准确评价[①]。并且，学位点专项评估往往采取通信评议或会议评议的方式进行，该程序体现出鲜明的内部性。何种情形下有必要对学位点采取实地考察的程序，评估信息的动态披露以及学位管理部门是否需要召开听证会等，类似的程序机制都不明朗。对不利于学位授予单位的行为，关于进行说明理由、听取意见、回避等正当程序的具体规定不够完善。过于笼统的规定，不免使当事单位及社会民众对于程序规范性产生疑惑。值得一提的是，强制撤销作为一种处罚权，其行使程序应当遵循特定的流程、步骤，且与当事单位的学术自主权之程序相衔接或区分。

三、救济机制欠缺造成处罚与权益的失衡

权利救济机制是监督行政权运行的关键。遍观《中华人民共和国学位条例》《学位授权点合格评估办法》等规范性文件，发现强制撤销学位点的救济机制是一大空白点。不少高校在面对突如其来的评估结果及撤销决定后，无从了解对评估结果的申诉渠道。正所谓没有救济就谈不上权利，申诉辩解等救济机制的不足无法保障学位授予单位的合法权利。2019年4月国务院学位委员会印发的《关于开展学位授权点合格评估抽评工作的通知》在第五节"组织评议"中专门规定了异议处理的程序，可视为迈出了完善救济机制的关键一步。可是，该通知提及的审诉程序侧重于内部复核。

鉴于强制撤销的行政处罚属性，如何增强此类申诉程序的公正性并改良与之匹配的其他救济方式，依然值得详细论证。行政处罚兼具惩罚和教育的双重功能，通过处罚既应达到纠正违法行为的目的，起到教育违法者及其他公民自觉守法的作用。处罚与教育之间应当达到相应的平衡，此为权益救济的基本目的之要义。不过，目前的制度设计倾向于处罚属性，而忽略了学位授予单位的权益保障。

第四节 行政过程论下强制撤销学位点的规范适用

强制撤销学位点是一项政策性、学术性都很强的活动，此种行政处罚权

[①] 沙璐. 同济大学回应博士点被撤：尚未收到评估意见[EB/OL]. [2022-11-01]. http://www.bjnews.com.cn/news/2016/04/01/398913.html.

的运用应当充分考量行为惩戒与权益救济的有机平衡。因此，应加强行政法学理与学位点建设实践之间的融合，从事前、事中及事后等全过程着手，持续推动强制撤销学位点的规范化建设。

一、从行为惩戒到质量监督：强制撤销学位点法律目的之提倡

在行政处罚的所有特性中，惩戒性是比较明显的因素。所谓惩戒，是指针对违反行政法律规范的行为，行政机关对行为人享有的价值、利益或不利益作出的剥夺。此种行为是直接对相对人课予义务、限制权利的，具有法律制裁的属性[1]。此种惩戒的核心含义，是以违反行政上义务为由，给相对人施加不利的后果。尽管强制撤销学位点并不一定是为了惩戒，但无疑产生了此种效果。即使学位主管部门并未着意于进行惩戒，但实际上已经产生了此种效果。这是因为，行政处罚之惩戒性的功能之一便是预防相对人再行违法。而强制撤销所发挥的预防功能是防止学位点质量不合格，这很大程度上与此种惩戒功能相吻合。当学位点不符合学术与法律标准时，学位授予单位若继续行使其功能将与学位法律制度相悖。学位主管部门对此采取行政措施，实属取消授益性行政行为的制裁性撤回。

根据行政处罚的功能与目的，具体可划分为人身自由罚、财产罚、声誉罚、资格罚等类别。如行政拘留就是典型的自由罚，而禁止入市、吊销资格证则属于资格罚。进一步而言，强制撤销学位点就是一种资格罚，经由资格的剥夺而发挥了惩戒的作用。需要注意的是，行为惩戒会使当事单位的声誉受到损害，社会公众对于该校的办学质量会形成印象，实际上产生了类似于声誉罚的法律效果。学位授予单位受到的负面影响比较明显，原先基于良好声誉所可能获取的衍生利益受到减损。例如，单位已经谈好的合作计划可能无法进行，学位点毕业的学生在就业时不排除受到歧视。被撤销学位点的学生在求职时，不排除遭遇教育质量不高的质疑，继而加大了求职的难度。

但是需要看到，行为惩戒并非强制撤销的终极目的，而只能是手段，最终目的是进行质量监督。应当实现从行为惩戒到质量监督的迈进。因而，学位点强制撤销前的预警提示，也是不可或缺的。这些机制的确立，将是确保学位点质量的关键。对于新设立的学位点，应当给予两到三年的建设期，此期间完成目标任务之后再予以考核。学位点建设成效仍不显著的，再采取强制撤销措施。学位点撤销之前的专项评估，亦蕴含着学位点质量监管的目标。

---

[1] 王贵松. 论行政处罚的制裁性 [J]. 法商研究，2020（6）：18.

以质量为导向的学位点调整，是多数国家的普遍做法。教育部和学位主管部门发布了一系列政策文件，包括推进改革、定期评估、论文抽查等措施，皆指向研究生培养的质量。总之，强制撤销学位点之前应进行科学的分析和严密的论证，促使该举措向质量监督这一主要目标迈进。学位点强制撤销只是手段，核心目的是促使其得到良性发展。为此，学位点评判标准的重要依据之一是从人才培养角度等关键性指标出发，考量学位制度设计该怎样有助于实现质量改进，继而实现学位点质量监管与教育权益保障的法律价值。

二、基于行政过程的强制撤销学位点制度建构

强制撤销学位点是一个从评估、审议到撤销的动态演进过程。面对此种行为，可用发端于日本的行政过程论之研究范式来阐述。该理论主张行政活动的阶段性构成，认为其是由多个行政方式及法律关系连锁构成的[①]。申言之，对强制撤销学位点的研究不应局限于静止状态，而是依据发展规律进行阶段化梳理。此种行政过程论的目的，与动态监督学位点质量相互统合与衔接。2015年印发《博士、硕士学位授权学科和专业学位授权类别动态调整办法》之后，定期有计划地撤销学位点已成为高等教育监督环节的常态性安排。而该办法的核心目标，是对学位点实施"动态管理"。2020年新修订的《学位授权点合格评估办法》强化了过程评价和过程治理，特别是对培养制度及其执行的评价诊断，进一步完善了评估工作程序。学位点建设本身应当增强过程性管理，对于学科建设的观测、成效等具体方面都应当及时追踪，切实进行动态性的质量反馈。并且，行政过程论下行政处罚主体性规则的嵌入，将有助于规范强制撤销权的行使。此种行政过程论能够实现学位点质量的动态控制，实现行政处罚流程控制与规范建构的目标。故而，有必要遵循"规定—实施—救济"的制度逻辑，全过程地对此种行政处罚行为加以规范。

（一）实体性裁量基准规定的优化配置

此种裁量基准的设定是一种"规则化"的行政自制，由学位主管部门自身设定严格的规则。

1. 细化学位点评估指标。撤销学位点关涉学术标准问题，需要学术评价权作为先前支撑，这便是学位点评估机制的运用。鉴于学位点评估的适用条件、方法、强度都有情节考虑的空间，应当细化评估标准去规制裁量权的行使。学位评估专家在进行学位点考核时，会对此种权力行使范围等方面的抽

[①] 盐野宏. 行政法总论［M］. 杨建顺，译. 北京：北京大学出版社，2008：56-57.

象性规定进行具体化解释，其中主要的裁量权是如何判断学位点是不合格的。这就要求事先考虑到涉事单位不合格的具体情境，明确合格评估的指标体系，并由更高层级的机关尽快分析学术标准、高等教育政策等综合因素，设定出明确、具体及公开的裁量基准。学位点合格评估需严格遵循内部系统的控制规则，抑或制定一套可供操作的、具体化的考核评估手册。在各项标准中，应特别注重学术性标准，将人才培养质量、科学研究成果等作为撤销与否的重要依据。严格来说，这种评估基准应当以规范性文件的形式发布，使公众都能对此了解。例如，根据学位点的学术型与应用型属性，以及不同的学位点类型和专业实际，分门别类地制定出相应的评估规定。另外，学位点评估应该以绩效评价为抓手，将评估标准由注重数量型指标转变为注重效益型指标，如尝试用人均指标去替代科研总数、师资队伍等规模性指标。

2. 推动学位点评定准则的实质合理。应适时整理、分析强制撤销学位点的典型案例，为后续处置此类情形提供有益借鉴。学位点评估的专家构成，亦需要反复斟酌。学位点评估属于教育评估，而教育评估是一项严谨的活动。其中，除了学位点领域本身的专家之外，教育评估专家的参与显得尤为重要，这涉及专业的教育评估能力。而学位点本身领域的专家，其实他们的专业细分为一级学科之下的二级乃至三级领域。以法学学位点为例，法学学科分为行政法、民商法、经济法、诉讼法等二级学科，而学位评估组的专家仅仅是某个二级学科的专家，但是学位点评估却是从整体上的一级学科来进行的，因此，学位点领域的专家需要与教育评估领域专家相互协作，共同完成评估。为尽可能避免学位点评估中"专家垄断"的可能性，可试行跨地区抽选学位点评估专家，并从专家库中随机遴选一定比例的人员。学位点评估的适用，需考量学位授予单位的具体情形。针对常态的合格评估与专项合格评估，应分别设定不同的评价机制。面对新设立的学位点保留必要的弹性，建议修改三年后专项评估不合格就强制撤销的规定，而是采取从轻处理、行政约谈等相对温和的方式。毕竟，撤销学位点的目标不单是处罚，而且是发挥其警示与教育的功能。为此，可考虑给予一定的整改期限，将整改作为新设立学位点撤销的前置程序，于此处引入比例原则与行政宽容的理念。

(二) 实施程序的透明有序

在程序设计方面，首先，应当构建说明理由制度。行政行为说明理由制度是当代行政程序活动的必要环节，这要求学位主管部门向被强制撤销的单位说明法律依据、事实根据以及其他需要考虑的因素，及时向被撤销学位点的单位讲明撤销学位点的法律规范与事实依据。实施该项制度既可以促使学位授予单位认知强制撤销的背后缘由,也能够督促学位主管部门审慎行使职权,还可能预示其他学位点建设的改进方向。

其次,健全信息公开措施。学位点评估与撤销的信息公开制度应得到强化,这既是保障公民知情权的必要步骤,也是以信息公开消弭内部程序不透明的重要举措。尤其是社会各界对被撤销学位点有强烈质疑的情形下,更需要学位主管部门第一时间进行信息公开,回应他们的质询并全面释疑[1]。同时,学位点评估专家组成人员的信息公开机制,将有助于提升学位点评估与撤销的公信力。

再次,优化公众参与机制。在学位点评估时,除了设专门的学位点评估组织(学科评议组)外,可考虑适当聘请若干的督察员参与质量评估,增强公民参与的民主性,加大对学科评估组的适时监督。这些督察员可从独立的学术专家、民意代表、教育评估专家中选任。扩大公众参与是公民参与行政理论的应有之义,应参照行政处罚领域的听证程序,对学位点作出强制撤销决定时适时召开听证会、论证会,听取学生、校友、家长等利害关系人的利益诉求。听证会作为民主的表现形式,对高等教育领域的治理实践大有裨益。此过程中听证会的举行,应当摒弃走过场、轻实质的倾向。尽管学位点评估属于高度学术性的事务,但嵌入民主监督因子将规范行政机关的恣意行为,实现强制撤销学位点的多元社会共治。

(三) 救济机制的精准适用

强制撤销的处理决定与学位授予单位休戚相关,应该在事中、事后环节畅通权利救济途径。在事中,学位授予单位的申诉权必不可少。行政相对人申诉权是依法行政不可或缺的权利范畴,对于强化行政机关的义务具有积极功效[2]。学位授予单位或利害关系人享有申诉权,将改变学位主管部门单方行使处罚职权的局面。当学位授予单位有质疑时,可积极向学位主管部门反映情况,相关部门应当听取当事单位的辩解意见,由法制机构进行把关,适时作出合法性审查。在充分吸纳各方申辩意见的基础上,才能够作出最终处理决定。此外,针对那些的确需要强制撤销的学位点,合理构建分流、过渡及整合机制,为该学位点中的师生发展前景提供保障,如此方能有效构建无漏洞的权利救济体系。

在事后救济环节,有必要激发行政复议与行政诉讼的实效性。而今,学

---

[1] 胡乐乐. 论信息公开与中国学位授权点动态调整 [J]. 北京社会科学, 2017 (5): 27.
[2] 关保英. 行政相对人申辩权研究 [J]. 东方法学, 2015 (1): 27.

位主管部门告知撤销决定时，很多都不书面告知有这方面的权利救济方式。对此需要严格促使学位主管部门予以告知，将此种特殊行政处罚行为纳入行政监督与司法审查的范围。为了从源头上规范学位点强制撤销机制，还需要善于运用规范性文件的附带审查机制，2014年《中华人民共和国行政诉讼法》修改时在第五十三条新增了公民在提起行政诉讼时，可一并请求对规章以下的行政规范性文件作合法性审查。合法性审查作为行政诉讼中独具特色的基本原则，是司法领域评价学位主管部门依法行政水平的重要依据。针对撤销学位点的规范性文件，学位授予单位在提起行政诉讼时可以一并向法院提起附带审查。规范性文件与法律规范相抵触的，不应作为强制撤销的依据。

本章小结

　　学位点撤销制度中，申请撤销与强制撤销共同发挥着积极作用。在强化高等教育领域"放管服"改革的大背景下，为尊重学术自主性，今后应多鼓励学位授予单位主动申请撤销学位点。而学位主管部门承担适度的监管职责，定期对不合格的学位点予以强制撤销。《中华人民共和国学位条例》《学位授权点合格评估办法》等规定的不充分，导致强制撤销机制的运行现状并非尽善尽美，其在实体、程序及救济等层面皆有完善空间。本着鼓励学术创新发展的宗旨，建议对新设立的学位点以及新型学科保留一定的弹性余地，并对这种近似于"吊销许可证"的行政处罚行为保持警惕态度。同时，即将起草颁布的学位法需要明确学位点管理职责且根据此项工作特点加强过程管理，而不应完全寄托于事后处理措施。基于行政处罚的基本规则与高等教育的基本规律，强制撤销学位点理应符合学术性、科学性及合法性的具体标准，遵循保障学位授予单位教育权利的理念，助益推进学位点制度的内涵式发展，持续优化学位与研究生教育质量及其治理体系。

第七章　行政协议意思表示的理论与实践

意思表示源自私法体系中的法律行为理论，现已成为民法领域的核心概念，例如，2020年5月颁布的《中华人民共和国民法典》第一编第六章专门对此作出了详细规定。我国台湾地区民法学家王泽鉴认为，意思表示是"指将企图发生一定私法上效果的意思，表示于外部的行为"[①]。实际上，此概念工具并非私法自治之专属。近年来有部分学者对行政法上意思表示理论展开了系统研究，旨在揭示其对行政法领域的特殊功能[②]。这在行政协议研究中体现得尤为明显。行政协议也被称为行政合同或行政契约，是服务行政与合作行政兴起背景下的产物，与传统行政法上"命令–服从"式的高权模式有所区别。意思表示作为合同制度的基石，在行政协议这类特殊合同中发挥着何种作用呢？行政协议中的意思表示与民事合同上的意思表示有不同之处吗？本章尝试将意思表示作为解构行政协议的理论线索，探讨其对行政协议法律体系的塑造功能。

第一节　意思表示作为解构行政协议的理论线索

一、行政协议中意思表示特殊性的缘起

（一）行政协议双重属性下的意思表示

学界通说认为，行政协议兼具"行政性"与"合同性"的双重要件。尽管民法与行政法在基本构造上大相径庭，但此种差异不足以阻断意思表示在行政协议中生成的通道。并且，《中华人民共和国民法典》总则编、合同编等各编内容中有160多个条款涉及行政法问题，民法典时代的行政法治面临新

[①] 王泽鉴. 民法总则 [M]. 增订版. 北京：中国政法大学出版社，2001：335.
[②] 当前，行政法研究仍在强调其与民法的区别，更为关注行政行为的理论研究，而不重视立基于法律关系理论上的意思表示之探讨。当然，对行政法上意思表示的研究成果也在逐步增多。参见：汪厚冬. 论行政法上的意思表示 [J]. 政治与法律，2014（7）：54-65.

的发展契机[1]。行政协议乃行政法对民事合同内涵的部分吸收，是一种经"合同化"改造的特殊行政行为，故意思表示在其中不无适用空间。2019年12月10日，最高人民法院发布《最高人民法院关于审理行政协议案件若干问题的规定》并回答记者提问。据现场介绍可知，该司法解释第一条明确了行政协议的内涵，即行政协议包括主体、目的、内容及意思等四个要素。无独有偶，德国学者毛雷尔也指出，如果没有意思表示，行政合同就不存在[2]。意思表示在行政法土壤上的生长，关键取决于行政主体担任表意人时的意思自治。行政法学界一般认为，行政主体意思表示是行政行为的构成要素。虽然有些规制行政中更适宜采用单方行政行为的方式，行政主体未必会有意思自治的余地。但是，现代立法者显然无法预定所有规则，高度复杂的公共管理事务为行政主体的自治性提供了正当依据。一言以蔽之，包括行政协议在内的行政行为不可忽视意思表示这个"合同性"要素。

根据主体不同，行政法上意思表示模式一般可分为三种：单独属于行政主体、单独属于相对人以及行政主体与相对人双方共同而为。有论者将单独属于行政主体的意思表示概括为单方行政行为、行政行为的附款等类型，并将双方均可作出的意思表示概括为行政协议、行政奖励等行为[3]。行政处罚、行政强制等单方行政行为包含规制性内容，无须相对人意思表示即能够产生法律效力。而行政协议往往不具备该种情形，行政协议双方意思表示的作出构成了法律效力的重要前提。简言之，行政协议属于双方行政行为的范畴，任何一方当事人都具有意思表示的空间。本章所述的行政协议中意思表示，大致就是由作为表意人的行政主体或相对人作出，此类概念工具对于法律关系或法律效果的形成、变更与消灭不可或缺。

（二）行政协议意思表示的特殊性

行政协议将权力行为与契约行为融为一体，"公私主体之间的契约关系会削弱行政机关的权力"[4]。合同性蕴含了意思自治原则于行政法上的导入，体现出比高权行政手段更为柔和的面貌，因而行政协议上意思表示和民事合同上意思表示存在相似之处。与此同时，行政协议具备一般行政行为的公权成分，其行政性主要体现为行政主体的优益权，即享有的某些单方强制性权力或主导性特权。行政优益权概念源自法国，该国行政法将行政合同履行过程

---

[1] 章志远. 行政法治视野中的民法典 [J]. 行政法学研究，2021 (1)：42.
[2] 毛雷尔. 行政法学总论 [M]. 高家伟，译. 北京：法律出版社，2000：348.
[3] 王学辉. 行政法意思表示理论的建构 [J]. 当代法学，2018 (5)：38.
[4] 弗里曼. 合作治理与新行政法 [M]. 毕洪海，陈标冲，译. 北京：商务印书馆，2010：546.

中政府享有的一系列"超越性"权力统称为优益权[①]。当前，行政协议中优益权的范围或许不止于履约行为。如有诸多学者提出，出于维护国家和社会公共利益的需要，行政主体在签约、履约及解约等过程中都可能享有优益权[②]。行政优益权在行政协议中的嵌入，导致行政主体兼有管理者与合同一方的双重角色。"当行政主体履行行政职责时，其具有'公共事务管理者'的身份，而在行政主体与协议相对人互为意思表示并达成一致时，行政主体又具有了'协议关系当事人'之身份。"[③] 这样的情境，不免使意思表示面临较为复杂的特殊规则。

行政主体应受相对人之意思表示的约束。不过，行政主体为保障公益而使用行政优益权，却很可能会对意思表示产生影响。从动态角度讲，如果意思表示的程度递减为零，那么该形态就会发生质变，行政协议变为纯粹的行政行为；如果类似行政行为的权力因素递减为零，行政协议就变成了纯粹的民事合同。对此，或许有人会质疑，认为意思表示与行政优益权有交叉之处，但并不处于同一平面上。笔者认为，既然行政协议有契约与权力两个变量因素，双方就不仅仅存在交叉关系，而是于整体上共同发挥作用，二者在行政协议中所占比例保持动态平衡。试想，行政主体可不顾相对人意志却能够很大程度行使特权，后者意思表示的实现空间还有多大？由是可知，行政主体会在公益与私益这两个要素之间作出衡量，公益优先的价值取向往往占据上风，故行政主体如何协调自身意思表示与行政优益权之间的张力还有待探析。职是之故，意思表示在民事合同中衍生的私法规则无法完全适用，它在行政协议中的适用应受到公法原理调整。鉴于意思表示在行政协议中的特殊处境，其在表现形式、适用范围、运行规则、效力影响等方面发生的法律效果及其特殊性，便是一个亟待剖析的理论问题。

二、运用意思表示解构行政协议的研究进路

学者韩宁对当前行政协议研究的认知颇有启发，她认为行政协议大致可以分为规范、过程及救济三个板块[④]。因行政协议纠纷已被纳入行政诉讼受案范围，故规范研究主要是对《中华人民共和国行政诉讼法》《国有土地上房屋征收与补偿条例》《最高人民法院关于审理行政协议案件若干问题的规定》等

---

① 李颖轶. 论法国行政合同优益权的成因 [J]. 复旦学报（社会科学版），2015（6）：157.
② 卢护锋，王成明. 行政协议纠纷司法审查规则探析 [J]. 法治社会，2018（11）：72.
③ 陈天昊. 行政协议的识别与边界 [J]. 中国法学，2019（1）：140.
④ 韩宁. 行政协议研究之现状与转向 [J]. 法治研究，2019（6）：128.

法律法规、地方行政程序立法、司法解释及相关规范性文件的阐释，属于对"文本上法律"的关注。行政协议过程与救济这两个部分的研究，分别着眼于现实操作和纠纷解决，是对"行动中法律"的探讨。笔者认为，作为静态文本的行政协议规范侧重于凸显规则制定人的公共意志，而行政协议过程与救济阶段往往绕不开双方当事人的意思表示。运用过程研究之视角，可将行政协议视为动态的发展进程，贯穿其中的订立、履行乃至终止等环节都有意思表示的流露。当行政协议过程中的意思表示产生分歧时，离不开行政诉讼等救济渠道的评断。据此，将遵循从协议订立到纠纷解决的演进过程，以行政优益权对意思表示的影响为分析基轴，将订立、履行及诉讼等阶段中的意思表示作为解构行政协议的一条理论线索。

第二节 意思表示在行政协议成立阶段的表征

行政协议过程性视域下，行政主体与相对人形成法律关系的首要环节是订立。该阶段可具体划分为成立与生效两个部分，前者是后者的基础。与民事合同一样，行政协议的成立不能欠缺双方意思表示一致。早在1983年，新中国第一部行政法学统编教材《行政法概要》作过判断，"双方当事人为达某些不同的目的而互为意思表示，因其一致而成立的行政行为，亦称行政契约"[①]。意思表示一致乃双方综合而成的共同意愿，这既是民事合同成立的基础，也是行政协议据以成立的标志。值得注意的是，行政协议双方若想达成一致意见，仍无法回避行政优益权的作用，此为意思表示特殊性在成立阶段的体现。

一、行政优益权对意思表示一致的引导

行政优益权的作用体现为两方面。

一方面，行政主体往往是要约发起人，并有权选择相对人。在民事合同的要约承诺规则下，任何一方都可能发出要约。而行政协议中相对人不具有行政职权，无法决定是否发出订立协议的要约，故双方意思表示能否达成一致，离不开行政主体先前作出要约的意思表示。例如，签订土地房屋征收补偿协议，一般都是行政主体最先动议，后续通过相对人的回应才能够完成。与此同时，行政主体有权挑选缔约对象。在徐小平诉重庆市涪陵国土局与第三人重庆市涪陵区国家建设统一征地办公室房屋征收行政补偿安置合同纠纷

[①] 王珉灿. 行政法概要[M]. 北京：法律出版社，1983：99.

一案中，法院指出：涪陵国土局作为行政主体，在涉案《安置协议书》签订、履行中处于主导地位，享有行政优益权，负有核实徐小平是否属于住房安置对象、预先制定协议主要内容、向对方发出邀约等职权[1]。又如，在订立政府特许经营协议时，在符合相关程序基础上，行政主体有权根据行政协议的特点去设定标准及资质，并择优选择相应经营者。

另一方面，行政主体有标的决定权，且有权设定强制性条款。某一项民事合同中，双方当事人都可以对标的进行反复磋商。行政协议与之不同，其标的主要涉及公共服务领域的公益保障，乃行政协议内容所生成的公法上权利义务关系，行政主体应当在职权范围内对标的予以设定。例如，原国土资源部制定的《矿业权出让转让管理暂行规定》第四条规定，矿业权的出让由县级以上人民政府地质矿产主管部门根据法定权限进行，出让范围可以是国家出资勘查并已经探明的矿产地、依法收归国有的矿产地等。当法律没有规定时，行政主体有资格出于公益目标的考虑，向相对人作出标的范围的意思表示。行政协议哪些条款可以协商或不可以协商，很大程度上由行政主体决定，意味着相对人意思表示的范围受此限制。例如，国有土地出让协议中的标的只能是土地管理机关就特定范围内国有土地所设定的法律效果，房屋征收补偿协议的标的只能是行政征收目标，等等。只有相对人同意标的这一前提要求，才能在后续环节与行政主体就其他具体内容形成意思表示一致。行政主体适度的引导作用，有助于协议内容的缔结朝目标发展。甚至于，此种行政优益权有时会作为强制性条款规定[2]。该条款并非相对人意思表示不真实的情况下订立的，此时双方权利义务不存在意思表示瑕疵，这方面与民事合同存在差异。这就是说，订立行政协议之前，一般会让相对人预先知晓协议的目的、内容以及必须遵守的规定。行政协议内容包含行政主体对未来行政权处分的约定，倘若相对人希望与之订立，就必须先接受此种意思表示。订立行政协议后带来的预期收益，以及对行政主体的信赖，将会促使相对人接受类似的安排。

需要指出，行政优益权能够与相对人的意思自治兼容。根据英国学者阿蒂亚的理论，意思自治包括两方面含义：一是当事人相互同意的结果；二是自主选择的结果。[3] 若无相对人的自主同意，或者相对人无意选择订立行政协

---

[1] 参见：重庆市第三中级人民法院（2011）渝三中法行终字第30号行政判决书。
[2] 王旭军.行政合同司法审查[M].北京：法律出版社，2013：19.
[3] 阿蒂亚.合同法概论[M].程正康，等译.北京：法律出版社，1982：5.

议来实现自身利益,此种主导性要求亦无从实现。相对人承诺与否,仍取决于其对自身利益的考量。一定程度上而言,行政协议乃实质上不平等当事人之间的商定。虽然相对人与行政主体的地位很难做到实质平等,但签订协议的意思表示依然有自由平等的空间。地位不对等并不必然排斥彼此间意思表示一致的可能性。其实,行政协议体现了双方的一种双向依赖关系,继而形成了意思表示的"交集"或复数现象。行政协议的合同属性,并非取决于双方当事人的地位,而是看双方对法律效力的产生具有"同值性"①。此种关系维度下,相对人自然享有"议价能力"及取舍的外部环境。

二、意思表示的过程与限度

(一)意思表示的过程

"协议,特指当事人意思表示的合意。"② 大陆法系学者通常用"意思表示一致"的表述来概括合意,合意作为行政协议成立的结果要素,乃双方共同协商的过程,此为形成可接受性结果的必经步骤。与单方行政行为的"命令-服从"模式不同,行政协议双方形成了"协商-合意"的关系模式。行政协议的成立,是二者通过互动意思表示以期达成合意的动态过程,表现为双方自由意志双向的交流与沟通。行政协议应经由双方平等协商而订立,原则上一方当事人不能将自身意思强加给另一方,此谓之为意思表示一致的过程化。正如《最高人民法院关于审理行政协议案件若干问题的规定》第一条所述,行政机关与公民、法人或者其他组织协商订立的具有行政法上权利义务内容的协议属于行政协议。在大英县政府因与大英县永佳纸业有限公司、一审被告大英县回马镇政府不履行行政协议纠纷一案中,最高人民法院表示:意思要素作为行政协议的要素之一,行政主体与行政相对人签订行政协议必须经过协商③。协商订立,意味着相对人可以在没有外部压力的情况下与行政主体就协议的部分内容反复磋商。"协商的实质就是自由合意,是保证行政合同这种行政法上的行为方式从本质上符合合同根本属性的重要制度与通道。"④根据《山东省行政程序规定》《湖南省行政程序规定》等地方程序立法中关

---

① 所谓"同值性",就是指双方意思表示具有相同价值,与行政主体命令他方服从的情形有所区别。参见:余凌云.论行政契约的含义:一种比较法上的认识[J].比较法研究,1997(3):6.
② 王利明.论行政协议的范围:兼评《关于审理行政协议案件若干问题的规定》第一条、第二条[J].环球法律评论,2020(1):5-22.
③ 参见:最高人民法院(2017)最高法行申195号行政裁定书.
④ 梅献中.论环境行政合同中的意思表示[J].法律适用,2017(16):95.

于行政协议的规定可知，实践中意思表示一致的达成，大体包含招标、邀请发价和直接磋商等三种协商方式。行政主体作为一个组织体，其意思表示构造与私法上自然人之间的意思表示不同。一方面，行政主体的意思表示须借助自然人方能作出；另一方面，其意思表示的形成过程更具"可视化"，即均要以特定形式予以显现。是故，法律上对行政主体的程序性要求更为严格，程序之存在能够制约意思表示形成过程中的擅权行为，由此才契合双方之间的"协商-合意"模式。行政协议双方通过程序沟通机制，能够调和彼此的分歧点，亦凸显双方行政行为交涉性的特点，并体现出二者独立的法律人格。

耐人寻味的是，司法实践中不少行政协议却体现出低密度的可协商性。薛德林诉陕西省西咸新区沣东新城管理委员会违法变更安置拆迁协议一案中，上诉人陈述：拆迁安置过程中被上诉人安排上诉人选房，选房时限定每户三人，选房时间8分钟，逾期未到者即视为放弃原安置顺序号。被上诉人在选房时才向上诉人提供《梦白村安置房屋通知单》《安置房屋确认单》《承诺书》等材料，上诉人明知承诺书表达的不是自己的真实意愿，但不签订承诺书就拿不到房屋确认单，当日就无法选房①。另外，有些相对人若想签订行政协议，不得不面对一套行政化的规则。例如，法国行政合同多采用格式条款，公民签订契约的全部准则都要由政府部门加以规定，其余事项皆不能与政府部门进行讨论；个人的自由仅仅在于对政府所提条件整个地表示接受还是拒绝②。虽然行政协议有意思表示一致的外观，却少合意的实质内容。可见，虽然双方当事人最终订立了行政协议，但某种程度上充斥着行政权的影响，相对人意思表示的协商空间较为有限。诚如余凌云教授所述，行政协议形成过程中的意思表示不"显然"，甚至可以具有事实上的强制效果，此种情形符合"假契约"的特点③。针对这类情形，如何保障相对人意思表示的自治性以及如何构建特殊救济机制，皆是尚待斟酌的论题。

一般情况下，行政协议双方作出意思表示需具备必要条件。意思表示一致的形成，首先必须具备意思能力。对行政主体来说，它应当具备法定职权。在私法领域，意思表示的作出遵循"法不禁止即自由"的原则。根据职权法定原则，行政主体在行政协议中的意思表示，应当受到依法行政原则的约束。

---

① 参见：西安铁路运输中级法院（2017）陕71行终261号行政判决书。
② 此时，如何判定公民内心是否真正同意就成为关键的问题。参见：让·里韦罗，让·瓦利纳. 法国行政法 [M]. 鲁仁，译. 北京：商务印书馆，2008：543.
③ 余凌云. 行政法上的假契约现象：以警察法上各类责任书为考察对象 [J]. 法学研究，2001（1）：52-65.

例如，土地房屋征收补偿协议主要由拥有职权的土地管理部门与相对人订立，其中的内容必须是"行政法上权利义务"。对相对人而言，鉴于签订协议行为的私益属性，多数情形下不必对其意思表示作特别限制。考虑到部分行政协议的特殊性及公益追求，相对人应当有能力完成任务，故应该具备不可或缺的资质。例如，在订立某项政府特许经营协议时，理论上相对人需要享有运营条件，不可缺少特许经营所要求的资质。《基础设施和公用事业特许经营管理办法》第十七条规定，实施机构应当公平择优选择具有管理经营、融资实力以及信用状况良好的法人或者其他组织作为特许经营者。当相对人都不具备此类前提条件时，便谈不上意思能力问题。

（二）意思表示的限度

行政协议成立阶段的意思表示存在一定限度。意思表示在行政协议上的适用范围，往往要比民事合同更为有限。吴庚教授在区分行政法上意思表示与私法中意思表示时就曾提出，与私法中表意人拥有对法律行为内容的形成自由不同，行政法上意思表示的空间相对有限，行政决定受制于法律规定[1]。民法上意思表示的作出，更多体现了私主体之间的自我决定，直接形成了法律效果的基础。反观行政法所蕴含的权力约束指向可知，行政协议中意思表示的自由程度会自始受限。此种协议自由的边界，需要考量依法行政的要求，故双方当事人的合意空间存在限度。换句话说，行政主体的意思表示应当受到法律禁止性规定的约束，表现为一种他治性特征[2]。此种有限空间，实际上对意思表示的范围作出了限制。

三、意思表示的独特方式

民法学界一般认为，意思表示由内心意思和内心意思的外部表示两个要素构成。民事主体的主观内心意思，需要通过客观外在的表示行为而得到体现。简言之，意思表示可分为客观要件与主观要件。因对意思表示的两项要件在法律关系形成中有轻重之分，学说上存在意思主义与表示主义的对立，前者认为法律效果发生而形成的内在意思是意思表示之根本，后者认为应当以表意人的外部表示为基准去决定意思表示之效力[3]。笔者认为，因主观要件难以探明，缺乏客观上外部表示的意思表示无法成立。可以说，行政协议成

---

[1] 吴庚. 行政法之理论与实用 [M]. 增订八版. 北京：中国人民大学出版社，2005：200.
[2] 在订立行政协议过程中，行政主体的意思自治空间受到一定的约束，即应当因循依法行政原则。此种原则的规范，可谓是一种他治的范畴。
[3] 冉克平. 意思表示瑕疵：学说与规范 [M]. 北京：法律出版社，2018：16-18.

立阶段双方的意思表示一致，集中体现为客观要件方面的一致性。

（一）要约与承诺的规则层面

意思表示的独特方式，首先体现在要约与承诺的规则层面。要约与承诺作为意思表示一致的两个关键过程，充分体现出行政协议成立的特殊样态。如上文所述，行政主体发出要约是企图与相对人订立行政协议的意思表示，这是发生在相对人承诺之前的意思表示。行政主体意思表示的作出过程，理应受到法定程序规制。行政主体意思表示的作出，并非一个静态的时间点，而是包括标准设定、启动、运行到作出的一个动态过程。订立行政协议之前，行政主体需公开发布信息，意在将计划订立的行政协议公之于众，于对象选择上作出了程序限制。在法国，招标是最常用的缔结行政协议的方式，金额在一定数目以上的合同，除少数情况外，必须采取招标缔约方式①。考虑到行政法上的诚实守信原则，行政主体的要约需要受到规范，一般情况下不允许随意撤回。对相对人而言，他需要等待行政主体的要约邀请，一旦其对要约作出接受与承诺，便是同意要约的意思表示，此为协议成立的关键步骤。

（二）意思表示一致的表现方法层面

意思表示一致的表现方法存在特殊性。在私法上，意思表示主要有明示和默示两种方法。在民事合同领域，合同法确立了要式与不要式相并行的方式。《中华人民共和国民法典》第一百四十条对意思表示的明示与默示作出了规定，并就沉默被视为意思表示作出描述。相较而言，笔者认为沉默不应作为行政协议中意思表示的方式。域外有相关立法例可供参考。例如，德国《联邦行政程序法》第五十七条规定，"行政合同以书面形式订立"②。但法国以未规定其他形式为限，行政协议可以采取书面形式，也可以采取口头形式。当然，用招标方式签订的重要协议都采取书面形式；采用直接磋商方式缔结的合同，符合法律规定一定金额以上的，亦应采取此种形式③。考虑到行政协议的公共属性或管理属性，建议我国根据书面的明示方法将意思表示一致的结果固定下来。在行政协议争议已被纳入行政诉讼受案范围的情况下，书面形式的内容更便于法院推定行政主体的意思表示，以提升争议解决的质效。

此外，与民事合同相比，行政协议中意思表示的文本形式更显复杂。意思表示一致的书面形式，应根据协议文本加以落实。实践中，行政协议涵盖

---

① 王名扬. 法国行政法 [M]. 北京：中国政法大学出版社，1989：184.
② 毛雷尔. 行政法学总论 [M]. 高家伟，译. 北京：法律出版社，2000：365.
③ 王名扬. 法国行政法 [M]. 北京：北京大学出版社，2016：150.

的领域比较广泛，文本可凸显的形态纷繁多样。目前，《中华人民共和国行政诉讼法》及《最高人民法院关于审理行政协议案件若干问题的规定》只确立了政府特许经营协议、国有自然资源使用权出让协议等几类"有名协议"。其他行政协议类型留待实践中加以摸索，但明显不止上述几种，而是广泛应用于经济管理、公共服务、社会稳定等多个领域。其中，息诉罢访协议书是一种值得特别关注的个例。例如，在韩甲文诉被黑龙江省肇源县人民政府行政协议一案中，最高人民法院判定双方所签订的《息诉罢访协议书》的性质为行政协议①。总之，行政协议成立阶段需要双方在特定书面载体上体现意思表示一致。

第三节 意思表示在行政协议履行过程中的塑造力

一、意思表示不真实对行政协议效力的作用

已成立的行政协议，并不必然一直保持有效状态。行政协议成立并生效后，也可能会因为不具备有效要件而溯及既往或非溯及既往地失去效力。根据私法上的规则，一般设定了欺诈、胁迫、乘人之危、重大误解等意思表示不真实情形下民事合同的效力问题。日本学者美浓部达吉认为，公法在依双方同意而发生某种法律的效果之点与私法上的契约有共通性②。行政协议中意思表示不真实的缘由，可概括为不一致与不自由两类，二者都将威胁到法律效力。同样，相较民事合同而言，此环节亦能够呈现出些许特别之处。

（一）意思与表示不一致

理想状态下，意思表示的主观意志和客观表示需要做到统一。源于现实中的各种事由，两者不一致的情形比较常见。因行政主体或相对人对对方的缔约资格、权利义务理解偏差而导致错误，或者由于存在通谋及伪装，表意人内心的意思与表达出的客观行为不相一致。根据表意人主观意识不同，可将不一致分为两种情形：一是表意人的不一致并非故意，如意思表示错误；二是表意人的不一致是故意的，如虚伪的意思表示。

所谓意思表示错误，主要是因表意人一方自身原因未能认识到内心效果意思与表示效果意思不一致。这是对意思表示能力缺陷，或者对履约资格以及协议目标产生了误解。也就是说，表意人的错误认识或错误判断，导致由

---

① 参见：最高人民法院（2016）最高法行申45号行政裁定书。
② 美浓部达吉. 公法与私法 [M]. 黄冯明，译. 北京：中国政法大学出版社，2003：97-98.

表意人的表示行为可推测的意思与其真意的不一致。此处可分为两个层面：对表意人而言，自然是意思表示错误；对表意人的相对方来说，则属于误解之范围。表意人的意思表示错误，大致体现为对内容、性质等方面的错误。不管是公法还是私法，迄今我国立法上没有意思表示错误的表述，民法理论与实务中是从当事人主观过错出发使用了重大误解的概念，学界由此对错误与误解的关系产生了一定争论。依我国立法者和权威学说的解释，重大误解所指向和涵盖的内容实际上就是意思表示错误的内容及范围①。笔者认为，错误和误解只是发生主体不同，二者的意涵、性质及产生效果是大体相当的。

在重大误解的语境下，应分别看待行政主体与相对人。针对行政主体，涉及行政协议内容的行为应该明确具体。如果内容过于模糊，相对人基于错误理解而履行行政行为设定的义务或行使行政行为赋予的权利，那么相对人的行为就可能会偏离行政机关的真实意思表示。考虑到行政主体在其中的优势地位，以及负有审慎义务，多数情况下行政主体不应当享有以重大误解为由而撤销行政协议的权力，民法规则于此处的援用应当慎重。毕竟，行政机关在订立行政协议时，应当广泛收集相关信息，邀请专家进行论证，慎重权衡各种因素，本应当更有能力避免重大误解的发生。只有相对人存在过错，使行政主体未尽到审核义务导致产生了重大误解时，其在法定期限内才有权行使撤销权或者申请撤销。否则，为保护相对人的信赖利益，行政协议仍然是有效的。对相对人而言，因他对行政协议产生了重大误解，将可能使其权益受到较大损害以及无法达到订立行政协议的目的，其意思表示不真实将使得行政协议可变更、可撤销乃至无效。与行政主体不同，相对人享有的是撤销权利，作为可撤销事由的前提是不会令公共利益受损。假设相对人作出的意思表示涉及第三人或公众利益，对于其行使撤销权应予以慎重。例如，有德国学者就认为因错误所为的意思表示，仅于意思表示未涉及第三人的权益时，始得撤销之；或认为，此情形私人可否拥有撤销权，主要以该意思表示的瑕疵是否可归责于表意人的事由。②

关于故意的意思与表示不一致，可分为真意保留和虚伪表示。真意保留，是表意人将想要发生法律效果的真意保留在内心，而没有表示出来，或者即使表示出来也并不是真实的。究其实质，是表意人掩盖了自身的真实意图。

---

① 梁慧星. 民法总论 [M]. 北京：法律出版社，2011：180.
② 李建良. 论行政法上之意思表示 [G] // 廖义男教授祝寿论文集编辑委员会. 新世纪经济法制之建构与挑战：廖义男教授六秩诞辰祝寿论文集. 台北：元照出版公司，2002：228-252.

真意保留的要件主要包括：①客观上有意思表示的存在；②表示与真意不一致；③表意人知道其表示与真意不一致。真意保留虽然是不真实的意思表示，但原则上真意保留并不影响行政协议效力。当然，若行政主体实施真意保留，而相对人明知意思表示不真实，那么行政协议便是无效的。

谈及虚伪的意思表示，有必要重点关注通谋虚伪表示，这是指表意人对非真意有明确认识，且存在双方当事人的通谋行为。对于该非真意表示，表意人与相对人虽存在合意，但仅仅造成订立某项法律行为的表面假象，这是二者在相互串通基础上作出的不真实意思表示，实际上并不企图产生法律效果。虽然双方通谋的概率很小，不过仍值得注意。行政协议过程中行政主体是法律拟制的人格主体，其意思表示的作出须借助工作人员，内心意思与表示行为容易发生一定程度上的分离，后者所作出的意思表示却有可能违背行政主体利益。只有工作人员依照法律规定并在本单位职责范围内作出的意思表示，才属于行政主体的真实意思表示。否则，该意思表示难以促成行政协议上的法律效力。

（二）意思表示不自由

但凡不是行为人自由作出的意思表示，就无法取得像意思表示真实那样所预设的法律效力。此由当事人意志以外的原因导致，受他人不正当干涉与妨碍而产生。这种不自由，一般分为欺诈与胁迫两种情形[①]。实践中，被乘人之危所为的意思表示，实际也是不正当干涉的结果。

一般来看，相对人欺诈、胁迫行政主体的情形比较少。"对于相对人而言，由于和行政机关地位不对等，采取欺诈、胁迫等方式签订合同的机会不大。"[②] 但是，相对人欺诈行政主体的情形亦不可忽略。相对人通过欺诈行为，使行政主体陷入错误的认识，从而使其意思表示具有瑕疵，此处的欺诈应当对当事人意思表示产生决定作用。表意人的错误与欺诈之间有因果关系，若无此错误则不会作出此意思表示。例如，政府特许经营协议中，相对人通过欺诈方式获得了订立行政协议的资格和机会，此时该协议的效力值得审视。当相对人以"欺诈、胁迫"方式促使行政主体与其订立协议时，基于行政协议本身的公共利益属性与行政管理目标，根据合同法关于"一方以欺诈、胁迫的手段订立合同，损害国家利益"的合同无效的规则，意思表示将导致行

---

① 我妻荣. 我妻荣民法讲义 I：新订民法总则 [M]. 于敏，译. 北京：中国法制出版社，2008：268.

② 陈无风. 行政协议诉讼：现状与展望 [J]. 清华法学，2015（4）：94.

政协议无效。

虽然前文提到相对人难以对行政主体实施胁迫，但不排除个别例外。实践中，"行政机关被信访人以进京信访为由进行胁迫而签订协议"的情况并不鲜见①。进一步而言，行政协议的胁迫主要体现为行政主体不适当运用权力，胁迫相对人不得不作出与其内心不相符的意思表示。"胁迫"给相对人带来了心理上的压力，相对人基于该心理才作出意思表示。例如，在王某某诉江苏省仪征枣林湾旅游度假区管理办公室房屋搬迁协议案中，一审法院认为，虽无直接证据证明相关拆迁人员对王某某采用了暴力、胁迫等手段，但考虑到协商的时间正处于盛夏，王某某的年龄已近 70 岁，协商的时间跨度从早晨一直延续至第二日凌晨 1 点 30 分左右等，综合以上因素，难以肯定王某某在签订搬迁协议时的意思表示系其真实意思表示。此类案件中，法院会依法判决撤销行政协议。同时，意思表示瑕疵的私法契约无效原则在行政协议领域也可适用。实际上，意思表示瑕疵也与行政主体的依法行政原则相违背，违法程度属于《中华人民共和国行政诉讼法》第七十五条规定的"严重且明显"违法程度，故行政协议无效。此外，根据依法行政原则，成立阶段因乘人之危促成的行政协议属于"严重且明显"的违法，故也应确认为无效。由于当事人一方利用对方的急迫需要，迫使对方作出了违背其真意并对自己严重不利的意思表示。相对人由于情况紧急或形势所迫，与行政主体订立的协议将使其承担显失公平的义务，此情况违背了公平原则与合理性原则。根据《行政协议规定》第十四条的规定，相对人对此享有请求撤销的权利。

二、行政协议履行过程中意思表示的约束力

行政协议成立后，就整个过程来看，忠实履行乃其中的重要节点。一个单方行政行为作出后，往往具备了拘束力、公定力、确定力及执行力等法律效力。基于契约必须严守的理念与原则②，在行政协议成立并生效后的履行、终止等环节，尽管意思表示会对行政主体和相对人自身产生约束的法律效果，但与民事合同上意思表示具备的约束力强度不同，行政优益权能够单方面变更或截断此种效果，故此时行政优益权与意思表示产生了张力。

（一）双方忠实履行行政协议内容

意思表示蕴藏的约束力，首先是要求双方忠实履行行政协议的内容，此

---

① 王敬波. 司法认定无效行政协议的标准[J]. 中国法学，2019（3）：64.
② 刘凯湘. 民法典合同解除制度评析与完善建议[J]. 清华法学，2020（3）：152.

时可援用合同法全面履行的原则。鉴于法的安定性要求，一项行政协议成立并生效后，包括相对人在内的双方当事人都负有适当、全面、及时履行等义务。基于信赖利益保护原则及诚信原则，行政主体亦不得擅自变更、解除行政协议。根据契约严守义务，双方必须严格按照行政协议规定的条件、标准、期限等履行权利义务。行政协议作为私法渗入公法的范畴，要求将传统私法关系的属性也放置在公法关系之中，也就是说，行政主体既可以成为权利主体，也可以成为义务主体，而相对人亦是如此。言归正传，意思表示对两边都产生了约束效果。倘若某一方不适当履行则要承担相应责任，这就是意思约束力的面向。

（二）双方真实意思表示的再次明确

当双方对行政协议内容约定不明时，意思表示一致的覆盖范围面临空白，那么需要再次明确双方的真实意思表示，以填补其约束力。实践中常用的后续补充协议，就是履行阶段双方的再一次意思表示，此环节取决于二者的协商解决。假如双方不能达成新的一致意见，便根据行政协议的现有内容以及法律规范作出处理。当行政协议据以存在的外部环境或条件发生改变时，基于行政协议意思表示一致的基础性要件，双方可协商予以变更或解除。此种权限是一种双向性的权利，两边当事人对协议内容都有权提出修改意见。这里的变更、解除，是对协议约定的权利义务进行调整，协议内容实现一致时同样体现了双方的意思表示。这与订立阶段的意思表示一脉相承，后续意思表示一致将对先前意思表示一致作出变更。由此，后续意思表示产生新的约束效果。

（三）行政优益权对意思表示的截断

意思表示约束性效果存在一定的张力，集中体现为行政优益权对意思表示的截断。此时，行政优益权主要是一种单方变更、解除权。行政优益权是以单方面意思表示对双方意思表示约束力的截断，而无须经过二者的意思表示一致，其一经作出自相对人受领之时起生效。例如，韩国便采取此种做法，行政契约中的公法契约不适用关于民事合同解除的规定，行政主体在公益事由情况下可以单方面变更或解除协议[①]。此种制度的预设，使行政协议不能毫无保留地适用民事合同规则，而应遵循公共利益、政府公共政策及行政管理的现实需要。就功能主义层面来说，行政协议在公私部门合作达成公共服务

---

① 金东熙.行政法Ⅰ[M].9版.赵峰，译.北京：中国人民大学出版社，2008：168.

目标方面发挥着组织整合作用①。简言之，无外乎是行政主体需要通过组织公共服务，去实现行政协议所追求的公共利益目标。由此可见，意思表示约束力较弱是行政协议履行阶段的一种特殊图景。

之所以意思表示约束力在行政协议和民事合同中的强度不同，本质上是因为意思表示在公私法中的定位差异。与民事合同中意思表示一致具有最高正当性的约束不同，行政协议是以调动市场的力量去更好地实现公共利益为目的，意思自治仅构成实现该目的之手段，具有工具价值②。公共利益优先原则是行政协议中的基本价值取向，其实现高于协议内容的遵守，故行政优益权能够截断此种法律效果。与此同时，虽然行政协议承载了权利义务要求，但是社会发展是流变的。行政协议订立后，当社会形势发生重大变更，继续履行协议将可能带来重大损失时，可能顾不上通过协商对此进行调整或者终止，此可称为公法上的"情势变更"。由此，形式上行政优益权是变更、解除了行政协议，但实质上是对意思表示约束力的某种截断。需要强调的是，前述阻却行为并不是可以随意作出的，而是需要公共利益和其他法定事由的支撑。行政优益权是一种有节制有对价的权力，而非没有限制的特权③。不然，行政机关片面的意思表示将很可能造成行政协议的恣意解除。即使行政协议成立后意思表示已固化为具体条款，但是行政优益权的过度干预，难免会使相对人精心作出的意思表示被虚置。概言之，行政优益权应该审慎作出，尽可能避免使源头上的意思表示一致失去实效。

本章小结

意思表示可谓是理解行政协议的标识性概念之一，只有合法、真实、明确的意思表示才有助于创设良好的行政协议法律秩序。虽然行政协议与民事合同都存在"意思表示"这一共同概念，且前者在很大程度上借鉴了民事合同规则，但因为二者之间的构造不同，前者的意思表示不能完全套用后者的意思表示理论。笔者遵照从过程到诉讼的发展规律，将特殊性作为行政协议上意思表示理论叙事的主线。此处讨论的意思表示特殊性，并非否认意思自治的核心要义，而是认为其所处场域、表现形态、对法律效果的影响以及对

---

① 徐键. 功能主义视域下的行政协议 [J]. 法学研究, 2020 (6): 98.
② 陈天昊. 行政协议中的平等原则：比较法视角下民法、行政法交叉透视研究 [J]. 中外法学, 2019 (1): 248.
③ 章程. 论行政协议变更解除权的性质与类型 [J]. 法学, 2021 (2): 465.

司法规则的形塑等方面与民事合同有所差异。由于公共利益优先的价值取向，行政优益权与意思表示之间不可避免地会发生冲突，如何实现这两个要素的有机平衡将是一项重要课题。

通过梳理意思表示在行政协议中的适用，既有利于凸显其在公法领域的特殊属性，也有助于揭示行政优益权对意思表示可能施加的不当影响，以防止相对人的主观意愿被行政权过度挤压甚至吞噬，从而警惕行政协议滑向行政命令的危险。另外，对行政协议中的意思表示加以探究，将对行政行为意思表示的理论发展产生助益。行政协议之运用需要以双方意思表示一致为基础，对单向性的行政行为研究范式颇具革新意义，在此过程中提取行政协议意思表示的特殊性，无疑有助于深化以意思表示为重心的行政法律关系理论。总的来说，在《最高人民法院关于审理行政协议案件若干问题的规定》业已出台的背景下，行政协议理论与实务研究应当重视司法审查导向的规范分析。同时，随着中国"民法典时代"的深入发展，行政协议研究还应重视本身的独特理论之构建，继续厘清与民事合同的联系及区别，重视行政性与合同性的有机调适，助益行政法学与民法学的学术交流以及实践工作的有序展开。故而，对行政协议意思表示的理论研究仍待推进。

第八章　重大行政决策运用大数据的法治路径

　　近年来，我国政府部门已尝试在行政治理领域运用大数据，为治理能力现代化带来了新的可能性。决策是行政治理的起点，属于行政过程视域下"创制规则"的阶段，行政决策特别是重大行政决策在很大程度决定着行政治理的态势。将大数据应用到重大行政决策之中，则契合了2019年5月国务院公布的《重大行政决策程序暂行条例》第五条关于"遵循科学决策原则、运用科学技术和方法"的要求，成为提高行政治理能力的应有举措。而早在2015年9月，国务院已印发《促进大数据发展行动纲要》（以下简称"2015年《纲要》"），要求通过高效采集、有效整合、深化应用政府数据和社会数据，提升政府决策水平。2022年6月印发的《国务院关于加强数字政府建设的指导意见》进一步提出，"充分发挥数据的基础资源作用和创新引擎作用，提高政府决策科学化水平和管理服务效率"。可见，数字政府逐渐开始重视大数据、移动互联网、人工智能等技术，基于数据驱动的组织范式转变，足以引发行政法治的发展和创新[①]。需要说明的是，本章侧重于分析重大行政决策，不是认为它本质上与一般行政决策有区别，也无意否认大数据在全部行政决策的应用会存在共通性。之所以对此单独讨论，主要是基于以下考量：相比于一般行政决策，重大行政决策具有基础性、全局性与战略性的特质[②]。也就是说，涉及的事项更为宏观、触及的利益群体更为广泛、投入的成本更为高昂、影响的时间更为长久等特点决定了大数据在这一领域的应用更加实用或典型。大数据的应用，意味着科技因素对决策行为及程序的嵌入，属于决策规则与技术理性的有机融合，所带来的某些程序变化比较突出。据此，大数据如何更好地驱动重大行政决策，以创新行政治理与公共服务的方式，是行政决策机关面临的新课题。从大数据赋予重大行政决策的新动能切入，通过观察它的实践应用状况及面临的难题，提出在法治轨道上运行的方案。

[①] 高秦伟. 数字政府背景下行政法治的发展及其课题［J］. 东方法学，2022（2）：186.
[②] 曾哲. 我国重大行政决策权划分边界研究［J］. 南京社会科学，2012（1）：93.

第一节 大数据赋能重大行政决策

一、重大行政决策与信息来源

（一）重大行政决策的传统方式

重大行政决策，是决策机关为实现某些既定目标所拟订并选择活动方案，且能够为后续活动提供指引的行为过程。决策机关的主观意志必须建立在相应的客观信息基础之上，全面、准确地掌握信息无疑是决策科学化的前提。以下有事例能够印证：我国唐代在中央和地方设置了成建制的行政资料信息搜集、统计等的机构和人员，以保障最高行政决策所需依赖信息的畅通、准确和及时[①]。在当下，《重大行政决策程序暂行条例》第十二条也作出规定，决策机关应当在全面掌握有关信息基础上拟订决策草案。美国于2016年总统大选时，特朗普能够在不被主流舆论看好的情况下胜出，与选举团队重视信息收集不无关系。例如，特朗普之所以提出看似可笑的在美墨边境"建长城"计划，是因为其团队运用大数据技术对社交媒介作出分析，发现很多选民关注边境的非法移民治安问题这一关键信息[②]。虽然此类数据推动决策的事例不属于行政领域，但能够佐证决策对信息的依赖程度。从行政管理角度来看，有效的信息管理在很大方面影响着决策的优化及成本的降低。公众所批判的"拍脑袋"决策，是指决策机关以片面推测促使决策方案形成，却忽略了科学论证，而"片面推测"在一定意义上即意味着缺乏对信息的应有掌握。党的十八届四中全会将公众参与确立为重大行政决策的五大法定程序之一，既体现了尊重公众知情权的政治导向，又表明公众反馈的民意信息对于决策机关信息收集能力不足的弥补。

在前大数据时代，决策信息一般来源于政府与社会两个渠道。信息的收集主要依赖于人工，有实地调研、网上调查、召开座谈会等信息收集形式，方法上存在随机性。或者，决策机关通过传统技术方法对信息进行初步分析，此种机制下的信息收集能力相对有限，信息存储量停留在TB、PB的阶段，难免会出现因欠缺信息支撑而引发决策效果不彰的问题。

（二）重大行政决策运用大数据的契机

当前，作为信息技术革命的产物，尽管大数据在概念上尚无完全一致的

---

① 孙丽岩. 行政决策运用大数据的法治化 [J]. 现代法学, 2019 (1): 85.
② 岳楚炎. 人工智能革命与政府转型 [J]. 自然辩证法通讯, 2019 (1): 23.

定义，但其运行依然与信息的收集、分析、整合及研判密不可分。"大数据"是高增长率和多样化的信息资产①。2015年《纲要》也将大数据界定为新一代的信息技术和服务业态。与先前信息社会相比，大数据时代是信息化社会的高级发展阶段，实质是以数据的深度挖掘与融合应用为表征的智能化时代，其中的大数据可视作海量信息的集合体。大数据是信息的表现形式之一，对前者作出清洗或加工后将提炼出有价值的信息。数据收集阶段，可运用多种技术去接收来自外界客户端（App、Web或者传感器形式等）的数据。决策机关在内部构建一体化的数据平台后，数据容量可达到ZB的规模，比TB容量多出了上千倍，从而实现更多信息的占有②。大数据同先前的数据信息有所不同，基本特点可以用4个V来概括（volume、variety、value和velocity），即体量大、多样性、价值密度低、运转速度快。由此可知，大数据是以目的信息为核心的数据集合。对此，大数据无疑为决策的信息来源提供了新渠道、新视野。

二、从信息化建设到大数据技术革新

大数据时代到来之前，决策机关已在某些决策事项借助了信息化技术，并围绕信息资源的科学性与有效性而展开信息化建设。信息化建设，大体是以计算机为核心的信息处理技术，其中涉及网络技术、办公室自动化技术等。例如，以信息技术为基础的决策支持系统（DSS）与群体决策支持系统（GDSS），一度成为决策机关的有效工具。信息技术的应用使信息传送中的人为阻隔被消弭，更多公众有了精确反映信息的可能性，故而拓展了决策信息源。上述信息化建设，更多依靠的是人工具体操作+丰富的网络技术知识，以实现决策的计算机化、自动化，当属互联网时代的电子政务范畴。整体上而言，实践中的部分数据库集成建设、分析方法的应用，实质上还是传统数据库时代的决策模式。诚然，此类技术的确有助于改观决策方式，提升决策的信息化程度，并推动决策程序更为简明、畅通。但是，信息化建设依然存在理性有限、运行速率不高、处理程式机械、数据规范不统一等不足。当数据类型由原先单一的结构化向现在复杂多变的结构与非结构化扩展之时，此类缺陷表现得更为明显。

---

① 巴拉巴西. 爆发：大数据时代预见未来的新思维［M］. 马慧，译. 北京：中国人民大学出版社，2012：40-41.
② 有关数据容量的基本单位换算公式如：1 024MB = 1GB（gigabyte）；1 024GB = 1TB（trillionbyte）；1 024TB = 1PB（petabyte）；1 024PB = 1EB（exabyte）；1 024EB = 1ZB（zettabyte）等。

大数据的发展，将使得决策借助于新型信息技术手段成为可能。大数据驱动型重大行政决策，是以程式为基石的数据运算技术的实际应用，其中涉及何种技术可以处理数据且迅速获取价值的问题。大数据在一定范围内无法通过常规软件工具加以捕捉、管理及处理，而是依赖云计算、传感技术及物联网等新的软件工具或技术创新才具备更强的决策力。运用大数据技术的目的不仅在于掌握大容量的数据信息，而且在于对有价值的数据作出专业化处理。近些年，Hadoop、SQL Server、NoSQL等计算平台或数据库相继问世，此类兴起的技术工具为大数据应用提供了抓手，满足了决策的借鉴需求。

大数据技术的成熟，使得决策愈发倚重数据分析，而非仅仅依靠逻辑推理抑或经验积累。例如，大数据技术借助可视化决策支持系统（VDSS）、关联分析等数据管理手段，能够将海量数据整合成直观可视的图形、图标等，为决策机关获取新知提供了可能性。例如，美国迈阿密戴德县率先运用大数据技术建设智慧城市，即对本地各项数据作出分析，并在云计算环境中配置智能仪表盘。当地政府可以通过仪表盘实时观测各项数据变化情况，为政府在解决交通拥堵、提升公共安全等方面的决策提供了有力支持[1]。简言之，大数据时代的重大行政决策，是指通过对海量数据的相关性分析，在深层次上形成决策关联，并以可视化形式展示分析结果，本质上为决策机关提供了不同于以往的决策思维及其发展的新动能。

第二节　重大行政决策运用大数据的优势

大数据的应用，一般遵循从资源到技术、再从技术到应用的功能路径。它在重大行政决策领域所体现的优势比较明显，能够贯穿于决策始终，且在实践中的应用效果较为显著。

一、运用大数据的优势体现

大数据给重大行政决策带来的优势，能够在以下几方面得到凸显。

（一）推动决策的高效化

大数据的处理速度，远比传统技术更快。大数据技术建立在信息获取基础上，能够减轻决策机关负担，实现对信息的有机整合，增强决策流程的高

---

[1] MCAFEE A, BRYNJOLFSSON E. Big data: the management revolution [J]. Harvard business review, 2012, 90 (10): 3-9.

效透明。大数据时代实现了收集与处理的同步进行，运用更先进的处理技术使数据发挥最大的价值和效用。倘若在特定决策领域构建了集中的大数据信息平台，迅速揭示信息与决策目标之间的关联，此种信息储备能够解决因信息占有量不足而导致的决策迟延问题。

（二）提升决策的精准度

先前，限于决策机关认知的有限性，以及可能存在的某些或隐或显的偏见，决策过程难免会存在疏漏甚至谬误。大数据运用海量的信息及精准的算法，将在更大程度上消弭不确定性，以提升决策方案的准确率。决策机关可从大量数据中挖掘出与决策相关的要素，经过构建科学分析模型或软件，将需要决策的内容带入其中并加以锁定，捕获当前热点信息并预测将来的发展动向，完成对未来趋势的精准预测。譬如，就预测风险而言，可搭建风险信息挖掘与分析平台，运用大数据技术对线下通过调查问卷等获得的信息和线上的自媒体信息进行挖掘，去观察决策的社会响应情况及可能遭遇的阻力性因素[1]。此种技术的运用，将赋予决策机关从全方位、多角度审视决策过程的能力。

（三）增强决策机关之间的联动

复杂严峻的行政治理现状，对政府部门之间的多元共治提出了新期待。然而，在传统科层制与行政条块分割的管理体系下，各政府部门在职责范围内履职的实践，使得数据侧重于在本系统内部传递，并呈现出碎片化、分散化的状态。大数据技术凭借数据关联去整合多种类、跨数据源的信息资源，有助于打通不同决策机关、政府部门之间的数据壁垒，助益整体决策流程的优化。通过构建决策机关之间的大数据联动体系，发挥出信息共享对协同治理的积极作用。

二、大数据的应用可贯穿重大行政决策始终

"大数据对决策者的意义表现在决策的三个过程上：事前预测、事中感知、事后反馈。"[2] 具体来看，大数据的优势可贯穿于决策的各个阶段，包括启动草案、公众参与、合法性审查、决策反馈等。运用大数据之后，决策事项的预估、决策方案的事中观察以及避免风险的能力等都将得到改进。

---

[1] 刘白，廖秀健. 基于大数据的重大行政决策社会稳定风险评估机制构建研究［J］. 情报杂志，2016（9）：45.

[2] 孙强，张雪峰. 大数据决策学论纲：大数据时代的决策变革［J］. 华北电力大学学报（社会科学版），2014（4）：33.

首先，在决策草案的形成阶段，大数据有助于改进公众参与决策的方式。"大数据时代的决策方式逐渐由自上而下的主动式决策转变为民众参与式决策，决策参与主体也由之前的社会精英转向社会普通民众。"[①] 民众对于决策的多样化需求，能够转化为数据形态并被决策系统所记录，实现向现代社会的"开放式决策结构"迈进。

其次，大数据有利于优化合法性审查机制。合法性审查部门的审查，是重大行政决策草案的必经步骤。在合法性审查部门人力资源有限的情形下，这一环节无疑具有不小的压力。审查部门可以将有待审查的草案与法律大数据平台上的相关信息对照，推进合法性审查的智慧化展开。

再次，在决策执行和调整阶段，大数据适时发挥校正作用。譬如，苏州市于2014年11月在全国率先开发重大行政决策网上公开运行系统，该系统分为"目录管理平台""论证平台"和"监督平台"三大子系统。其中，"监督平台"的运行方式如下：通过对苏州各地各部门重大行政决策的网上监督管理，实现全市范围内所有重大行政决策的适时动态反映、工作流程监控和数据统计分析。"客观情况的变动必须被决策者所知晓甚至实际辨别，此阶段，主要涉及的是社群信息的吸纳与识别、实践境况以及行政主体间的沟通渠道是否保持顺畅。"[②] 运用技术处理终端系统可动态观察决策执行进展，实现对决策方案的动态纠偏。

三、重大行政决策事项可运用大数据的表现

"重大行政决策"在法学理论上是一个"不确定性概念"，其概念内涵存在依附性[③]。《重大行政决策程序暂行条例》第三条只是概括规定了五项主要的决策事项，目前其具体的边界和范围无法做到非常明确。实践中决策机关一般结合职责权限和本地实际，经报请上级有关部门同意后确定决策事项目录管理。大体而言，公共服务、市场监管、社会管理、环境保护等事项是重大行政决策的主要场域。本部分主要以市场监督与环境保护这两个领域为例，描绘出大数据应用的具体图景。

（一）市场监管领域的决策事项

对于市场监管部门而言，充分运用大数据资源去打造全面的基础数据库，

[①] 张建设. 大数据：战略论的终结与社会化决策的兴起 [J]. 企业管理，2012（10）：92-94.

[②] 黄学贤. 行政法视野下的行政决策治理研究：以对《重大节假日免收小型客车通行费实施方案》的检视为例 [J]. 政治与法律，2014（3）：66.

[③] 熊樟林. 重大行政决策概念证伪及其补正 [J]. 中国法学，2015（3）：286.

有助于构建信息化的市场监管机制。原工商总局几年前在系统内网部署了一套由全国人大法工委、原国务院法制办、最高人民法院、最高人民检察院及国家信息中心等五个部门联合研发的网络版法律法规库系统，其中包含我国所有的法律、法规、规章、司法解释、典型司法案例、部委局的规范性文件及部分国际惯例，并定期更新法律法规[①]。该系统搭载强大的搜索技术之后，市场监管部门在作出重大行政决策时，可将决策所涉及的事项及关键词导入全库或某个库中迅速检索，克服人力资源有限的困难，推动合法性审查工作的"在线"运行。

运用大数据即时展现市场主体的动态行为，市场监督部门能够捕捉到更加全面的信息去服务决策。具体而言，可以经过对市场主体存量、资金流动、消费投诉、竞争形态及市场活跃度等各方面信息的趋势分析，辅助市场监管部门制定有效的产业调控政策。例如，江苏工商部门基于工商业务和政务数据，探索推进融"工商业务研判、市场主体'画像'、经济运行情况综合分析"于一体的工商数据研判系统建设，目前已建成"决策支持""风险预警"等7个展示系统[②]。按照该系统的设计，可对相关经济运行情况构建模型，并开展监测、评估及风险防范，为科学决策提供分析支持。又如，美国通过大数据技术在金融市场领域形成了宏观的监管措施。2012年以来，美国财政部为金融市场构建了一个基于标准化的法人实体识别码的身份信息报送、识别和共享系统，即LEI系统（全球法人机构识别编码）。该系统作为金融信息收集和分享平台，打破了银行、证券、基金以及保险等传统金融行业之间的界限[③]。通过此系统，监管部门能够有效应对极其复杂的衍生金融风险，以此展开对金融风险的监控和决策管理。

（二）环境保护领域的决策事项

大数据为政府部门制定环境保护领域的重大决策提供了契机，能够进一步提升环境信息化能力。2016年1月，环保部审议并通过《生态环境大数据建设总体方案》，在提升宏观决策水平、提高环境应急处置能力及加强环境舆情监测和政策引导等方面明确了环境保护领域的科学决策任务。

以大气污染防治为例：面对污染严重的客观情况，2015年我国对367个城市的空气质量进行在线监控，对近15 000家重点污染企业实行在线监控，

---

① 陶利军. 基层市场监管大数据技术应用现状及思考［J］. 中国市场监管研究，2018（3）：62.
② 石高平. 市场监管大数据应用实践与思考［N］. 中国工商报，2017-10-17（003）.
③ 李平. 大数据在政府决策中的应用［J］. 科学发展，2017（10）：5.

逐步实现信息的联网发布并初步具备了大数据的特性，凸显出环保大数据在改善环境管理方面的初步功用①。进一步而言，按照大数据技术的运行方式，倘若决策机关拟制定一项针对性的大气污染防治措施，那么可以在上述环保大数据基础上，依托计算机资源设计出一套云计算平台对此数据进行存储与筛选，紧接着运用数据挖掘技术构建出相应模型去承载数据分析的任务。随后的数据分析结果以可见或可读形式输出，将使决策机关了解当前空气状况，运用相关的环境分析方法去预测未来动向，最终制定科学的大气污染防治措施。

值得一提的是，基于公众参与在环境保护决策方面的必要性，大数据技术为公众意见的表达带来了一种崭新的打开方式。决策机关可推出大数据平台，吸纳社会公众对于该项决策的意见，公众可借此发表多元化的通告和评论。这有助于实现公众与决策机关互动关系的数字化形塑。

第三节　重大行政决策运用大数据的法律难题

大数据已成为国家的基础性战略资源，将之应用到重大行政决策等各个领域所发挥的正面效果是明显的。然而，大数据应用是一把"双刃剑"，不可避免会衍生出一定的难题。理性分析可能的风险并加以防范，是使大数据发挥更大效益的基础工作。

一、决策安全的隐忧

诚然，大数据有助于预测决策风险，但本身也带来了安全风险。重大行政决策关系到一个部门、地区的经济、社会和文化事业发展的动向，其中自然带有不少的秘密数据。"如果在大数据处理方面落后，就可能导致数据的单向透明。"② 大数据在决策领域的应用，使之一定意义上成了公共秩序的构成元素。倘若对技术应用平台的安全保障不够，将可能遭外部技术入侵，从而面临资料被窃取的风险。数据风险防控不力，将对国家安全和国计民生带来不可预估的侵害。

尤其是当代社会，政府部门在日常的行政治理过程中，已收集了涉及金

---

① 詹志明，尹文君．环保大数据及其在环境污染防治管理创新中的应用［J］．环境保护，2016（6）：44.

② 马建光，姜巍．大数据的概念、特征及其应用［J］．国防科技，2013（2）：15.

融财税、交通、气象、科技创新、矿产资源等重要行业的各类数据。根据现有资源,决策机关构建了面向各类决策事项的主题性、集成性及稳定性的数据平台。假设网络黑客对决策机关的数据平台进行入侵,如此重要数据的毁损或披露无疑将会扰乱行政治理活动的正常秩序。进一步而言,一旦外来技术暗中操纵了决策机关的数据平台,而决策机关本身却未能及时发现数据已被篡改,将很可能误导决策方案的出台,给后续环节造成难以弥补的损失。虽然大数据技术的立场中立,但操控技术的人却存有主观价值。上述可能的风险,对决策机关的数据安全体系提出了新要求。

二、个人数据存在的空间被挤压

(一)个人数据泄露的风险增加

大数据是集数字、文本、图、视频等于一体的集合。重大行政决策过程中,并非所有数据都涉及个人数据。例如,决策机关收集到的环保数据、交通数据等,可能并不会直接包括个人数据。决策机关对此类数据作出的技术分析,也暂无暴露公民隐私之虞。不过,决策机关所收集的基础数据中,依然有很大一部分来源于公民。对公民而言,个人数据涉及私人生活方方面面的信息归属。此类数据在经过关联分析等技术处理后可以追溯到"可识别性"的对象,即能够精准还原公民的地理方位、生活状况、兴趣喜好乃至个人隐私。例如,涉及扶贫方面的决策事项,大数据平台的信息一旦被泄露,贫困户的所有信息就会大白于天下,这对贫困户个人隐私的保护和去"污名化"是极其不利的[1]。如何界定决策与个人隐私保护之间的法律边界,怎么防止个人透明化带来的危害,都是亟待解决的问题。而数据的大量集中,客观上增加了隐私泄露的概率。"大数据时代的隐私性主要体现在不暴露用户敏感信息的前提下进行有效的数据挖掘,这有别于传统的信息安全领域更加关注文件的私密性等安全属性。"[2] 匿名化、模糊化等小数据时代的隐私保护策略,在面对大数据的复杂特征时却难以发挥实效。

(二)决策机关对个人数据的控制

除上文提及的个人数据被泄露的风险,也不排除决策机关二次利用的可能性。此时,决策机关成为名副其实的数据控制者(data controller)。例如,

---

[1] 谢治菊. 块数据在农村精准扶贫中的应用及反思:兼与"条时代"大数据应用相比较[J]. 南京农业大学学报(社会科学版),2017(5):35.

[2] 孟小峰,慈祥. 大数据管理:概念、技术与挑战[J]. 计算机研究与发展,2013(1):160.

《华盛顿邮报》2010年的研究表明,美国国家安全局每天拦截并存储的电子邮件、电话和其他通信记录多达17亿条,并将之运用到监控等不确定的管理事项内[1]。美国"棱镜门"事件的披露,亦证实了公众隐私能够随时被政府掌控的事实。重大行政决策的程序本身包含了"行政自制"的控权逻辑[2]。换言之,政府部门在作出决策时,存在自主遵守规则或义务的自觉。政府部门决策前收集数据的作用并不局限于特定的决策事项,在其他领域突破边界后将加大公民数据滥用的可能性,并引发决策制定与执行阶段的道德风险。然而,当初收集数据时未曾有过这样的考量,数据在另外场域的应用无法得到公民的知情同意声明,那么数据使用的公共性与数据保护的私人性之间便发生抵牾。现代大数据技术的变革,造成政府与公民之间的信息更加不对称,致使公民的自治空间缩小。怎样确保决策机关在收集、分析和使用数据方面都能够合乎法律规定,值得进一步审视。

三、决策失误的责任承担

重大行政决策仰赖于大数据技术,很大一方面是看中了其具有的确定性特征。一般情况下,大数据基础上的算法都比较稳定。以各类算法为核心的诸多大数据分析软件,皆是透过当下预测未来。但是,当下的预测与未来的情形并不经常一致。原因有二:一是大数据价值的"提纯"难度较大。怎样通过科学的算法去清洗、过滤数据,实现数据价值的有效"提纯",是大数据应用中的一大难点。大数据的特征不仅在于其数据量大,更在于其数据来源的混杂性和时效性[3]。决策中的某项数据算法不到位时,数据的混杂性、错误性甚至虚假性将愈发凸显,难免导致低密度价值,进而不利于决策的出台。二是社会发展日新月异与技术未能跟进之间存在冲突。当未来发生重大改变而现有大数据技术未能及时应对时,从无规律数据中发掘潜在应用价值的过程将更为艰难,所产生的数据分析将停留在一种虚拟的确定状态。基于现实的数据技术,面对未来事项时便产生某种断裂,此种情形同样会误导决策。

就决策失误的责任承担来看,传统意义上的归责事由是决策机关及其人

---

[1] 迈尔-舍恩伯格,等. 大数据时代:生活、工作与思维的大变革[M]. 盛杨燕,周涛,译. 杭州:浙江人民出版社,2013:201-201.

[2] 崔卓兰,刘福元. 行政自制:探索行政法理论视野之拓展[J]. 法制与社会发展,2008(3):98.

[3] 迈尔-舍恩伯格,等. 大数据时代:生活、工作与思维的大变革[M]. 盛杨燕,周涛,译. 杭州:浙江人民出版社,2013:27-29.

员不遵循相应的程序或者违法决策。大数据驱动决策的模式，则一定程度稀释了此种责任承担的事由。一项决策往往经过很多道程序，大数据应用增加了形塑责任结构的可能性。党的十八届四中全会决定勾勒出重大决策终身责任追究制度及责任倒查机制的基本架构，《法治政府建设实施纲要（2021—2025年）》重申了这一规定，而《重大行政决策程序暂行条例》在第五章确立了违反决策程序的责任承担问题。对于决策运用大数据所造成的责任追究而言，上述规范均过于原则，而目前统一的法律规范付之阙如。那么，经由数据决策的具体责任承担主体何在？怎么认定是大数据技术问题还是人为因素？谁应该为决策损失"买单"呢？对于决策机关滥用个人数据的行为，该如何认定责任？另外，假设决策机关违规使用决策数据，违反本来用途而将之用作部门利益，于何种情形下能够逃逸行政责任也颇值得研究。

第四节 重大行政决策运用大数据的法治化进路

科学、民主及法治，是现代政府部门作出重大行政决策必须恪守的三大基本原则。重大行政决策具有强烈的行政能动主义倾向，本身蕴含的公权力属性决定了法治化的必要性。有学者提出，重大行政决策与一般行政决策最大的区别，在于前者的程序要受到更为严格的政治与法律控制[1]。针对上文所述大数据引发的难题，相应提出对策加以解决的实质是从数据治理向治理数据的转变，这一过程离不开有效的法律规范。由此，决策机关应当在法治轨道上运用大数据，使之遵循规范化的运行规则。将大数据应用纳入法治视野后，能增益决策方案的科学化水准，并进一步促进法治政府目标的实现。

一、决策数据安全体系的法治保障

所谓决策数据安全体系，是指根据数据在国家安全、决策事项及决策重要程度等方面的指标去确定其安全等级的体系。大数据形成的数据集合，使得逐级分布的安全体系有待进一步完善。在决策数据安全体系整合的基础上，应当继续探讨法治保障的路径。具体而言，不妨尝试从以下两方面加以分析。

（一）以法律规范为依据，推动决策数据安全的制度化建设

当前，《中华人民共和国网络安全法》等法律初步实现了大数据应用的法

---

[1] 黄学贤，桂萍. 重大行政决策之范围界定［J］. 山东科技大学学报（社会科学版），2013（5）：40.

治化整体框架。然而,《中华人民共和国网络安全法》的规定还较为原则,并侧重于系统功能、网络载体等方面的保障。《重大行政决策程序暂行条例》基本没有涉及决策数据安全的保障议题。纵观全国范围其他省市,涉及大数据安全管理的立法存在供给不足的情况,仅有《贵阳市大数据安全管理条例》等个别性的地方法规出台。对此,各地政府部门可以在制定大数据安全的地方性法规基础上,以重大决策事项为主题分类,针对性出台《决策数据安全管理办法》等规范性文件,具体、详细地建立数据安全管理责任和考核评价机制,为本地区决策数据的规范化应用提供法律规范与制度依据。

(二)掌握风险社会下的行政法治原理,优化决策数据安全的风险防范机制

《重大行政决策程序暂行条例》第四章专门规定了风险评估程序,其规定倾向于将决策风险的治理关口前移,进而期望实现源头上的有效把控。重大行政决策风险评估的主要目标,是尽可能规避政治、社会、环境及经济等方面的损害[1]。这一策略固然在很大程度上能助益决策方案的风险可控,却可能难以预见决策本身所面临的新型数据风险。因此,面对决策数据安全问题时,有必要优化动态的数据安全防范机制,且构建好关键数据的备份机制。政府部门在致力于大数据技术研发或数据分析应用的基础上,应当加强大数据安全的技术研发和资金投入,提高大数据的安全技术防护和安全管理水平。通过加强数据安全的培训教育,为本系统内部培养出更多数据安全管理人才,满足科技、安全与法治的多重要求。

面对技术难度大的数据问题,政府部门可探索购买社会服务的方式,通过公私合作机制实现决策过程中的技术供给。当然,决策机关在此阶段要加大监管力度,对可能的风险加以追踪并及时出台应急方案,确保技术服务落到实处。并且,决策过程中亟待实现技术监管技术,实现技术监管的智能化。通过此类方式,使大数据在风险可控原则下得到更大程度的运用,如此有助于实现大数据应用与安全的平衡。

二、个人数据的法律保护

决策机关运用大数据,需要保持在合理使用的边界之内。个人数据保护的核心要旨,是规制决策机关滥用的行为。前述个人数据泄露,实际只是个人数据可能被侵犯的一个方面。除此之外,数据权属等都已经成为亟待探讨

---

[1] 江国华,梅扬.重大行政决策程序法学研究[M].北京:中国政法大学出版社,2018:120-121.

的问题。本部分主要从权属与程序两个维度去探究个人数据的法律保护。

（一）明确个人数据的法律权属

这里有必要先回顾一下"个人数据""个人信息""个人隐私"三者之间的关系。首先，数据被视作信息的载体之一，而"个人数据"被侧重于作为计算机术语而使用，"个人信息"是法律概念，如《中华人民共和国网络安全法》《中华人民共和国身份证法》《中华人民共和国民法总则》等都采用了"个人信息"的称谓。是故，当讨论"个人数据"的法律权属时，不妨将语境转换至"个人信息"之下。其次，"个人隐私"的范围比"个人信息"要窄，"个人信息具有更加广泛的内涵，既包括涉及个人隐私的信息，也包括只做识别用途的个人信息"[①]。再次，回到重大行政决策运用大数据的语境，目前最需要厘清的是决策机关在收集、处理数据时涉及的个人数据，或者说个人信息应当有什么样的法律权属。

在私权利视角下，个人信息归属于个人信息权并无疑问。对其性质，实践中存在个人信息权的人格权与财产权的激烈论争。人格权学说提出，个人信息关乎人的荣誉与尊严；财产权学说认为，个人信息具有明显的商品属性，具有财产性。[②] 笔者认为，应当将决策过程中涉及的个人数据界定为人格权范畴。理由在于：个人隐私权是传统的人格权，将囊括个人隐私在内的个人信息界定为人格权更为适宜。如果将之界定为财产权，那么此项含有财产权益的信息被决策机关使用之后，将会面临决策使用与使用付费的前后逻辑，但是个人数据的议价问题却无从下手。同时，基于决策的公共属性，对个人数据的付费并不契合财产权的内在逻辑。而个人信息的可识别因素，从根本上决定了人格属性的本质特征。综上所述，在将个人数据界定为个人信息权后，应通过私法上的赋权将其确立为法定的具体人格权，并在数据处理及使用的具体情境下明确个人与决策机关之间的权属边界，如此才能在今后决策时增强民众对决策的支持力度。

（二）明确数据收集与使用的法律程序

决策机关在收集和使用数据过程中，实际上确立了个人数据处于"权力-权利"二元关系下的局面。在《中华人民共和国个人信息保护法》尚未出台的情况下，为避免个人数据受到公权力侵害，可先行构想正当程序对决策机

[①] 刘学涛．大数据时代个人信息的行政法保护分析：内涵、困境与路径选择［J］．南京邮电大学学报（社会科学版），2018（6）：24．

[②] 李爱君．中国大数据法治发展报告［M］．北京：法律出版社，2018：7-8．

关的规制之道。根据 2012 年发布的《信息安全技术公共及商用服务信息系统个人信息保护指南》的内容及精神，决策机关在收集个人数据时，收集使用规则应相对明显地予以提示并获取公民的同意，此过程不能剥夺公民理应感知的自由。个人数据资源属于个人信息权的一部分，属于人格权保护的重要内容，因而在采集和使用中需要征得个人信息权主体同意。在决策过程中，当合理使用与侵害个人数据相冲突时，一般以私人权益为优先原则，这时要运用行政法上的比例原则作出权衡。当决策利益并不会遭到明显损害时，决策机关应当就决策的考量因素、因果关系等作出特别说明。在决策结束之际，若决策机关确有必要扩展数据使用的范围，应当运用技术手段再次征询个人数据主体的意见。

此外，决策机关可尝试建立可识别信息的数据库祛除机制。当决策机关收集数据之后，根据是否识别的标准，大致将个人数据区分为可识别区与不可识别区两个数据库。当决策完毕后，确信识别区数据不用时，将这一区域的数据加密或永久封存，或者适时将之删除，以排除被不当利用的潜在风险。

三、构建科学的决策责任追究机制

促使决策机关遵守规则的关键是构建良善的责任承担机制。信息技术为决策机关提供了裁量的空间，此种裁量权进一步凸显了责任承担的重要性。理性而规范地设计决策责任，厘定认定标准是逻辑起点[1]。笔者认为，要减少经由数据决策产生的重大失误，关键是要建构好大数据责任承担的构成要件，具体如下所示。

（一）决策的责任承担主体

重大行政决策的作出是以人为主体的，其决断过程中理应负有公共责任[2]。2010 年《国务院关于加强法治政府建设的意见》指出："对违反决策规定、出现重大决策失误、造成重大损失的，要按照谁决策、谁负责的原则严格追究责任。"决策机关的主要领导及直接负责人，自然都符合决策责任的主体资格要求，遵循行政系统内部以往的问责机制即可，此处的"责任"包括政治责任、党纪责任和法律责任。大数据的应用，使决策责任主体的认定呈现复杂性特征。除决策机关及其工作人员外，聘请的技术提供者、数据评估

---

[1] 肖北庚，王伟，邓慧强. 行政决策法治化研究 [M]. 北京：法律出版社，2015：219.
[2] 松下奎一. 政策型思考与政治 [M]. 蒋杨，译. 北京：社会科学文献出版社，2011：136-137.

人员等第三方都与决策密不可分。一般情况下，技术人员发挥的更多是协助作用，按照行政责任追究的内在原理，他们并不是适格的行政责任承担主体。不过，基于大数据的高度专业化，若是因技术人员的主观故意或重大过失误导了决策的方向，不排除其承担民事赔偿责任甚至是刑事责任的可能性。例如，对于技术提供者造成的重大决策失误，若损失为一般损失，则可依照民事程序要求其承担赔偿责任。倘若发现技术提供者恶意运用大数据误导决策且造成重大损失，则启动相应的程序，视情况将该技术提供者纳入行政"黑名单"等失信联合惩戒机制，并在政府网站上将其行为公之于众。此类决策第三方主体承担的"责任"，大体包括民事法律责任、刑事法律责任以及相应的道德责任。为避免责任扩大化，此类责任的认定需审慎对待。

（二）主客观相结合的归责事由

决策失误存在主观因素与客观因素之分，具体要看决策失误的原因。如果是客观形势变化使得大数据技术本身失效，可不追究责任，但也要警惕通过技术决策规避责任的做法。决策机关滥用个人数据的行为，同样属于责任的追究事由。归责事由的确定要做到宽紧适度，应当结合行政法上的法定原则、权责一致原则等加以衡量。

（三）实行过错归责原则

这里指的是决策责任主体所持有的一种主观心理状态。追究决策责任，需要责任主体有故意或者过失的过错，即依据其过错程度，课以相应程度的责任以及选择匹配的责任承担方式[①]。此处的故意，主要体现为运用大数据时的程序违法、滥用职权以及明知技术有误而不纠正等情形。这里的过失是一种重大过失，即本应达到一般理性人的注意义务和专业决策者对大数据技术常识的认知标准，却显而易见没有避免。建议不适用无过错原则，因为可能会抑制决策机关运用大数据的积极性。

（四）造成危害的结果要件

此处所指的危害包括实际损害和决策秩序两项内容。一般而言，主要是指对国家利益和社会公共利益造成不可恢复、无法挽回的严重损失。如果是一般大数据技术问题，积极补救之后，可以考虑免于追究责任。除此之外，误用大数据对正常决策秩序造成严重干扰的，也可能面临责任的承担问题。

综上所述，法律制度的设计是实现技术风险规制的重要措施，相应的规

---

① 周叶中.论重大行政决策问责机制的构建［J］.广东社会科学，2015（2）：232.

制表现出技术应用阶段的责任要求①。通过构建严密的责任构成要件，责任追究机制更具针对性和操作性，可视情境分别对责任主体设定相应的义务。

本章小结

在大数据时代，运用数据辅助重大行政决策，并借助技术革新决策的模式，能够很大程度提升决策能力的科学化与现代化。大数据为重大行政决策提供了更为精细化的智力支持，但引发的难题同样不可忽视。在明确当前挑战后，可构建法律机制去作出调适，使大数据的应用做到科学化与法治化的统一。笔者乐见大数据为重大行政决策带来的诸多裨益，但认为其无法完全取代以决策机关为核心、以公众参与为重点的决策过程，且并非所有的决策事项都需要依靠大数据。也就是说，书中侧重于讨论适宜应用的决策事项。展望未来，大数据与人工智能将为行政治理领域创造更多可能性，重大行政决策势必遇到范式转型的新机遇。另外，优良的大数据决策模式，需要防范决策过程中的纯技术导向风险。大数据技术不能缺少决策机关及其人员的科学驾驭，这意味着技术的应用过程离不开其他规范化的制度建设。

---

① 刘铁光. 风险社会中技术规制基础的范式转换 [J]. 现代法学, 2011 (4): 68-69.

第九章　知识产权强国建设的行政法保障

随着新时代科技水平的不断提升，近年来我国知识产权制度得到显著发展。知识产权已成为经济社会发展不可或缺的内生动力，核心专利、生物医药、高水平集成电路布图设计等优质知识产权拥有量大幅递增。与此相伴随的是知识产权的保护问题。在知识产权保护体系中，行政保护占据重要地位。行政机关依法科学配置和行使有关行政部门的调查权、处罚权和强制权，以及司法审查环节对知识产权行政纠纷的化解，都能够发挥积极的保护作用。在保护方式上，行政处罚、行政强制、行政裁决、行政调解、行政指导等都是重要的机制[1]。为服务于知识产权强国建设的战略安排，全面提升创造、运用、保护、管理和服务水平，充分发挥知识产权制度在社会主义现代化建设中的重要作用，中央于2021年9月印发《知识产权强国建设纲要（2021—2035年）》。该纲要提出，"健全便捷高效、严格公正、公开透明的行政保护体系"。基于此，在大力推进知识产权强国建设背景下，有必要探讨其中的发展难点与重点任务，建立健全符合科技创新要求的行政法保障制度。

第一节　知识产权强国背景下行政法的功能定位

中央及相关部门的文件精神彰显了行政法对于建设知识产权强国的使命与价值。2020年11月，习近平总书记在主持中央政治局第二十五次集体学习时肯定了走中国特色知识产权发展之路所取得的成就，并对知识产权保护工作提出了六个方面的具体要求[2]。笔者认为，行政法对于知识产权的保护体现在多个方面，其中在行政诉讼等环节体现得尤其明显。知识产权诉讼的案件数量增长迅猛，据《2022年最高人民法院工作报告》显示，2021年全国法院

---

[1] 戚建刚. 论我国知识产权行政保护模式之变革 [J]. 武汉大学学报（哲学社会科学版），2020（2）：154.

[2] 习近平. 全面加强知识产权保护工作，激发创新活力推动构建新发展格局 [J]. 求是，2021（3）：3.

审结一审知识产权案件54.1万件，同比上升16.1%。知识产权保护很大程度上需要处理好公权与私权的关系，这离不开行政诉讼法的调整。在三大诉讼法中，相较于知识产权民事诉讼、刑事诉讼，理论与实务界对行政诉讼的关注相对不足。而《人民法院第五个五年改革纲要（2019—2023）》明确要求健全知识产权司法保护机制，充分发挥司法保护知识产权的主导作用，完善符合知识产权案件特点的案件管辖、证据规则、审理方式等诉讼制度，强化对知识产权授权确权行政行为和行政执法行为合法性的全面审查与深度审查。具体而言，行政诉讼至少具有推动创新驱动发展、促进营商环境优化、助力法治政府建设的三重功能导向。

一、知识产权行政诉讼推动创新驱动发展

知识产权行政诉讼保护创新、激励创造，可有效推动创新驱动发展。知识产权战略是国家创新驱动发展战略的有机构成，加强司法审判对于知识产权战略实施发挥基础性作用[1]。知识产权行政案件比较复杂，解决行政争议有益于为科技创新奠定秩序基础。法院除了依照行政法律规范审查行政行为的合法性外，还要依据知识产权法律规范去审查权利归属、技术特征的相似性、侵权行为构成要件等特殊的法律要点。信息科技迅猛发展的背景之下，知识产权实践给行政诉讼带来了更多的机遇和挑战。国家知识产权局公布的数据显示，截至2021年6月底，我国发明专利有效量为332.4万件，其中国内（此外不含港澳台）发明专利有效量为245.4万件，同比增长23.0%；截至2021年6月底，有效注册商标量为3 354.8万件，同比增长22.4%。[2] 针对知识产权行业发展及其引发的纠纷，法官在行政案件审理过程中不仅要对案件事实作出查明，还要对知识产权法律在具体行政案件中的适用予以探讨，其在激发科技自主创新活力中的作用愈发凸显。

切实激发行政审判裁判在科技创新成果保护中的规则引领和价值导向职能，是国家治理现代化的有力保障。对于任何一个权利受到公权力侵害的人而言，行政诉讼的法律途径都是敞开的。行政诉讼的侧重点不在于客观的合法性审查，而是侧重于对个人权利的维护[3]。经由行政争议有效化解去保障权利，激发该项司法制度的引领效果。行政诉讼推动创新驱动发展的旨趣在于，

---

[1] 马一德. 创新驱动发展与知识产权战略实施 [J]. 中国法学, 2013（4）：27.
[2] 易继明. 知识产权强国建设的基本思路和主要任务 [J]. 知识产权, 2021（10）：13.
[3] 胡芬. 行政诉讼法 [M]. 莫光华, 译. 北京：法律出版社, 2003：10.

通过对当事人实质诉求的把握与处理，实现审判对知识产权强国治理活动的因应。实践中知识产权行政诉讼呈现新变化，知识产权制度涉及的主体愈加广泛，涉及相对人一方，有公民、法人和其他社会组织。而行政机关方面，包括中央部委在内的各个机关，都能成为被告。近年来，"三审合一"审判模式得到提倡，这是指知识产权民事、刑事和行政案件统一由一个审判庭审理，而非目前由知识产权审判庭、行政庭和民事审判庭分别审理的模式。而且，法院在组织法上充分推进了知识产权行政审判等工作。2019 年 1 月，最高人民法院知识产权审判庭正式挂牌。在此之前，自 2014 年起北京、上海、广州等城市先后成立了知识产权法院，专业化审判之路日益拓展。与此同时，知识产权案例指导建设，优化了司法裁判规则，对于知识产权强国建设发挥了积极作用。这种案例指导制度，对统一法律适用标准、指导各级法院审判工作发挥了积极作用。例如，在知识产权确权、转让及使用过程中，行政机关会依据相关行政法律规范对当事人作出行政行为，如果行政相对人不服，可通过提起行政诉讼维护自身合法权益。在信息科技大力发展的情形下，应充分发挥知识产权行政诉讼对科技创新的激励与保障作用，督促行政机关依法履行职责，实现知识产权保护范围、强度与其技术贡献程度相适应。

二、知识产权行政诉讼促进营商环境优化

产权保护特别是知识产权保护，是营造良好营商环境的重要方面。相对于知识产权创造的突飞猛进，当前保护的效果仍不令人满意，相关司法保护效果仍欠佳。知识产权的核心是权利的授权确权与保护，其中很多方面涉及行政程序的内容[①]。知识产权领域深化"放管服"改革，对于营造良好营商环境具有积极意义。治理营商环境首先是治理政府的管理和服务，因为它是营商环境的主要构成内容，"放管服"改革离不开司法的监督作用。对此，理应发挥行政诉讼制度的司法职能作用，积极评判行政机关在营商环境建设中各项行政行为。行政诉讼作为监督行政机关依法履行职责的制度装置，对行政机关的有效履职发挥了良性作用。知识产权制度对于营商环境优化具有积极作用，而知识产权行政诉讼提供了有效的司法保障。优化营商环境涉及多元主体，而服务企业群众，政府必须发挥主导作用。根据世界银行的指标，营商环境涉及企业全生命周期，对应政府职能的各个方面。行政机关的履职意识强不强、功能发挥好不好，直接决定着营商环境的优劣。尤为关键的是，

---

① 孔祥俊.《民法典》与知识产权法的适用关系 [J]. 知识产权，2021（1）：3.

行政机关对于营商环境发挥了积极作用。从知识产权的技术适格性角度来看，行政机关的作用分担是不可或缺的①。若想更好发挥行政权的主导作用，需着力强化监管机制，故知识产权行政诉讼的正面效益得以充分激发。

健全的知识产权保护体系有助于维护市场公平竞争，知识产权行政诉讼能够增强投资者的信心。加强知识产权保护，是完善产权保护制度最重要的内容和提高国家经济竞争力的最大激励。运用行政审判机制，监督妨碍公平竞争、损害群众利益的行为。为推动营商环境优化，处理好知识产权行政案件与行政法律规范适用的冲突。知识产权是一种无形的权利，对相关行政纠纷科学审查相关知识产权行政行为是司法实践的难点。而且，还应该处理好现实生活与法律之间的差距。不少行政案件在制定法上找不到对应的法律规则，也缺乏司法解释或指导性案件的指引。对此，法官应根据营商环境优化的法治精神去裁判行政案件。并且，通过援引依法行政原则、正当程序原则等行政法上的基本原则，对行政机关作出的行政行为进行审查②。如在电子商务领域，电商平台知识产权的保护问题逐渐引起人们关注，为更好地解决权利人与平台之间的问题，知识产权投诉机制应运而生。知识产权行政主管部门应妥善处理好这些关涉营商环境的投诉问题，而行政审判有必要对可能的纠纷作出应对。行政诉讼能够对国企、民企、内资外资、大中小微企业等各类市场主体依法平等保护，以明确权属争议。随着经济全球化程度的加深，涉外知识产权数量增多。知识产权已逐渐成为影响国际贸易的关键因素，知识产权的司法规则对促进贸易发展显现出极其重要的作用。行政诉讼能够明确审理涉外行政案件的规则，有助于保障境内外企业合法利益，维护我国保护知识产权大国的良好形象。同时，需要优化知识产权的行政证据规则。当前的证据规则，如《最高人民法院关于行政诉讼证据若干问题的规定》等是针对行政审判所具有普遍适用效果的证据规则，但未充分体现知识产权行政审判的特质。因而，行政诉讼证据规则有待细化完善。经由行政诉讼制度建设，全面探索产权保护规则，服务数字经济发展，持续促进营商环境法治化。

三、知识产权行政诉讼助力法治政府建设

在知识产权行政管理体制中，监督行政机关依法履职离不开行政诉讼。

---

① 田村善之. 日本现代知识产权法理论 [M]. 李扬, 等译. 北京：法律出版社, 2010：20.
② 杨建顺. 从"苹果佰利案"看知识产权行政诉讼的是与非 [N]. 中国知识产权报, 2017-06-09 (008).

经由行政诉讼的督促作用，促进知识产权管理行政机关及其工作人员增强法治意识，法治政府建设正在有序进行。作为一种国家权力之间的结构设计，行政诉讼制度需要诉诸司法权对行政权的监督才能得以构建①。构建该制度有利于处理好行政权和司法权之间的相互关系，能有效助力依法行政转型。典型案件的形塑作用尤为明显。例如，最高法院于 2021 年发布了第 162 号指导案例。该案是重庆江小白酒业有限公司诉国家知识产权局、第三人重庆市江津酒厂（集团）有限公司商标权无效宣告行政纠纷案，该案对商标图样、产品设计等商标法方面的知识产权难点问题进行了揭示。又如，最高法院于 2020 年初发布了第 113 号指导案例，即乔丹与国家工商行政管理总局商标评审委员会、乔丹体育股份有限公司"乔丹"商标争议行政纠纷案。裁判要点提出，姓名权是自然人对其姓名享有的人身权，姓名权可以构成商标法规定的在先权利。违反诚实信用原则，恶意申请注册商标，侵犯他人现有在先权利的"商标权人"，人民法院不予支持②。新类型知识产权案件的审理，对于统一行政裁判尺度有积极效果。在立法上，知识产权法律体系并不是那么完善。类型化的知识产权行政案件数量不断增长，案例指导制度无疑能够为案件处理提供指导。

知识产权行政诉讼对法治政府建设发挥助力、支持、监督的效果。行政诉讼是行政法发展的杠杆，作为国家治理体系一部分的依法行政体系建设，很大程度上依赖于行政诉讼法的杠杆撬动。人民法院能够通过行政行为合法性审查，有效担负起法治政府建设监督者的角色。在政策方面，坚持以人民为中心，充分发挥知识产权行政审判职能作用，维护公平竞争市场秩序，加快推进知识产权行政审判体系和审判能力现代化。2021 年 10 月，最高人民法院发布了《关于加强新时代知识产权审判工作为知识产权强国建设提供有力司法服务和保障的意见》，意见提出，全面加强知识产权司法保护，为法治政府建设提供有力的司法保障。行政诉讼中法院通过依法公正高效审理行政案件，充分发挥知识产权审判职能作用。该司法制度促使行政机关改变权力随意行使的状况，持续增强依法行政意识。通过加强知识产权司法保护，真正贯彻行政审判监督依法行政理念，法治政府建设能够得到大力推进。

---

① 杨伟东. 权力结构中的行政诉讼 [M]. 北京：北京大学出版社，2008：30.
② 参见：《最高人民法院关于发布第 28 批指导性案例的通知》（法〔2021〕182 号）、《最高人民法院关于发布第 22 批指导性案例的通知》（法〔2019〕293 号）。

第二节 知识产权行政诉讼难点问题类型

知识产权行政诉讼以专业性强、疑难问题多而著称。知识产权法通常由民事规范和行政规范所构成，当前面临的行政秩序规范难题愈发凸显。与一般行政诉讼相比，该类型行政案件比普通行政案件更为棘手。目前以下几个领域存有法律难点，与知识产权强国建设要求存在一定差距，尚有待解决。

一、专利权纠纷中的难点

专利权是权利人排除竞争者在市场中获取竞争优势的法律工具。其中，专利确权行政纠纷是一大疑难问题。这是指当事人不服专利主管部门所作出的行政行为，以其为被告而起诉到人民法院要求撤销、变更或重新作出行政决定的行政案件。这种纠纷是人民法院对当事人不服专利复审委员会作出的决定或裁断提起的诉讼纠纷案件。在我国，专利主管部门主要有国务院专利行政部门，即国家知识产权局，负责管理全国的专利工作，知识产权局设置专利复审委员会，其主要任务是：对专利申请人对专利行政部门驳回申请决定不服而提出的复审要求进行审查，对授予专利权的发明创造的无效宣告请求进行审查，并作出复审决定和无效宣告请求审查决定。

司法实践中，专利效力行政诉讼往往与专利侵权诉讼交叉进行。在专利侵权诉讼中，专利效力直接影响着诉讼双方各自在侵权诉讼中的利益，即若涉案专利被宣告无效，则专利权人提起侵权诉讼的权利基础不复存在，被诉专利侵权人即获得胜诉权。因此，在专利侵权诉讼中，被诉专利侵权人往往选择向专利复审委员会提起专利无效宣告请求，专利复审委员会依法启动专利权无效审查程序。此时，若涉案专利被宣告无效，则专利权人作为原告提起侵权诉讼的权利基础将不复存在；若涉案专利被宣告维持有效，则被诉专利侵权人将在侵权诉讼中处于不利态势。因此，无论案涉专利是否被宣告有效，被任意一方提起专利效力的行政诉讼将成为大概率事件。以上两类独立的诉讼存在以下难点问题。第一，专利侵权诉讼的周期可能因专利确权程序而大幅延长。专利复审委员会开展复审的行政程序的时间大多在一年以上，在此后的行政确权诉讼中如果当事人完成两审程序，时间也很难短于一年。因此，在专利侵权诉讼真正开始前，专利确权诉讼就已经进行了两年至三年时间，加上后续行政侵权诉讼的时间，从专利权人提起侵权诉讼起至案件审结，可能需要三四年甚至更长时间。如果最终专利权人胜诉，前述漫长的诉讼程序对专利权的实质保护没有任何帮助。第二，从法院裁判角度看，对于前述侵权诉讼中被当事人另外发起的专利确权程序，原侵权诉讼程序管辖法院是否应出具中止审理裁定亦存在讨论空间。2020年底，最高人民法院对《最高人民法院关于审理专利纠纷案件适用法律问题的若干规定》进行了最新修订，就前述问题作出了初步回应。根据该司法解释第五条的规定，在侵犯实用新型、外观设计专利权纠纷案件中，对被诉侵权人在答辩期内提出的宣告无效请求，人民法院应该作出中止裁定，但是也提出了可以不予中止的情形，包括：专利权人举证证明（证据形式多为检索报告或评价报告）不具备无效事由，被告提供的证据足以证明其使用的技术已经是公知的，被告请求宣告该项专利权无效所提供的证据或者依据的理由明显不充分，等等。该司法解释的最新修改已经一定程度在理论上提供了思路和方向，但具体应用情况如何，有待实践作出进一步检验。

专利行政诉讼纷繁的具体类型也给理论研究及司法实践带来一定挑战。在现有专利法律制度框架下，作出专利行政行为的行政机关主要有国务院专利行政部门、专利复审委员会、管理专利的具体行政部门及海关部门，因此，以行政诉讼的被告作为分类标准，可能有包括前述行政机关及以管理专利工作的部门的地方政府作为被告的专利行政诉讼共五个类别。地方政府通常不会成为专利行政诉讼的被告，但是，在管理专利工作的部门作出行政行为后，若当事人向该管理专利工作的部门所属的人民政府申请行政复议，而该人民政府作出的决定改变了管理专利工作的部门作出的决定，当事人对其不服，则以该地方政府为被告提起行政诉讼。以上述不同行政主体作为被告的行政诉讼程序中，又基于被诉行政主体作出的行政行为而细分多种行政诉讼类型。以常见的专利复审委员会为被告的行政诉讼为例，根据《中华人民共和国专利法》第四十一条、第四十六条之规定，如行政相对人对专利复审委员会作出的维持驳回决定的复审决定不服，可以提起行政诉讼，以及对专利复审委员会作出的宣告专利权全部无效、宣告专利权部分无效、维持专利权有效的决定不服，可以提起行政诉讼。除了上述两种常见的以专利复审委员会为被告的专利行政诉讼外，根据《专利法实施细则》第六十条、第六十三条、第六十七条以及第七十条的规定，行政相对人还有权对专利复审委员会的复审程序、无效宣告程序中作出的其他行政决定不服提起专利行政诉讼，如不予受理、视为未提出、视为撤回通知等。但在司法实务中，相关类型的专利行政诉讼并不常见。不同行政诉讼程序中所关注的具体问题也有所区别，当事人在行政程序中，对于不同重大问题难免存有争议。例如，在鲁波克诉国家知识产权局专利复审委员会专利权宣告无效一案中，双方围绕案涉专业的必要技术特征等焦点问题展开了论辩[①]。在日常生活中，专利技术方案的事实依据与规则依据容易产生分歧，由此引发的行政纠纷值得关注。在专利确权纠纷中，对行政机关的决定作出审查，特别对是否符合专利法的"新颖性、创造性、实用性"规定，以及是否侵犯他人在先权利进行实体审查。

二、著作权纠纷中的难点

当代法律意义上的著作权，是指作者对通过自己思维而创作的作品享有的独占和专有的权益，其中部分权益可以转让，作者可以分享因他人的使用而带来的实际价值，一份作品产生权益进而拥有了"产权"的含义。著作权的立法本意是保护文学、艺术和科学作品作者的著作权，鼓励作品的创作和传播。著作权管理分为三类，即著作权行政管理、司法管理和集体管理。本书主要讨论前两种著作权管理类型。从狭义角度看，行政管理是国家著作权行政管理机关通过行政行为进行的活动，这种行为的性质是行政行为；司法管理是指人民法院对行政主体所实施的行政行为的合法性、合理性进行司法审查的诉讼活动及相关制度。

随着著作权保护制度的健全及社会对著作权的重视，著作权行政诉讼逐渐呈现领域类型多样化、具体专业精细化、法律关系复杂化的趋势。例如，就民间文学艺术作品的保护问题，早在2003年，北京市高级人民法院就对黑龙江省饶河县四排赫哲族乡人民政府诉郭颂、中央电视台、北京北辰购物中心侵犯民间文学艺术作品著作权纠纷一案作出终审判决，本案也正式拉开了我国对涉及民间文学艺术作品的司法保护的序幕，开创性地提出了我国民间文学艺术作品保护问题中涉及的著作权权利主体、著作权侵权判定及法律责任承担等重要课题。但是时至今日，我国尚未出台针对民间文学艺术保护的专门立法文件。仅在2014年，国家版权局出台了《民间文学艺术作品著作权保护条例（征求意见稿）》，但遗憾的是该文件始终未能正式出台。我国是幅员辽阔的多民族国家，拥有众多的民间文学艺术作品，相关领域的立法空白对民间艺术的司法保护提出了更为苛刻的技术要求，从另一角度讲，对民间文学艺术，通过行政诉讼方式保护势在必行。

由于我国著作权的法律制度建设相较于发达国家尚存在一定差距，诸如民间文学艺术存在的立法保护空白领域并非单一现象，如剧本的著作权保护、

---

① 华诚律师事务所. 知识产权诉讼案例与代理技巧 [M]. 北京：法律出版社，2009：16.

引言作品的著作权保护、古典字画的知识产权保护、实用艺术作品（如服装设计）的著作权保护、自媒体创作的著作权保护等。除立法空白为著作权司法保护带来一定困境外，在某些需要专业知识辅助司法保护的技术领域，如计算机软件的著作权保护，在相关诉讼程序中还普遍存在举证困难、侵权结果隐蔽等特点。此外，计算机软件的著作权保护亦存在司法保护与行政保护交织的难点。根据《计算机软件保护条例》的规定，相关机构可以向著作权人发放计算机软件登记证，该文件在司法程序中可以作为相关权属的初步证明[1]。在计算机软件著作权侵权纠纷中，主张侵权的一方当事人通常将该登记文件作为重要证据。就该文件的审查及认定，我国司法机关尚未形成统一尺度，为权利人主张权利的举证带来一定的不确定性；抗辩存在侵权事实的一方当事人可能选择就登记文件向行政机关提出异议，为司法程序进一步带来不确定性。

信息技术在著作权领域的动态发展，对行政诉讼提出了新要求。需特别注意的是，计算机软件的源代码不仅受到《中华人民共和国著作权法》的保护，同时相当比例的源代码亦可以作为商业秘密寻求法律保护。从受保护的法律性质上讲，权利人不仅有权获得民事保护，还有权寻求行政保护甚至刑事保护。在司法实践中，与计算机软件能源代码相关的纠纷，往往涉及公司员工跳槽或违反竞业限制约定。作为权利人，一方面需要考虑收集相关证据，从民事权利保护角度出发积极维权，维护公司的知识产权权益；另一方面，作为新任职单位，应从尊重知识产权角度出发，履行公司内部知识产权合规审查流程，避免可能产生的民事责任、行政责任甚至刑事责任。对于行政机关就相关行政责任的错误认定，应及时收集证据，借助专业力量就具体行政行为进行行政复议或行政诉讼。在上述程序中，均存在引发著作权司法保护的难点。

三、商标权纠纷中的难点

《中华人民共和国商标法》赋予行政机关查处商标侵权行为的法定职责，法院在行政诉讼活动中需要对行政机关作出处罚的行为事实、法律程序及法律依据作出审查。在商标标识被行政机关核准注册后，围绕商标核准使用的范围引发的行政争议比较常见。因为商标标识的范围包括虚拟现实产品或者

---

[1] 《计算机软件保护条例》第七条规定，软件著作权人可以向国务院著作权行政管理部门认定的软件登记机构办理登记。软件登记机构发放的登记证明文件是登记事项的初步证明。

服务，在互联网空间产生的侵权问题亦可能延伸至行政管理领域。实践中有很多这样的行政审判疑难案例。例如，在浙江黄岩三叶集团诉浙江台州市工商局黄岩分局行政处罚一案中，被告认为：当事人使用的商标和第三人本田株式会社的商标近似，容易使消费者误认，认定相对人存在商标侵权行为并作出处罚①。对于驰名商标认定，行政机关应遵循按需认定的原则。当驰名商标的使用被认定为构成侵权时，也可能因为民事纠纷引发行政诉讼。此外还有竞价排名中的行政法律责任问题。在互联网环境下，关于电子商务的纷争在行政诉讼中日益增多。所谓竞价排名，是指商家或个人为自己的网站购买关键词、参加排名，按访问量向引擎服务商付费。这种竞价排名与正常排名不一致。竞价排名可能会损害商标权。这种侵权行为，同样衍生出行政诉讼。

实践中，当事人要求行政机关履行职责的行政案件比较多。例如，在上海某公司起诉上海市工商行政管理局履行法定职责一案中，原告诉称：请求法院对第三人刘某某等人涉嫌不正当竞争行为进行调查处理。对此，法院裁判：本案原告未在行政程序中提交商业秘密与侵权行为存在的证据，被告就该事项不予行政处理的行为并无不当②。这类行政案件中，法律争议焦点主要是行政机关是否履行了法定职责，其行政机关在相关事项上是否具有法定职责。针对这类案件，行政诉讼的难点是要结合《中华人民共和国商标法》等法律规定进行审查。

四、不正当竞争纠纷中的难点

不正当竞争范围很广，引发的行政责任很容易形成行政诉讼。实践中，有企业虚假宣传被行政处罚。虚假宣传是法律所禁止的，但由于能够带来大量的经济利益，经常出现经营者利用广告或其他方法对其商品或服务进行与实际情况不符的虚假宣传活动。这种虚假宣传损害了消费者合法权益，并干扰了社会主义市场经济秩序。虚假广告应承担各种法律责任，其中，行政法律责任不可避免，如行政处罚、行政许可、行政强制等行政法律责任。与此相伴随的，相对人不服，亦会提起行政诉讼。不正当竞争，是参与或从事市场交易的主体采取违背诚实信用原则或公认的商业道德的手段，损害其他竞争主体合法权益、扰乱市场经济秩序而为自己争取交易机会的行为。

不正当竞争类型有很多，由此形成的行政诉讼类型复杂多样。反不正当

---

① 华诚律师事务所. 知识产权诉讼案例与代理技巧 [M]. 北京：法律出版社，2009：372.
② 参见：郭俭主. 知识产权审判实务研究 [M]. 北京：知识产权出版社，2012：200.

竞争的作出，对于知识产权保护至关重要。行政机关在反不正当竞争中发挥着重要作用。近几年，美团、阿里巴巴等多个大型企业涉嫌不正当竞争，最后被行政机关作出行政处罚[1]。如果不服，有权提起行政诉讼。比较复杂的其实还有商标申请，以及注册商标当中的行政许可，这些涉及授权确权问题。

五、商业秘密侵权纠纷中的难点

行政机关不履行商业秘密保护职责引发的行政诉讼逐渐增多。根据《中华人民共和国民法典》第一百二十三条的规定，民事主体依法享有知识产权。知识产权是权利人依法就下列客体享有的专有权利：……（五）商业秘密……因此，商业秘密属于知识产权的保护客体之一。根据《中华人民共和国反不正当竞争法》第九条之规定，本法所称的商业秘密，是指不为公众所知悉、具有商业价值并经权利人采取相应保密措施的技术信息、经营信息等商业信息。据此，认定商业秘密一般应满足秘密性、价值性及保密性三个特点。随着计算机技术的快速法治和互联网的广泛应用，侵犯商业秘密案件中出现了窃取商业秘密手段的高科技化趋势，如黑客进入计算机、盗取邮箱账号等。如果行政机关不履行保护职责，将面临被诉的风险。商业秘密保护，对于鼓励技术创新、提高经营管理水平和提高吸引外资投资的吸引力具有积极意义。侵犯商业秘密案件的特点是与经济发展形势密切关联。在原告起诉行政机关时，胜诉率不高。

在商业秘密侵权引发的行政纠纷中，证据审查是一大难点。尤其在证据认定程序中，司法程序和行政程序存在一定区别，原告起诉行政机关时，需要在司法程序中对行政程序中已经认证的证据进行转化。一般情况下，权利人如果通过行政程序维权，行政机关认定权利人提供的材料是否构成商业秘密，较之司法诉讼程序的认定不够严格。但从法理原则角度看待，行政程序为国家公权力认定行政相对人的权利是否存在的程序，其证明标准不应低于司法程序。考虑到商业秘密符合法定条件的证据，包括商业秘密的载体、具体内容、商业价值和对该项商业秘密所采取的具体保密措施等。在行政诉讼中，行政相对人（即原告）应注意，即便行政程序中已经就相对人提交的相关证据材料进行了认定，相关证据材料能否被法院在行政诉讼程序中采信为定案证据仍存在一定的不确定性。从行政机关角度看，其应进一步依法加大涉及国家安全和利益的技术秘密司法保护力度，完善商业秘密保护的行政履

---

[1] 李颖. "阿里巴巴"遭行政处罚 182.28 亿元 [J]. 中国质量万里行，2021（5）：26.

职标准，提高行政程序中就权利人提交商业秘密证明材料的认证标准，做好与司法程序中的证据认定衔接。

第三节　知识产权行政诉讼的技术调查官制度

因知识产权行政诉讼具有专业技术强的特性，而行政法官大多为不具有理工科学历背景的法科专业人才，难免在技术争点的确定、技术事实的认定等方面存在疑难问题。如何构建合理的技术事实查明机制，是法官有效裁判知识产权行政案件的关键。先前，学界讨论过在知识产权行政诉讼中引入专家证人制度。所谓专家证人，大体上是指具有专业技术知识，而就证据或者技术事实争议点提供科学解读或其他专业意见的证人。该制度是一项起源于欧洲、产生于19世纪，在英美法系国家得到广泛应用的证据制度[①]。而司法实践中，也有司法机关探索如何应对案件审判的技术问题。某基层法院在审理一起果蔗种植销售合同案件时，创新引入了专家证人制度，邀请了专家证人出庭，就种植的果蔗育种死亡原因进行了科学分析，澄清了技术疑问[②]。但是，专家证人意见的可靠性与倾向性也引起了讨论。2014年12月，最高人民法院发布了《关于知识产权法院技术调查官参与诉讼活动若干问题的暂行规定》（以下简称《技术调查官暂行规定》），为破解相关技术难题提供了新的制度基础。2018年2月，中共中央办公厅、国务院办公厅印发的《关于加强知识产权审判领域改革创新若干问题的意见》再次强调了加强技术调查官队伍建设。2019年3月最高人民法院发布《关于技术调查官参与知识产权案件诉讼活动的若干规定》，为规范技术调查官参与知识产权行政诉讼活动提供了新的指引。具体而言，技术调查官就是在知识产权案件中协助法官进行技术理解与技术事实查明，并参与现场勘验、保全等相关事务应对的司法辅助人员。

尽管知识产权行政诉讼中的技术调查官制度已得到文件指导，但技术事实的查明仍然是难以回避的问题。在司法制度中设置技术调查官制度，为破解相关技术难题提供了保障，有助于发掘知识产权诉讼的案件真实，进而提升纠纷解决质效。在司法实践中，技术调查官制度遭遇了选任与管理不明、参与诉讼活动的程序不规范、与司法鉴定制度不协调等困境。并且，关于技

[①] 周湘雄. 英美专家证人制度研究 [M]. 北京：中国检察出版社，2006：3.
[②] 马振军. 专家证人走进法庭 [N]. 新安晚报，2003-1-11（2）.

术调查意见是否公开、是否优先于其他技术查明结论、独任技术调查官可否保障查明技术事实以及是否要构建技术法官制度等一系列问题在学理上尚存在争议,实践中也有不同的制度诉求[①]。为弥补上述不足,有必要从选任标准与管理办法的构建、诉讼程序的法定和公开、从内而外协调与司法鉴定制度的关系等三个层面加以完善,充分发挥该制度在查明案件技术事实方面的积极性,以助益知识产权行政诉讼在科技创新领域发挥更有效的司法职能。下文将分析技术调查官制度对知识产权行政诉讼的积极性,实证总结近年来该制度实务运行面临的现实困境,以针对性提出改良措施。

一、知识产权行政诉讼的技术问题呼唤技术调查官

知识产权行政案件经常涉及专业技术难题。而审理知识产权行政案件的法官,往往不具备技术背景,事实上也无法要求法官都熟谙不同领域的专业技术问题。如何解决行政案件中的相关技术知识,就成为理论与实践中关注的问题。在知识产权诉讼案件中,怎样有效查明技术事实因素往往是法官难以回避的问题,例如专利的新颖性、植物新品种归属等往往会成为案件争议焦点。基于知识产权行政诉讼的专业性,不具备技术知识储备的法官将会面临难以认定技术事实争议点的问题,进而影响到此类案件的有效审理。随着信息时代背景下知识产权技术日新月异的发展,上述普遍性难题在诉讼中愈加凸显。诚然,在传统诉讼领域内涉及专业性问题时,法院会在当事人申请鉴定基础上,委托中立的司法鉴定机构或鉴定专家提供鉴定意见,在一定程度上能够解决技术性难题。但是,鉴于知识产权专业问题的繁杂性,许多技术事实争议点难以通过鉴定意见得到指引。

(一)知识产权专业技术问题的图景

知识产权的案件范围,主要包括专利权、商标权和著作权纠纷。其中,又以专利权纠纷中的电力、化学、机械及区块链专利等方面的技术专业性最强。知识产权案件大多涉及技术问题,尤其是专利等技术类案件,技术事实查明已成为审理此类案件的难点[②]。当前,我国知识产权案件中,涉及委托司法鉴定的内容大体上包括两种:一种是技术鉴定,这里的技术主要有专利、实用新型、技术秘密和外观设计;另一种则是作品比对鉴定,即作品和被诉

[①] 赵锐,魏思韵.知识产权诉讼中技术调查官的理论反思与制度完善[J].南京理工大学学报(社会科学版),2021(6):44.

[②] 强刚华.试论中国知识产权法院技术调查官制度的建构[J].电子知识产权,2014(10):84.

侵权物表达的对比等。鉴定机构对上述内容作出的鉴定意见，对法官审判案件发挥了较好的技术辅助效果。但是，这种鉴定模式也遇到了一些问题，如相关鉴定机构对案件中专利是否具备新颖性的特征、科技产品的新型构造等存在技术供应不足，无法提供鉴定意见。另外，对鉴定机构的监管制度尚不完备，不免存在鉴定机构水平高低不等，司法鉴定质量不高的情形[①]。

为此，北京、上海、广州等知识产权法院探索采用了技术调查官制度，为法官查明技术事实提供参考，并通过此类举措提升了案件审判质效。分析知识产权诉讼专业技术问题的实际形态，能够为技术调查官参与诉讼程序提供说服力。例如，在专利纠纷中，原告所提出的被告侵权行为，离不开对双方专利方案的权利要求书中记载的技术特征加以划分与说明，需要对被诉侵权的技术产品所体现的技术特征作出对比，进一步需要技术调查官判别被诉侵权的专利与专利权利要求的异同。同样，在涉及知识产权对外交流领域，无论是引进外国直接投资（FDI），还是希冀本国企业从 FDI 的技术溢出中受益，都和知识产权保护制度密切相关[②]，这又不可避免需要司法方面的保障。又如，在商标纠纷中，焦点在于被诉侵权的商标是否会混淆普通公民的认识，我国相关法律规范确立了"误认原则"和"相关公众原则"等判定基准和方法。而此类方法的运用，既会涉及法律判断因素，也需要具备扎实的专业分析能力，这客观上要求在对商标近似内容作出区别时得到技术调查官的协助。

（二）技术调查官的职责

技术调查官可以视为法官的技术助理，即参与知识产权诉讼的司法辅助人员，为复杂的技术类案件提供权威的技术指导和专业意见。具体而言，最高人民法院发布的《关于知识产权法院技术调查官参与诉讼活动若干问题的暂行规定》对技术调查官职责进行了分类：①通过查阅诉讼文书和证据材料，明确技术事实的争议焦点；②对技术事实的调查范围、顺序、方法提出建议；③参与调查取证、勘验、保全，并对其方法、步骤等提出建议；④参与询问、听证、庭审活动；⑤提出技术审查意见，列席合议庭评议；⑥必要时，协助法官组织鉴定人、相关技术领域的专业人员提出鉴定意见、咨询意见；⑦完成法官指派的其他相关工作。

当然，"技术调查官提出的技术审查意见只是供法官在对技术性事实作出

---

① 李永泉. 功能主义视角下专家辅助人诉讼地位再认识 [J]. 现代法学, 2018 (1)：157-167.
② 张慧颖，邢彦. 知识产权保护、外国直接投资与中国出口技术进步研究：基于行业特征的实证分析 [J]. 中国科技论坛, 2018 (8)：119-128.

认定时参考,至于技术审查意见是否采纳,最终裁决权还由法官掌控。这样规定的目的是防止司法权的过度让渡"①。

(三) 技术调查官对知识产权行政诉讼的积极性

1. 还原知识产权诉讼的技术事实。在案件审判中,需要法官采用证据查明案件真实事实,以达至法律规定的被看作真实的标准。涉及知识产权技术事实的查明,需要技术调查官运用专业知识,补齐法官专业知识上的短板,协助法官尽可能还原事实。这里的事实,为事实因素和法律因素相融合的产物,也即获得了法律价值判断的事实。这意味着,需要法官运用证据、逻辑推断与经验法则,对案件事实的判定契合法律真实的标准,在法律层面达到真实程度。上述事实因素,就包含知识产权专业技术方面的因素,引入技术调查官后知识产权诉讼的技术事实能够得到较好还原。

2. 提升知识产权纠纷解决的质效。2015年5月全国法院实施立案登记制以来,各级法院受理的诉讼案件数量显著增加,"案多人少"依然是摆在人民法院面前的难题。具体到知识产权案件,涉及众多疑难的技术性事实,承办法官需要通过较长时间去探索办案规律。当前,多数法官欠缺理工科及知识产权的专业知识背景,在处理案件遇到相关专业技术问题时往往依靠司法鉴定机构出具的鉴定意见。一起案件的鉴定,需要经历较长的时间周期,包含启动鉴定、固定检材、挑选鉴定机构以及出具鉴定意见等必要步骤。近些年,北京、上海和广州的三家知识产权法院均成立了技术调查室,并制定了相应的技术调查官管理和工作规范,如北京知识产权法院的《技术调查官管理办法》和《技术调查官工作规则》等,为知识产权纠纷的化解提供了有力支持②。据此,技术调查官在遵照法院统一管理下参与诉讼程序,有助于协助法官在熟知专业技术的基础上提高案件审判的质量和效率。

二、知识产权诉讼中技术调查官制度的挑战

诚然,在知识产权诉讼案件审理中引入技术调查官,为法官审理案件提供了较好的协助,增强了司法裁判的公信力,但是,新制度初创,不可避免存在着有待完善之处。

(一) 技术调查官的选任与管理不明

技术调查官的来源与选任,是研究该制度的首要问题。关于技术调查官

---

① 许波,仪军. 我国技术调查官制度的构建与完善 [J]. 知识产权, 2016 (3): 76-80.
② 杨秀清. 我国知识产权诉讼中技术调查官制度的完善 [J]. 法商研究, 2020 (6): 166.

的选任,《技术调查官暂行规定》仅规定:"知识产权法院配备技术调查官,技术调查官属于司法辅助人员。知识产权法院设置技术调查室,负责技术调查官的日常管理。"在实际中,该规定为新设立的知识产权法院探索技术调查官的选任机制提供了依据。但是,技术调查官的选任与管理依然存在不明之处。一是选任标准模糊,我国目前没有相关文件对此有明确规定,实践中技术调查官的选任标准不统一,这不仅表现在北京、上海、广州的三个知识产权法院,还表现在专门知识产权法院与一般法院的标准也不一致。例如,《北京知识产权法院技术调查官管理办法》规定选任条件之一是"从事相关技术领域的专利审查、专利代理或者其他实质性技术工作5年以上",而南京市中级人民法院发布的《2017年江苏南京中级人民法院招聘技术调查官公告》规定的选任条件之一是"在相关技术领域接受过系统的教育和训练,具有该技术领域中级以上技术职称"[①]。二是覆盖面有限,除了广州的几个专门的知识产权法院成立专门的技术调查室,并且拥有行政编制的人员以外,全国很多法院都是通过临时招录技术调查官来参与知识产权案件审理的。另外,法院作为传统的司法机关,与一线的科研机构交流较少,在知识产权技术不断创新的当下,法院内部的技术调查官还面临技术知识更新问题,有时很难涵盖全部的知识产权案件。综上所述,在知识产权诉讼中亟须选任与管理标准明确、专业针对性强、知识覆盖面广的技术调查官。

(二) 技术调查官参加诉讼活动的程序规则不规范

司法乃连接法律规范和社会生活的桥梁,其正当性离不开科学有效的诉讼程序。诉讼程序作为司法机关、案件当事人及其他诉讼参与人共同参与的程序,在很大程度上决定了案件的协调运行。但是,《技术调查官暂行规定》并没有对技术调查官参与知识产权的程序作出详细规定。倘若没有一个公正的程序安排,案件裁判的实质效力及权威性将会打折扣,这也很难让当事人对技术意见产生内心的服膺。还应该指出的是,技术调查官的技术审查意见是否需要公开,实践中的意见分歧较大,对技术调查官所出具的鉴定意见书是否应向当事人公开存在支持与反对两种意见,而《技术调查官暂行规定》也未对此加以说明。不管是出于哪种考虑,没有对此作出规定将会在实务中产生混乱,容易导致审判突袭的出现[②]。因此,构建规范可行的技术调查官参

---

① 仪军,李青. 我国知识产权领域技术调查官选任问题探析 [J]. 专利代理,2017 (1): 7-13.
② 杨严炎. 论民事诉讼突袭性裁判的防止: 以现代庭审理论的应用为中心 [J]. 中国法学,2016 (4): 266-286.

与诉讼活动的程序是需要加以研究的主题。

（三）技术调查官与司法鉴定的协调困惑

考察当前知识产权法院中技术调查官的设计方案发现，实践中有学者提出法院似乎会视技术调查官为鉴定专家，而对于当事人所提交的鉴定专家意见不予重视或未予查明即形成心证[①]，笔者同样对技术调查官可能会取代鉴定专家存在一定担忧。根据知识产权诉讼的发展，技术调查官从司法技术辅助人员类型中分离出来，然而其怎样协调与鉴定技术人员、技术陪审员等的关系值得关注。

上海知识产权法院为应对上述困惑作出了实践上的探索，即初步构建技术调查、专家陪审、技术咨询以及技术鉴定"四位一体"的技术事实查明体系。而《中华人民共和国民事诉讼法》第七十九条规定，"当事人可以申请人民法院通知有专门知识的人出庭，就鉴定人作出的鉴定意见或者专业问题提出意见"。不难理解，技术调查官能够解释成这一条款所规定的"有专门知识的人"。那么问题在于，在一起知识产权诉讼案件中可能同时存在技术调查官与鉴定专家，二者皆会对诉讼中的技术事实争议点提出专业意见，在诉讼职能上难免会有所交叉与重叠。因此，在知识产权诉讼领域，技术调查官与鉴定专家在技术事实审查上的关系还不够明晰，如何着眼于整体上的技术事实审查协调机制及其职能发挥仍需梳理清晰。

三、知识产权行政诉讼中技术调查官制度的完善

（一）明确技术调查官的选任与管理

在专家证人正式参与知识产权诉讼之前，需要先行对专家证人的选任与管理范围等问题进行探析。

1. 技术调查官的选任标准。对于何人能够出庭担任技术调查官，是建构技术调查官参与知识产权诉讼制度的首要问题。基于立法上的阙如以及相关配套的缺失，同时考虑到技术调查官制度的专业性，从专业资质和道德层面对技术调查官的选任加以分析，不失为一种有效的遴选方式。

第一，技术调查官的专业资质。技术调查官的优势在于拥有科学、技术或相关专业知识，需要涉猎医疗、光电、网络、材料、化学等各个专业技术领域。美国《联邦证据规则》（2011年重塑版）第七百零二条规定的专家证人适格性标准对技术调查官的选任具有一定启发，即专家证人的选任条件是

---

① 蔡学恩. 技术调查官与鉴定专家的分殊与共存[J]. 法律适用，2015（5）：90-93.

"因知识、技能、经验、训练或者教育而具备专家资格的证人"①。具体到技术调查官,评价某位公民是否具备技术调查官的资质,从其是否拥有学历、专业证书、职称、技术级别、所获荣誉等指标进行考察和量化是较好的方法。为此,可以根据相关管理机构颁发的资格证书来确定技术调查官的职业资质。例如,若某位技术人员有专利代理人资格证书,其成为专利代理案件技术调查官的权威性就更强。在全国范围内,由最高人民法院牵头与国家知识产权局等部门合作,在经过调研后确定统一的选任标准。在案件审理阶段,技术调查官出庭后需要将相应的专业职称和专业能力证明材料提交给法庭并向当事人出示。

当然,不能仅用上述指标确定技术调查官。有学者的相关论述值得重视,即"有时甚至长期从事某项工作但不具有高等学历的工人比拥有博士学位的工程师更适合担任特定案件的技术专家"②。针对此类普通技术工人担任技术调查官的资质审查,在得到双方当事人同意的情形下,该技术调查官在庭前接受法官的专业提问后,可由法官灵活裁量专业资质的有无。

第二,技术调查官的道德素养。道德素养是人们的行为准则与规范,司法的公正性要求技术调查官在个人道德上具有很强的自我免疫能力。这首先要求技术调查遵守国家的宪法和法律,没有受过刑事处罚,也没有违法乱纪的不良记录。在道德品行上,技术调查官必须品行良好、公道正派。在专业技术领域,其能够一贯坚持诚实信用和客观公正的原则,保持较好的职业荣誉,上述标准能够减少当事人对技术调查官信誉的疑虑。针对这一点,需要对技术调查官在任职前的个人履历作必要审查,并在其后续工作中运用跟踪评价机制。

2. 技术调查官的管理。通过多种举措,可以实现对技术调查官的优化管理。一是建立技术调查官数据库。司法应在大数据时代主动适应时代变迁,为了使技术调查官制度具有长效性,有必要汇集众多专门的技术调查官人选,建构科学合理的数据平台。当法院审理知识产权案件时,可以通过随机摇号方式,从专家数据库中任意抽选出合适人选。针对新技术的发展,可以在技术调查官满足选任条件的情况下,将技术调查官名单入库,不断充实队伍的规模与构成。二是规范管理技术调查官的学习与考核。知识产权案件面对的

---

① 胡庆甲. 美国专家证据可采性标准在反垄断司法中的适用及其启示 [J]. 中外法学,2011 (3):626-647.
② 徐继军. 专家证人研究 [M]. 北京:中国人民大学出版社,2004:42-43.

技术问题不会是一成不变的,法院为技术调查官设立培训与交流等常态化的机制后,有助于激发其掌握前沿技术的积极性,促进科技知识不断更新。考核激励制度作为实现人力资源优化配置,达到最佳社会效益强有力的推进杠杆,在技术调查官制度中同样不可或缺。健全考核制度,有利于充分发挥技术调查官在技术事实认定中的作用①。三是丰富技术调查官的选任方式。除了在法院内部设置专门的技术调查室、在统一的公务员录用考试中招录行政编制的技术调查官以外,还有必要探索采用聘用制、交流方式等多元方式向社会招聘人员,充实法院内部的技术力量,以覆盖范围更广的技术领域,避免技术调查官制度与科技发展趋势脱节。

(二)优化技术调查官参加行政诉讼的程序规则

《技术调查官暂行规定》在相关条文中只是简单规定了技术调查官的启动方式、回避情形、出庭规则与发表意见的规则,但没有明确规定技术调查官需要遵循的步骤。科学合理的诉讼程序,关键体现在诉讼阶段的法定性与公开性上。

所谓法定性,就是指调查官参与诉讼的步骤有一系列的制度规定。在程序正义理念的指引下,不妨对技术调查官参与诉讼的规则作如下优化:①关于参与程序的启动阶段。除了原先法官在遭遇复杂技术问题时依职权请专家证人出席的规定以外,还有必要探索当事人申请启动的机制。例如,在双方当事人对技术争点都存在较大争议,而法官却未指派技术调查官出席的情形下,案件当事人可以在举证期限内向法官申请该院的技术调查官参与诉讼,法官可以根据案件情况自由裁量决定是否准予。②关于保密规则。技术调查官在查阅案件材料、参与调查事实、保全证据和庭审等各个阶段,需要严格遵循保密要求,严禁向外界透露案件情况,谨慎参与可能涉及案件的公开活动。③关于监督方式。为防止司法权的偏离,确保司法裁判结果的公正与合理,司法权受到必要监督乃题中应有之义。作为司法辅助人员的技术调查官,也同样需要受到监督。而其中的关键,便是接受当事人的监督。当法官决定指派技术调查官参与诉讼时,首先应当将技术调查官的信息告知当事人。若当事人有不同看法,其具有向法官表达意见的权利,法官则在考虑当事人意见的情况下再行决定是否让该技术调查出席,并向当事人说明其中的理由。

在公开性上,需明确技术调查官所发出的技术审查意见书或者技术报告

---

① 王志雄.技术调查官的社会分工意蕴与制度完善研究[J].贵州社会科学,2017(8):59-63.

的公开透明。虽然此类意见没有拘束法官的强制性效力，但是却为知识产权案件的重要诉讼资料。除非公开技术意见可能泄露国家秘密或者损害社会公共利益，原则上所有的诉讼资料都需要让当事人对此作出辩论。倘若技术意见不予公开，只是保存在法院内部而当事人无法知晓，则不利于当事人据此展开针对性的辩论。

(三) 技术调查官与鉴定专家的协调之策

在功能指向上，技术调查官与鉴定专家具有相似性。"鉴定专家以其具有的专业知识，就特定事项向法院提供专业意见，从而厘清诉争案件中的技术真相；技术调查官也是以其专业知识来辅助法官突破专业壁垒，更准确地判断科技证据的真实性、可信性和证明力。"[①] 在知识产权诉讼中，二者并不会相互冲突，而是并行不悖、相互弥补的制度，能够共同助益法官查明技术争点。本书认为，以下两个办法有助于技术调查官与鉴定专家关系的合理协调。

一方面，这两种制度可以各司其职、协调发挥整体优势。技术调查官是新型的司法辅助职业，在范畴上归属于法院技术查明机制的内部机制。然而，其不能替代作为外部机制的鉴定制度。这两种技术查明机制皆有其存在的优势，需要根据案件情况综合发挥二者的功能，协力提升法官在技术事实查明方面的质效。在具体的方法上，倘若有些法院已设立技术调查室，则由技术调查官查明事实，做到节约司法成本；没有设立技术调查室的法院就可以让当事人申请鉴定，运用案件鉴定方式澄清事实上的难点。另外，在双方当事人就某技术事项的鉴定存在很大争议的时候，可能存在着无法对某一个鉴定机构的意见达成一致看法的情况，而当事人对鉴定意见的质证行为一般很难否定其权威性与证明力。这时参考技术调查官的意见，有助于判明鉴定专家所运用的技术方法和科学原理。当鉴定意见运用众多晦涩难懂的术语时，技术调查官可以运用通俗易懂的语言，在庭审过程中讲解技术争点的脉络。

另一方面，必要时技术调查官的意见可以替代鉴定专家的意见。当事人申请技术鉴定后，如果双方当事人依然对技术事项存在很大分歧，而技术调查官通过运用专业知识，在法庭上得出了可信的结论，法官就可以通过诉讼上发问等方式，再次让当事人进行辩论后径行运用心证作出裁判。此时，无须再由其他鉴定机构重新鉴定，防止出现诉讼程序的空转与重复。当然，上述涉及的事项应当是不算复杂的技术事实，以尽可能实现简案快审、繁案精审。

---

① 蔡学恩. 技术调查官与鉴定专家的分殊与共存 [J]. 法律适用, 2015 (5): 90-93.

概括来说，知识产权行政案件虽然具备较强的专业性，但其本质上依然是对已经发生了的事实作出客观判断，在涉诉的事实领域尽可能避免法官因为对事实的外行化或不懂行得出和实际不符的结论[①]。随着司法改革举措在我国知识产权诉讼领域的不断推进，技术调查官制度实施和机制运行需要作出相应调整和完善。当前在我国欠缺健全规范去指导技术调查官制度的现实下，该制度在司法实践中还存在不少需要改进的地方，可能会影响知识产权诉讼案件中的技术事实查明。技术调查官制度与司法鉴定制度各有所长，可以分工协作，在法官运用审判智慧后取得协调配合的效果。有效明晰该制度中的选任与管理机制，厘定参与诉讼的程序，并科学定位与司法鉴定的关系，有助于充分激发技术调查官在案件中查明技术事实的作用与活力，不断增强知识产权行政诉讼在科技创新领域的司法保障作用。

第四节 知识产权行政法保障的实践重点

行政权在知识产权的救济中扮演了更加重要的角色，有必要通过对行政权的运行逻辑及其司法权的关系处理进行探究，从而提出完善或改革知识产权的行政法方案[②]。除传统领域外，新兴科技领域知识产权保护亟待加强，以服务新领域新业态规范健康发展。行政法律制度都应积极回应新技术新模式，从执法与诉讼联动、规制诉权滥用、技术思维与法治思维融合等重点方面入手，及时回应现实挑战，满足公民对知识产权保护的需求，为强国战略提供有力的司法保障。

一、行政执法与行政诉讼的有机联动

为增强知识产权保护体系建设工程，有必要健全知识产权行政执法与行政诉讼的衔接机制，加强法院与行政机关协同配合。2022年1月国家知识产权局颁布的《2022年全国知识产权行政保护工作方案》明确，"进一步加强知识产权管理部门、执法部门、司法行政机关与人民法院协作，深入推进知识产权纠纷仲裁调解工作，做好诉调对接和维权援助，便利权利人依法合理维权"。行政执法和行政诉讼是国家管理知识产权的两种重要手段。二者目标相同，能够相互配合有效地保护知识产权当事人的合法权益。在知识产权行

---

① 宋鱼水. 知识产权审判的商业思维与技术判断[J]. 中国发明与专利, 2018（8）: 69.
② 曹博. 知识产权行政保护的制度逻辑与改革路径[J]. 知识产权, 2016（5）: 52.

政诉讼活动中，应当着重处理好司法权与行政权的关系。二者既是贯穿行政诉讼活动始终的主线，也是观察行政诉讼制度走向的窗口。就制度本质而言，良好的行政诉讼需要"诉诸司法与行政关系的调整和国家权力结构的重新构造"才能实现。知识产权管理过程中，同样不可忽略行政执法与行政审判的关系。人民法院和行政机关在行政诉讼内外各自履职过程中的联动，离不开二者的有机融通。

这种联动机制可以从以下几方面展开协作。当行政执法机关发现知识产权案件可能涉及行政法律规范时，应积极进行调查处理。行政行为作出后，若相对被告人不服并提起诉讼，行政机关最好依法暂停处理活动，配合法院行政审判工作。在法院裁判生效后，行政机关应自觉遵照执行。在具体的联动模式上，应加强"府院互动"①。法院需要加强与行政机关的协作，针对现实中比较普遍的行政案件的难点问题，适时向行政机关提出司法建议。一言以蔽之，知识产权行政诉讼中，人民法院和行政机关需要围绕具体案件的审理，在履行各自职责的过程中，通过司法建议、审判白皮书等行政诉讼内外的沟通与协调类交互活动，形成司法权与行政权互相支持、互相促进的关系。由此，有利于加强知识产权公共服务，使行政案件管理效能得到提升，形成衔接顺畅的协同保护格局。

二、知识产权行政诉讼中滥用诉权的规制

知识产权行政诉讼难点带来的法律适用难题，容易引发行政诉权的随意行使。这些年出现了不少滥用司法资源的行政案件，具体表现为当事人滥用起诉权、管辖异议申请权、诉讼保全申请权等程序性权利，以及故意制造纠纷谋取不正当利益等滥用实体性权利的情形。该类现象不仅挤占了稀缺的司法资源，而且还对行政管理秩序产生了干扰。治理其中的滥诉以及无价值诉讼，是破解行政诉讼难点无法回避的问题。应规制行政诉讼的滥用诉权问题，实现权利维护的理性行使。知识产权行政诉讼呈现持续激增的态势，而数量相对有限的司法资源面对这一态势必然要承受诸多压力。对此，应该对滥用司法资源的诉讼现象采取应对措施。因此，应平衡好知识产权行政诉讼与规制滥用司法资源的关系。既要保障行政相对人依法行使诉权，维护合法权益

---

① "府院互动"并非规范意义上的法律概念，其意旨常以"司法与行政良性互动""府院联动"为名，体现在各级法院和行政机关的文件、报告和媒体报道中。"府院互动"一词能简约生动地呈现出司法权与行政权的积极协作样态。参见：章志远. 中国行政诉讼中的府院互动[J]. 法学研究, 2020（3）：3.

的行为；也应防止当事人滥用实体和诉讼权利，挤压其他正常的司法资源。

在具体行政审判过程中，对涉嫌滥用权利的行为应分情况应对。对于确无价值的诉讼，应尝试将审判重心适度前移，在立案登记阶段充分发挥专业法官对知识产权案件是否形成实质性纠纷的判断功能，运用立案机制对该类案件进行分流。与此同时，要确定哪些行为属于知识产权行政滥诉，必须明确滥诉的构成。一般认为，这类构成要件是主观过错、实施行为、损害后果、因果关系等。应围绕普遍的构成要件，于经典案例中提炼规制方法。此外，行政诉讼司法文件及相关合法性审查规则也应该跟进，最大限度防范滥用知识产权司法资源现象的发生与蔓延。

三、技术思维与行政法律思维的融合

基于知识产权案件专业化审判的要求，行政法官面临专业技术知识门槛。知识产权作为应用科技专业知识的活动，常涉及专业性争点，法官面对此类问题难免会在知识、能力上面临重大限制[1]。结合知识产权案件的特点，完善审判组织的具体运行规则，构建运作顺畅、符合专业化发展要求的组织体系。

一方面，知识产权行政审判必须注重技术思维。知识产权案件日新月异，很多新兴领域存在技术难点。在大多数知识产权案件中，法官的任务是将明确的法律规定适用于确定的案件事实之中。至少在大多数案件中，行政审判是一种技术，必须遵循一定的逻辑与方法。传统行政案件涉及的技术性问题不多，而这种知识产权案件无疑对法官提出了新的挑战。如果不了解一定的技术知识，在法官遇到专业技术问题后，不免会出现"外行审内行"的窘境。对此，法官应当注重技术知识的积累，并依据知识产权典型案例进行判案，实现同案同判，保障裁判活动的科学性。行政审判应推行"化学审"的裁判方法，即法院对行政机关授予的专利权、商标权或者植物新品种权等权利的有效性争议，直接进行实质性审理并作出是否有效的裁判[2]。这类行政案件中公民与行政机关之间的结构关系，影响到法院对权利有效性作出直接审理和裁判。

另一方面，注意防止以技术思维代替法律思维。知识产权审判经常涉及法律问题与技术问题相互交织，法官在裁判中需要妥善处理好法律与技术的关系。凡是涉及知识产权法律概念的界定，都要依据法律要件、法律特征和

---

[1] 金自宁.科技专业性行政行为的司法审查[J].法商研究，2020（3）：154.
[2] 易继明.国家治理现代化进程中的知识产权体制改革[J].法商研究，2017（1）：183.

法律效果，不能被技术事实所干扰。行政裁判的法律思维具有一般性，知识产权行政诉讼需遵循此种思维，并根据具体案件作出调整。总的来说，不宜忽视技术思维与法律思维之间的密切关联，尤其要注意技术本身的变化是否会引起法律规则的变化，确保法律标准与技术革新相契合。

四、回应民法典关于知识产权行政法保护的新要求

知识产权法属于民法的分支部分。《中华人民共和国民法典》第一百二十三条明确规定："民事主体依法享有知识产权"，该条款能够统辖《中华人民共和国著作权法》《中华人民共和国商标法》《中华人民共和国专利法》《中华人民共和国反不正当竞争法》等各类知识产权单行法。《中华人民共和国民法典》所规定的知识产权，具有民事权利的基本属性和专有权利的特殊品格[①]。其实，尽管知识产权属于私权，但对其提供保护的法律规范则是由民法规范、行政法规范及刑法规范等构成的，乃典型的"诸法合体"的集合规范。随着民法典时代的深化，知识产权保护进入新发展阶段，很多涉及知识产权的法律法规都会根据《中华人民共和国民法典》作出调整。应该看到，民法典不单单是私法的法典化，而且规定了非常多的公法规范。《中华人民共和国民法典》中有多个法律条款涉及行政机关的法律义务，这是民法视角下的公权力机关在社会治理活动中的参与，彰显了公法与私法的交融。当民法与行政法相遇时，知识产权领域的公法、私法交织现象难以避免。公法规范与私法规范存在截然不同的规范理念与价值目标，其逻辑推演势必形成差异巨大的法律体系。因而，既要实现《中华人民共和国民法典》中公私法规范的协调联动，也需要推进《中华人民共和国民法典》与其他公法规范的有机衔接。此情形下，知识产权行政诉讼面临新的挑战。例如，行政审判领域的行政附带民事诉讼制度，显然会在知识产权行政诉讼中得以体现，行政纠纷与民事争议交织的问题亟待解决。在司法适用上，知识产权行政诉讼应当准用《中华人民共和国民法典》的知识产权条款与精神，以及受民法典辐射的其他知识产权法律规范，这个过程的规则适用具有必要性、正当性以及可操作性。概言之，知识产权行政诉讼不能仅依据行政法律规范，《中华人民共和国民法典》及相关的单行法显然能够补强合法性审查依据，故裁判活动需要兼顾好公私法对知识产权行政纠纷解决的协同作用。

---

① 吴汉东.《民法典》知识产权制度的法理阐释与法律适用[J]. 法律科学，2022（1）：19.

本章小结

　　鉴于行政权对知识产权管理的制度逻辑，以及司法制度的监督促进作用，知识产权强国建设离不开行政法的有力保障。行政机关及司法机关应围绕新兴难点问题展开工作。在诉讼维度上，知识产权领域的信息科技发展对行政诉讼产生了塑造力。有必要科学建构司法权对行政权的监督制约机制，保障知识产权行政诉讼制度健康运行。传统行政法律制度需顺应科技发展的前沿动态，此为构建顺应科技发展的行政诉讼制度体系之必然要求。在执法层面，还应该继续加快构建便捷高效、严格公正、公开透明行政保护体系，以行政保护助力知识产权强国建设，以高水平知识产权保护促进经济社会高质量发展。总之，在建构行政权的保护机制时，应及时回应实践问题并承接重点任务，确保知识产权行政保护质效，不断健全科技时代的行政法律体系。在未来，应持续健全大数据、人工智能、基因技术等新领域新业态知识产权保护制度。相比其他业态，数字经济的发展更加依赖完善的知识产权保护制度。这既对现有知识产权制度的主体、客体提出了前所未有的挑战，也对行政机关的保障能力提出了更高要求。

参考文献

［1］《习近平法治思想概论》编写组. 习近平法治思想概论［M］. 北京：高等教育出版社，2021.

［2］习近平. 习近平谈治国理政：第三卷［M］. 北京：外文出版社，2020.

［3］习近平. 干在实处走在前列：推进浙江新发展的思考与实践［M］. 北京：中共中央党校出版社，2006.

［4］习近平. 论坚持全面依法治国［M］. 北京：中央文献出版社，2020.

［5］中共中央文献研究室. 十八大以来重要文献选编：上［M］. 北京：中央文献出版社，2014.

［6］应松年. 行政行为法［M］. 北京：人民出版社，1993.

［7］沈岿. 行政法理论基础：传统与革新［M］. 北京：清华大学出版社，2022.

［8］余凌云. 行政契约论［M］. 3版. 北京：清华大学出版社，2022.

［9］戚浩飞. 行政执法体制改革研究［M］. 北京：中国政法大学出版社，2020.

［10］沈福俊. 实践视角下的行政法治［M］. 北京：北京大学出版社，2019.

［11］田琳琳. 新时代行政法治建设研究［M］. 北京：经济管理出版社，2020.

［12］中国法学会. 法治中国建设问答［M］. 北京：法律出版社，2015.

［13］黄学贤，杨红. 行政法学热点问题探讨［M］. 北京：当代世界出版社，2019.

［14］喻中. 权力制约的中国语境［M］. 北京：法律出版社，2013.

［15］喻中. 民法典与国家治理［M］. 西安：陕西人民出版社，2022.

［16］中华人民共和国监察部. 中国监察年鉴（1987—1991年）［M］. 北京：中国政法大学出版社，1993.

［17］秦前红，叶海波，等. 国家监察制度改革研究［M］. 北京：法律出

版社，2018.

［18］蔡定剑. 国家监督制度［M］. 北京：中国法制出版社，1991.

［19］江国华. 中国监察法学［M］. 北京：中国政法大学出版社，2018.

［20］张武扬，焦风君. 中国政府法制论稿［M］. 北京：中国法制出版社，2002.

［21］王青斌. 行政复议制度的变革与重构［M］. 北京：中国政法大学出版社，2013.

［22］李树军. 行政监督［M］. 北京：世界知识出版社，2007.

［23］林代昭. 中国监察制度［M］. 北京：中华书局，1988.

［24］中央纪委监察部宣教室. 中国行政监察简论［M］. 北京：中国方正出版社，2002.

［25］中共中央纪律检查委员会办公厅. 中国共产党党风廉政建设文献选编：第八卷［M］. 北京：中国方正出版社，2001.

［26］杜兴洋. 行政监察学［M］. 武汉：武汉大学出版社，2008.

［27］李雪勤. 中国共产党纪律检查工作60年［M］. 北京：中国方正出版社，2009.

［28］翁岳生. 行政法［M］. 北京：中国法制出版社，2002.

［29］胡建淼. 行政法学［M］. 4版. 北京：法律出版社，2015.

［30］姜明安. 行政法与行政诉讼法［M］. 5版. 北京：北京大学出版社，高等教育出版社，2011.

［31］王贵松. 行政裁量的构造与审查［M］. 北京：中国人民大学出版社，2016.

［32］蔡定剑. 宪法精解［M］. 北京：法律出版社，2006.

［33］江必新. 中华人民共和国行政诉讼法理解适用与实务指南［M］. 北京：中国法制出版社，2015.

［34］王珉灿. 行政法概要［M］. 北京：法律出版社，1983.

［35］闫尔宝. 行政行为的性质界定与实务［M］. 北京：法律出版社，2010.

［36］张福森. 司法部长谈司法行政［M］. 北京：法律出版社，2006.

［37］王名扬. 法国行政法［M］. 北京：中国政法大学出版社，1989.

［38］张树义. 行政法学［M］. 北京：北京大学出版社，2005.

［39］中国社会科学院语言研究所词典编辑室. 现代汉语词典［M］. 北京：商务印书馆，1983.

［40］郑全庆. 流行病学［M］. 西安：西安交通大学出版社，2010.

［41］梁上上. 利益衡量论［M］. 北京：法律出版社，2013.

［42］叶必丰. 行政行为原理［M］. 北京：商务印书馆，2014.

［43］马怀德. 学位法研究：《学位条例》修订建议及理由［M］. 北京：中国法制出版社，2014.

［44］王泽鉴. 民法总则［M］. 增订版. 北京：中国政法大学出版社，2001.

［45］叶必丰. 行政行为的效力研究［M］. 北京：中国人民大学出版社，2002.

［46］蔡定剑. 中国人民代表大会制度［M］. 北京：法律出版社，2003.

［47］王珉灿. 行政法概要［M］. 北京：法律出版社，1983.

［48］王旭军. 行政合同司法审查［M］. 北京：法律出版社，2013.

［49］吴庚. 行政法之理论与实用［M］. 增订八版. 北京：中国人民大学出版社，2005.

［50］冉克平. 意思表示瑕疵：学说与规范［M］. 北京：法律出版社，2018.

［51］梁慧星. 民法总论［M］. 北京：法律出版社，2011.

［52］杨伟东. 权力结构中的行政诉讼［M］. 北京：北京大学出版社，2008.

［53］华诚律师事务所. 知识产权诉讼案例与代理技巧［M］. 北京：法律出版社，2009.

［54］郭俭. 知识产权审判实务研究［M］. 北京：知识产权出版社，2012.

［55］徐继军. 专家证人研究［M］. 北京：中国人民大学出版社，2004.

［56］周湘雄. 英美专家证人制度研究［M］. 北京：中国检察出版社，2006.

［57］李爱君. 中国大数据法治发展报告［M］. 北京：法律出版社，2018.

［58］肖北庚，王伟，邓慧强. 行政决策法治化研究［M］. 北京：法律出版社，2015.

［59］洛克. 政府论：下篇［M］. 叶启芳，瞿菊农，译. 北京：商务印书馆，1995.

［60］哈耶克. 法律、立法与自由：第1卷［M］. 邓正来，等译. 北京：

中国大百科全书出版社，2000.

［61］韦德. 行政法［M］. 徐炳，等译. 北京：中国大百科全书出版社，1997.

［62］阿蒂亚. 合同法概论［M］. 程正康，等译. 北京：法律出版社，1982.

［63］迈尔-舍恩伯格，等. 大数据时代：生活、工作与思维的大变革［M］. 盛杨燕，周涛，译. 杭州：浙江人民出版社，2013.

［64］里韦罗，瓦利纳. 法国行政法［M］. 鲁仁，译. 北京：商务印书馆，2008.

［65］狄骥. 宪法论［M］. 钱克新，译. 北京：商务印书馆，1962.

［66］迈耶. 德国行政法［M］. 刘飞，译. 北京：中国政法大学出版社，2004.

［67］贝克. 风险社会［M］. 南京：译林出版社，2004.

［68］毛雷尔. 行政法学总论［M］. 高家伟，译. 北京：法律出版社，2000.

［69］迈耶. 德国行政法［M］. 刘飞，译. 北京：中国政法大学出版社，2004.

［70］贝克. 风险社会［M］. 南京：译林出版社，2004.

［71］胡芬. 行政诉讼法［M］. 莫光华，译. 北京：法律出版社，2003.

［72］盐野宏. 行政法总论［M］. 杨建顺，译. 北京：北京大学出版社，2009.

［73］室井力. 日本现代行政法［M］. 吴微，译. 北京：中国政法大学出版社，1995.

［74］美浓部达吉. 公法与私法［M］. 黄冯明，译. 北京：中国政法大学出版社，2003.

［75］我妻荣. 我妻荣民法讲义Ⅰ：新订民法总则［M］. 于敏，译. 北京：中国法制出版社，2008.

［76］田村善之. 日本现代知识产权法理论［M］. 李扬，等译. 北京：法律出版社，2010.

［77］松下奎一. 政策型思考与政治［M］. 蒋杨，译. 北京：社会科学文献出版社，2011.

［78］金东熙. 行政法Ⅰ［M］. 9版. 赵峰，译. 北京：中国人民大学出版社，2008.

[79] 巴拉巴西. 爆发：大数据时代预见未来的新思维 [M]. 马慧, 译. 北京：中国人民大学出版社, 2012.

[80] 弗里曼. 合作治理与新行政法 [M]. 毕洪海, 陈标冲, 译. 北京：商务印书馆, 2010.

[81] 习近平. 加快建设社会主义法治国家 [J]. 求是, 2015 (1)：3-8.

[82] 沈岿. 行政法变迁与政府重塑、治理转型：以四十年改革开放为背景 [J]. 中国法律评论, 2019 (1)：74-94.

[83] 应松年. 新时代行政法治建设的内容、经验与展望 [J]. 中国司法. 2022 (2)：3.

[84] 马怀德. 论习近平法治思想中的法治政府理论 [J]. 政法论坛, 2020 (6)：11-12.

[85] 周佑勇. 中国行政法学学术体系的构造 [J]. 中国社会科学, 2022 (5)：103.

[86] 姜明安. 新时代中国行政法学的转型与使命 [J]. 财经法学, 2019 (1)：12.

[87] 章志远. 习近平法治思想中的严格执法理论 [J]. 比较法研究, 2022 (3)：13.

[88] 江必新, 黄明慧. 习近平法治思想中的法治政府建设理论研究 [J]. 行政法学研究, 2021 (4)：3-16.

[89] 李林. 习近平全面依法治国思想的理论逻辑与创新发展 [J]. 法学研究, 2016 (2)：3-22.

[90] 张文显. 习近平法治思想的实践逻辑、理论逻辑和历史逻辑 [J]. 中国社会科学, 2021 (3)：4-25.

[91] 喻中. 习近平法治思想中的民主与专政关系 [J]. 东方法学, 2021 (4)：18-28.

[92] 喻中. 中国特色社会主义法治政府理论的体系化构建 [J]. 中国司法, 2021 (10)：4.

[93] 李凌云. 习近平法治思想中的依法行政理论要义 [J]. 政法学刊, 2022 (5)：5-12.

[94] 李凌云. 论行政协议中的意思表示 [J]. 法治社会, 2021 (6)：111-118.

[95] 刘怡达. 论全过程人民民主的宪法基础 [J]. 比较法研究, 2022 (2)：1-14.

[96] 王敬波. 面向整体政府的改革与行政主体理论的重塑 [J]. 中国社会科学, 2020 (7): 103-122.

[97] 朱福惠. 国家监察体制之宪法史观察: 兼论监察委员会制度的时代特征 [J]. 武汉大学学报 (哲学社会科学版), 2017 (3): 23.

[98] 刘文华. 国家监察体制改革的行政法衔接 [J]. 学术探索, 2021 (11): 75.

[99] 梁永成. 中国行政监察制度变迁30年 (1987—2018年) [J]. 地方立法研究, 2018 (5): 95.

[100] 谢超. 《监察法》对中国特色反腐败工作的法治影响 [J]. 法学杂志, 2018 (5): 42.

[101] 马怀德. 《国家监察法》的立法思路与立法重点 [J]. 环球法律评论, 2017 (2): 5-16.

[102] 郑传坤. 我国行政监察历史发展简况 [J]. 现代法学, 1992 (1): 36.

[103] 何勇. 努力做好效能监察工作 [J]. 中国监察, 2000 (3): 6.

[104] 高全喜. 转型时期国家治理体系和治理能力的现代化建设 [J]. 学海, 2016 (5): 5.

[105] 姜伟. 全面深化改革与全面推进依法治国关系论纲 [J]. 中国法学, 2014 (6): 25.

[106] 秦前红, 张演锋. 论监察法的法典化 [J]. 江苏行政学院学报. 2022 (4): 121-122.

[107] 秦前红, 刘怡达. 国家监察体制改革背景下人民法院监察制度述要 [J]. 现代法学, 2018 (4): 3.

[108] 王旭. 国家监察机构设置的宪法学思考 [J]. 中国政法大学学报, 2017 (5): 132.

[109] 袁曙宏. 深化行政执法体制改革 [J]. 行政管理改革, 2014 (7): 9-13.

[110] 李强. "局队合一": 综合行政执法改革方向和实现路径 [J]. 中国行政管理, 2019 (8): 151.

[111] 陈金钊. 法治与改革的关系及改革顶层设计 [J]. 法学, 2014 (8): 27-38.

[112] 李洪雷. 行政体制改革与法治政府建设四十年 (1978—2018) [J]. 法治现代化研究, 2018 (5): 71.

[113] 姜明安. 改革、法治与国家治理现代化 [J]. 中共中央党校学报, 2014（4）：47.

[114] 王乐泉. 论改革与法治的关系 [J]. 中国法学, 2014（6）：20.

[115] 杨小军. 行政执法体制改革法律依据研究 [J]. 国家检察官学院学报, 2017（4）：88.

[116] 程琥. 综合行政执法体制改革的价值冲突与整合 [J]. 行政法学研究, 2021（2）：85.

[117] 喻少如. 全面依法治国视域下司法行政职能的时代转向及其优化 [J]. 社会科学, 2022（4）：166.

[118] 曹康泰. 政府法制建设的探索与发展 [J]. 党建研究, 2009（10）：34.

[119] 陈瑞华. 司法行政机关的职能定位 [J]. 东方法学, 2018（1）：156.

[120] 侯炳伟. 论政府中的经济法制机构 [J]. 法学评论, 1986（1）：20.

[121] 陈鼎. 乡镇政府依法行政的困境与出路：温岭市创设镇（街道）"法制办"的实践与启示 [J]. 上海政法学院学报, 2012（5）：45.

[122] 陈爱娥. 国家角色变迁下的行政任务 [J]. 月旦法学教室, 2003（3）：61.

[123] 胡建淼. 以"两个突出""三个关键词"解读四中全会精神 [J]. 行政管理改革, 2015（6）：4.

[124] 张成福. 变革时代的中国政府改革与创新 [J]. 中国人民大学学报, 2008（5）：1.

[125] 施雪华, 赵忠辰. 党的十九大后中国新一轮大部制改革的背景和思路 [J]. 理论与改革, 2018（4）：34.

[126] 许耀桐. 党和国家机构改革：若干重要概念术语解析 [J]. 上海行政学院学报, 2018（5）：4.

[127] 高通. 我国司法行政机关定位的历史变迁与反思 [J]. 山东大学学报（哲学社会科学版）, 2012（2）：120.

[128] 贾圣真. 行政任务视角下的行政组织法学理革新 [J]. 浙江学刊, 2019（1）：171.

[129] 黄学贤. 关于行政复议委员会的冷思考 [J]. 南京社会科学, 2012（11）：104.

［130］方宜圣，陈枭窈.行政复议体制改革"义乌模式"思考［J］.行政法学研究，2016（5）：85.

［131］张钦.司法体制改革呼唤司法行政职能回归［J］.中国司法，2008（6）：1.

［132］应松年.完善行政组织法制探索［J］.中国法学，2013（2）：18.

［133］甘臧春，柳泽华.行政复议主导功能辨析［J］.行政法学研究，2017（5）：3.

［134］杨建顺.机构改革进行时 法规修订应跟进：从行政法层面审视司法部新任务［J］.紫光阁，2018（6）：90.

［135］叶必丰.行政组织法功能的行为法机制［J］.中国社会科学，2017（7）：109-130.

［136］叶必丰.论行政机关间行政管辖权的委托［J］.中外法学，2019（1）：94.

［137］姚尚贤.公职律师制度的本土构建之路：通过政府法制机构构建公职律师制度［J］.北京行政学院学报，2016（5）：8.

［138］周许阳.公物理论视角下的尾号限行：反思与重塑［J］.行政法学研究，2016（5）：109.

［139］柳砚涛.论"规定行政措施"的法律规制［J］.齐鲁学刊，2007（3）：150.

［140］姜晓萍.国家治理现代化进程中的社会治理体制创新［J］.法学，2014（2）：24.

［141］季卫东.程序比较轮［J］.比较法研究，1993（1）：3-14.

［142］庄维霖.行政措施的合法性及其判定［J］.法学，1990（11）：3.

［143］柳砚涛.质疑"规定行政措施"［J］.行政法学研究，2007（11）：25.

［144］王锴.论行政事实行为的界定［J］.法学家，2018（4）：51.

［145］豆星星，王少俊."行政事实行为"概念辨析［J］.当代法学，2003（6）：19-21.

［146］湛中乐.论行政法规、行政规章以外的其他规范性文件［J］.中国法学，1992（2）：108.

［147］门中敬.规范行政保留的宪法依据［J］.国家检察官学院学报，2017（1）：91.

［148］韩春晖.行政决策的多元困局及其立法应对［J］.政法论坛，

2016（3）：120.

[149] 黄学贤. 行政规范性文件司法审查的规则嬗变及其完善［J］. 苏州大学学报（哲学社会科学版），2017（2）：73.

[150] 周佑勇. 裁量基准的技术构造［J］. 中外法学，2014（5）：102.

[151] 黄厚明. 高校学位授予案件司法审查进路研究：基于两种法律性质定位的考察［J］. 高教探索，2017（6）：24-28.

[152] 杨杰. 撤销学位授权点的法治化路径探析［J］. 学位与研究生教育，2019（8）：8.

[153] 陈燕，张瑾. 合格评估和水平评估服务于高校学位点建设协同治理研究［J］. 学位与研究生教育，2021（3）：46.

[154] 周光礼. "双一流"建设中的学术突破：论大学学科、专业、课程一体化建设［J］. 教育研究，2016（5）：72.

[155] 李煜兴. 许可与授权：论学位授权审核法律性质的双重性［J］. 南京师大学报（社会科学版），2019（3）：87.

[156] 王太高. 行政许可撤销制度研究：以企业工商登记为例［J］. 法治研究，2012（1）：56.

[157] 徐晓明. 行政许可撤销制度研究［J］. 行政法学研究，2008（4）：61.

[158] 朱新力，罗利丹. 裁量基准本土化的认识与策略：以行政处罚裁量基准为例［J］. 法学论坛，2015（6）：15.

[159] 王贵松. 论行政处罚的制裁性［J］. 法商研究，2020（6）：18.

[160] 胡乐乐. 论信息公开与中国学位授权点动态调整［J］. 北京社会科学，2017（5）：27.

[161] 关保英. 行政相对人申辩权研究［J］. 东方法学，2015（1）：27.

[162] 汪厚冬. 论行政法上的意思表示［J］. 政治与法律，2014（7）：54-65.

[163] 章志远. 行政法治视野中的民法典［J］. 行政法学研究，2021（1）：42.

[164] 王学辉. 行政法意思表示理论的建构［J］. 当代法学，2018（5）：38.

[165] 李颖轶. 论法国行政合同优益权的成因［J］. 复旦学报（社会科学版），2015（6）：157.

[166] 卢护锋，王成明. 行政协议纠纷司法审查规则探析［J］. 法治社

会，2018（11）：72.

[167] 陈天昊. 行政协议的识别与边界 [J]. 中国法学，2019（1）：140.

[168] 韩宁. 行政协议研究之现状与转向 [J]. 法治研究，2019（6）：128.

[169] 余凌云. 论行政契约的含义：一种比较法上的认识 [J]. 比较法研究，1997（3）：6.

[170] 王利明. 论行政协议的范围：兼评《关于审理行政协议案件若干问题的规定》第1条、第2条 [J]. 环球法律评论，2020（1）：5-22.

[171] 梅献中. 论环境行政合同中的意思表示 [J]. 法律适用，2017（16）：95.

[172] 余凌云. 行政法上的假契约现象：以警察法上各类责任书为考察对象 [J]. 法学研究，2001（1）：52-56.

[173] 陈无风. 行政协议诉讼：现状与展望 [J]. 清华法学，2015（4）：94.

[174] 王敬波. 司法认定无效行政协议的标准 [J]. 中国法学，2019（3）：64.

[175] 刘凯湘. 民法典合同解除制度评析与完善建议 [J]. 清华法学，2020（3）：152.

[176] 徐键. 功能主义视域下的行政协议 [J]. 法学研究，2020（6）：98.

[177] 陈天昊. 行政协议中的平等原则：比较法视角下民法、行政法交叉透视研究 [J]. 中外法学，2019（1）：248.

[178] 章程. 论行政协议变更解除权的性质与类型 [J]. 法学，2021（2）：465.

[179] 高秦伟. 数字政府背景下行政法治的发展及其课题 [J]. 东方法学，2022（2）：186.

[180] 曾哲. 我国重大行政决策权划分边界研究 [J]. 南京社会科学，2012（1）：93.

[181] 孙丽岩. 行政决策运用大数据的法治化 [J]. 现代法学，2019（1）：85.

[182] 岳楚炎. 人工智能革命与政府转型 [J]. 自然辩证法通讯，2019（1）：23.

[183] 刘白，廖秀健. 基于大数据的重大行政决策社会稳定风险评估机

制构建研究［J］．情报杂志，2016（9）：45．

［184］黄学贤．行政法视野下的行政决策治理研究：以对《重大节假日免收小型客车通行费实施方案》的检视为例［J］．政治与法律，2014（3）：66．

［185］熊樟林．重大行政决策概念证伪及其补正［J］．中国法学，2015（3）：286．

［186］陶利军．基层市场监管大数据技术应用现状及思考［J］．中国市场监管研究，2018（3）：62．

［187］詹志明，尹文君．环保大数据及其在环境污染防治管理创新中的应用［J］．环境保护，2016（6）：44．

［188］马建光，姜巍．大数据的概念、特征及其应用［J］．国防科技，2013（2）：15．

［189］孟小峰，慈祥．大数据管理：概念、技术与挑战［J］．计算机研究与发展，2013（1）：160．

［190］崔卓兰，刘福元．行政自制：探索行政法理论视野之拓展［J］．法制与社会发展，2008（3）：98．

［191］江国华，梅扬．重大行政决策程序法学研究［M］．北京：中国政法大学出版社，2018：120-121．

［192］周叶中．论重大行政决策问责机制的构建［J］．广东社会科学，2015（2）：232．

［193］刘铁光．风险社会中技术规制基础的范式转换［J］．现代法学，2011（4）：68-69．

［194］戚建刚．论我国知识产权行政保护模式之变革［J］．武汉大学学报（哲学社会科学版），2020（2）：154．

［195］马一德．创新驱动发展与知识产权战略实施［J］．中国法学，2013（4）：27．

［196］易继明．知识产权强国建设的基本思路和主要任务［J］．知识产权，2021（10）：13．

［197］孔祥俊．《民法典》与知识产权法的适用关系［J］．知识产权，2021（1）：3．

［198］强刚华．试论中国知识产权法院技术调查官制度的建构［J］．电子知识产权，2014（10）：84．

［199］李永泉．功能主义视角下专家辅助人诉讼地位再认识［J］．现代

法学，2018（1）：157-167.

［200］许波，仪军. 我国技术调查官制度的构建与完善［J］. 知识产权，2016（3）：76-80.

［201］杨秀清. 我国知识产权诉讼中技术调查官制度的完善［J］. 法商研究，2020（6）：166.

［202］蔡学恩. 技术调查官与鉴定专家的分殊与共存［J］. 法律适用，2015（5）：90-93.

［203］胡庆甲. 美国专家证据可采性标准在反垄断司法中的适用及其启示［J］. 中外法学，2011（3）：626-647.

［204］蔡学恩. 技术调查官与鉴定专家的分殊与共存［J］. 法律适用，2015（5）：90-93.

［205］宋鱼水. 知识产权审判的商业思维与技术判断［J］. 中国发明与专利，2018（8）：69.

［206］曹博. 知识产权行政保护的制度逻辑与改革路径［J］. 知识产权，2016（5）：52.

［207］金自宁. 科技专业性行政行为的司法审查［J］. 法商研究，2020（3）：154.

［208］易继明. 国家治理现代化进程中的知识产权体制改革［J］. 法商研究，2017（1）：183.

［209］吴汉东.《民法典》知识产权制度的法理阐释与法律适用［J］. 法律科学，2022（1）：19.

［210］习近平. 参加十二届全国人大三次会议广西代表团审议时的讲话［N］. 人民日报，2015-03-09（1）.

［211］马怀德. 为机构改革提供坚强法治保障［N］. 中国商报，2018-06-14（A02）.

［212］闫鸣. 监察委员会是政治机关［N］. 中国纪检监察报，2018-03-08（003）.

［213］喻中. 改革中的法治与法治下的改革［N］. 北京日报，2014-06-30（002）.

［214］黄文艺. 坚持党对全面依法治国的领导［N］. 光明日报，2021-02-08（08）.

［215］吴兢，黄庆畅. 中国强力推进基层依法行政"红头文件"两年一清［N］. 人民日报，2008-06-25（06）.

［216］姜明安，张璁. 完善国家行政体制 提高政府治理能力［N］. 人民日报，2020-02-04.

［217］王勇. 关于国务院机构改革方案的说明［N］. 人民日报，2018-03-14（005）.

［218］王春业. 法律视角下的行政措施［N］. 民主与法制时报，2018-09-13（07）.

［219］夏斌. 行政措施不能扭曲市场信号［N］. 人民日报，2011-07-20（010）.

［220］李安. 《体育市场黑名单管理办法》发布，八类情形将列入黑名单［N］. 中国体育报，2018-09-03（006）.

［221］金泽刚. 为被撤销博士点的同济法学院一辩［N］. 新京报，2016-03-29（A04）.

［222］谌超. 撤销学位点戳痛了谁？［N］. 北京日报，2016-06-15（019）.

［223］杨建顺. 从"苹果佰利案"看知识产权行政诉讼的是与非［N］. 中国知识产权报，2017-06-09（008）.

［224］马振军. 专家证人走进法庭［N］. 新安晚报，2003-1-11（2）.

［225］刘诚. 新行政法的时代任务［N］. 中国社会科学报，2022-08-24（004）.

［226］McAFEE A. BRYNJOLFSSON E. Big data：the management revolution［J］. Harvard business review，2012（10）：3-9.

［227］ROBERTS A. Blacked out：government secrecy in the information age［M］. Cambridge：Cambridge University Press，2008.

后　　记

　　本书在系列文章基础上整合而成，是我的第二本学术专著。这九章内容是近年来我持续关注行政法治的阶段性成果，主题的选取兼顾实践意义与研习旨趣，寄托了我对新时代全面推进法治政府建设的殷切期盼。这些文字的撰写跨越五年多时间，是我从2018年到2022年精心积累的产物。无论是作为司法工作人员，还是博士研究生，抑或是青年教师，我持续关注的研究领域之一便是行政法实践问题。写作地集中于两座城市：北京、苏州。素来爱好不多，读书写作、四处游逛是我的两大兴趣，旅途给我带来了很多写作灵感。北京之巅灵山、苏州东吴大学旧址、北京物资学院校园、北京潮白河畔等地，都给我留下美好的回忆，可谓"闲逛亦成文"。

　　2022年秋季学期，学校安排我给非法学类本科生讲授64学时的"行政法与行政诉讼法"跨学科平台课程。在授课过程中，我发现欠缺法学知识的学生们对抽象行政法理论的理解比较吃力，且不是特别感兴趣。考虑到通识教育的特点，我有意识讲解一些实践中的真实事例，试图激发他们的学习热情。与此同时，集中将之前撰写的相关文章加以整理，结合本课程要求，向学生开展面向实践的专题研讨活动，课堂效果明显变得更好。受此激励，我决定将这些不太系统的内容进行整理并结集出版。以上是本书成形的缘由。

　　感谢博士研究生阶段的导师黄学贤教授。黄老师博学儒雅，关爱学生，在他的长期鼓励和指导下，我对行政法学有了更深入的理解，围绕当前亟待解决的法治建设问题构思了多篇论文并顺利发表。感谢硕士研究生阶段的导师喻中教授。喻老师学识渊博，在为人、为学上对我予以悉心关怀，使人感念至深。学生感动又感恩。

　　正所谓"独学而无友，则孤陋而寡闻"。一路走来，学友们给我提供了许多帮助。

　　感谢首都经济贸易大学尹少成师兄为本书撰写序言，他是国内最年轻的行政法博导之一，对我的工作和生活给予了大力支持。与中国人民公安大学张润师兄、山东科技大学侣连涛师兄、陕西省纪委刘学涛博士、西安财经大

后 记

学张青卫博士、成都中医药大学阳李博士、上海交通大学李德旺博士等朋友的深入交流，增进了我对法治问题的认知。感谢苏州大学的博士同窗谌杨、黄文瀚、薛洁、左亮国、周红锵，以及刘辉、刘芳、刘玉绰等师兄师弟们，与大家的学问探讨总能激发我的想象力。近些年，还有幸得到许多法学前辈、友人们的帮助。对此内心充满感激，是这些温暖的人和事激发了我持续写作的动力。恐挂一漏万，抱歉不再一一致以谢意。

一如既往，感谢我的家人，谢谢你们给予我前进的动力！

本书得到了北京物资学院青年科研基金的资助。与第一本专著《新时代行政诉讼疑难问题研究》一样，继续与母校首都经济贸易大学所属出版社合作，这两本专著是"姊妹篇"。限于认识上的偏差，不当之处，敬请广大读者给予指正。

李凌云
2022 年 11 月 24 日
于北京通州潮白河畔寓所